KB217877

그리스도 의식에 이르는 열쇠 1

Master Keys to Personal Christhood
Jesus

일러두기 / 이 과정은 상승한 예수 그리스도가 가슴으로부터 직접 전하는 선물임을 분명히 하겠습니다. 지난 2,000년 동안 나는 많은 사람에게 영감을 주어 순수한 영적인 가르침을 전해 주었지만, 이 과정에서 처음으로, 지상에서 살아 있는 그리스도의 임무에 대한 진리를 완전히, 그리고 있는 그대로 제공할 것입니다. 이 과정에서 나는, 그리스도 예수 안에 있었고 지금도 있는 이 마음이 여러분 안에 있게 함으로써(빌립보서 2:5), 진정으로 아들을 영광스럽게 하는 방법을 분명하게 설명하고, 각 개인이 그리스도 의식을 성취하는 체계적인 여정을 제공할 것입니다.

그리스도 의식에 이르는 열쇠 1

ⓒ2022~, Kim Michaels

킴 마이클즈를 통해 전해진, 상승 마스터들의 메시지를 '그리스도 의식을 추구하며' 카페에서 공부하는 상승 마스터 학생들이 번역하고 디자인 및 편집을 해서 직접 이 책을 펴냈습니다. 이 책의 한국어판 저작권은 저작권자인 킴 마이클즈와 계약을 한 '그리스도 의식을 추구하며' 카페에 있습니다.
아이앰 출판사(http://cafe.naver.com/iampublish)는 '그리스도 의식을 추구하며' 카페에 의해 상승 마스터의 가르침들을 널리 알리기 위한 목적으로 설립되었으며, 2015년 9월 4일(제 2015-000075호)에 등록되었습니다. 주소는 서울시 송파구 장지동 송파파인타운 11단지 내에 있으며, 인터넷 카페는 http://cafe.naver.com/christhood입니다.

2022년 8월 15일 펴낸 책(초판 제1쇄)

번역 및 출판에 도움을 주신 분: 아이앰 편집팀
이 책은 최대한 내용의 명확한 전달에 초점을 맞추어 번역되었음을 알려드립니다.

ISBN 979-11-92409-00-9

이 도서의 국립중앙도서관 출판시도서목록(CIP)은 서지정보유통지원시스템 홈페이지 (http://seoji.nl.go.kr)와 국가자료공동목록시스템 (http://seoji.nl.go.kr/kolisnet)에서 이용하실 수 있습니다.

그리스도 의식에 이르는 열쇠 1

Master Keys to Personal Christhood

Jesus

킴 마이클즈

I AM

킴 마이클즈(Kim Michaels)

1957년 덴마크 출생. 킴 마이클즈는 60여권의 책을 펴낸 저자이자 이 시대의 가장 탁월한 메신저 중의 한 사람입니다. 14개국에서 영적인 컨퍼런스와 워크샵을 이끌면서 많은 영적인 탐구자들의 상담자 역할을 해왔으며, 영적인 주제를 다루는 다수의 라디오 프로그램에 출연하기도 했습니다. 그는 다양한 영적 가르침들을 광범위하게 연구해왔으며, 의식을 고양시키는 다양한 실천 기법들을 수행했습니다. 2002년 이래로 그는 예수를 비롯한 여러 상승 마스터들의 메신저로 봉사하고 있습니다. 그는 신비주의 여정에 관한 광범위한 가르침들을 전해주었으며, 그 가르침들은 그의 웹사이트에서 무료로 제공되고 있습니다.

공식 한국어 번역 사이트 (네이버 카페)

http://cafe.naver.com/christhood

그리스도 의식을 추구하며 카페에서는 킴 마이클즈가 지난 10여 년 동안 웹사이트에 공개한 상승 마스터들의 메시지 및 기원문을 제공합니다. 누구나 가입해서 내용을 보고 공부할 수 있습니다.

매달 서울, 경기, 대전, 대구, 부산 등의 지역에서 온/오프라인 모임이, 그리고 매일 전 세계 상승 마스터 학생들이 함께 하는 공부 과정의 세계기원이 활발하게 진행되고 있으며, 같이 공부하고자 하시는 분은 누구나 참여하실 수 있습니다. 또한 매월 마지막 주 일요일에는 '성모 마리아 500 세계 기원'이 전 세계적으로 동일한 시간대에 진행됩니다. 매년 상승 마스터 컨퍼런스가 정기적으로 개최됩니다. 상세한 내용은 카페 공지사항을 참조하시기 바랍니다.

여러분은 누구이며 왜 여기에 있습니까?

여러분은 그 이상(MORE)을 원하기 때문에 여기에 있습니다.

물질 세상은 여러분이 원하는 그 이상을 주지 못합니다.

여러분은 물질 세상이 제공하는 것 이상(MORE)을 원합니다.

그러므로 여러분은 어떻게 여러분이 구하는 것 이상(MORE)을
찾을 수 있는지를 보여줄 수 있는 스승을 찾고 있습니다.
그리고 바로 이것이 내가 여기에 봉사하러 온 이유입니다.

그래서 내가 이렇게 말하지 않았나요?
"나는 모두가 생명을 얻고 또 얻어 넘치게 하려고 왔다."

그러니 나로 하여금 여러분에게 그 이상(MORE)인
생명(LIFE)으로 이르는 길을 보여주게 하세요.

예수

각 열쇠에 따라 수행할 기원문

열쇠 1	ROS15: 영적인 위기를 극복하기 위한 대천사 미카엘의 로자리
열쇠 2	ROS10: 성모 마리아의 신의 의지 로자리
열쇠 3	INV05: 자신을 사랑하기 위한 기원
열쇠 4	INV04: 가슴을 정화하기 위한 기원
열쇠 5	ROS03: 성모 마리아의 기적의 감사 로자리
열쇠 6	ROS04: 성모 마리아의 기적의 용서 로자리
열쇠 7	ROS12: 성모 마리아의 기적의 양육 로자리
열쇠 8	ROS16: 성모 마리아의 자존감의 회복을 위한 로자리
열쇠 9	ROS07: 성모 마리아의 기적의 하나됨 로자리
열쇠 10	ROS11: 성모 마리아의 모든 곳에 존재하는 지혜 로자리
열쇠 11	INV06: 예수님의 죽음에 대한 승리 기원
열쇠 12	INV13: 의지의 창조적인 자유
열쇠 13	INV08: 과거를 초월하기 위한 기원
열쇠 14	INV06: 예수님의 죽음에 대한 승리 기원
열쇠 15	내면의 그리스도와 조율하기
열쇠 16	INV10: 영원한 현재의 기원
열쇠 17	자신의 성장 과정을 적어보고 인터넷에 공유하세요

(이 기원문들은 '그리스도 의식을 추구하며' 카페의 초월 툴박스 메뉴에서 찾아 볼 수 있습니다. 또는 전자책으로 다운로드 받아 볼 수도 있습니다.)

차례

파트 1

들어가는 글: 그리스도의 검(劍)

나는 살아 있는 그리스도(Living Christ)입니다!

그리스도 의식의 과정을 공개하는 주목적은 가장 영적으로 깨어난 사람들이 시대를 초월한 그리스도의 도전을 이해하고 통달하도록 돕는 것입니다.

내가 2,000년 전 대부분의 사람이 예수라고 알고 있는 역사적인 인물로서 지구에서 살았을 때 이렇게 말했듯이 말입니다.

32 누구든지 사람들 앞에서 나를 안다고 증언하면 나도 하늘에 계신 내 아버지 앞에서 그를 안다고 증언하겠다.

33 그러나 누구든지 사람들 앞에서 나를 모른다고 하면 나도 하늘에 계신 내 아버지 앞에서 그를 모른다고 하겠다.

34 내가 세상에 평화를 주러 온 줄로 생각하지 마라. 평화가 아니라 검을 주러 왔다. (마가 10장)

살아 있는 그리스도의 역할은 사람들을 다음과 같이 두 범주로 나누고, 살아 있는 말씀(Living Word)을 위한 열린 문이 되도록 하는 것입니다.

- 말씀이 그들을 영적인 삶으로, 영원한 삶으로, 시공간을 초월한 삶으로, 생명으로 일깨우도록 허용할 의지를 가진 사람들이 있습니다.
- 깨어날 의지가 없고, 따라서 영적인 죽음의 상태를 넘어서서 그것을 놓아버리고 떠날 의지가 없다고 판단되는 사람들이 있습니다.

그리스도의 검, 그리스도의 신성한 말씀은 사람들을 그리스도를 증언하는 이들과 그리스도를 부인하는 이들로 나눕니다. 이 과정이 존재한다는 사실 그 자체가 사람들에게 그리스도를 증언할지 혹은 부인할지를 묻는 그리스도의 첫 번째 도전을 제시합니다.

살아 있는 그리스도를 부인하도록 프로그램되면서 성장한 사람들이 많으며, 그 결과 그들은 이 과정을 거부하는 성향을 지니고 있습니다. 일부는 제목만으로도 이 과정을 거부하도록 프로그램되어 있을 것입니다. 그들은 그리스도에 대한 우상을 받아들였습니다. 곧 나 예수만이 그리스도 의식을 성취할 수 있었던 유일한 사람이라는 것입니다. 그러므로 누구나 살아 있는 그리스도가 될 잠재력이 있다는 주장 자체가 그들에게는 신성모독입니다. 하지만 그렇게 함으로써 그들은 사람들 앞에서 그리스도를 부인할 수밖에 없는데, 그들이 나의 핵심적인 말을 부인해야 하기 때문입니다.

내가 진실로 진실로 너희에게 말한다. 나를 믿는 사람은 내가 하는
일을 할 뿐만 아니라 그보다 더 큰 일도 하게 될 것이다. (요한
14:12)

　이 말을 무시하거나 이 말에 대한 더욱 깊은 이해를 구하지 않으면
서 어떻게 그리스도를 따르는 사람이라고 주장할 수 있습니까? 이러
한 이해를 구하는 이들은, 내가 보여준 의식 상태인 그리스도 의식을
성취하지 않는 한 그 누구도 내가 한 것과 같은 일을 할 수 없음을
깨달을 수 있습니다. 따라서 살아 있는 그리스도가 역사적인 한 개인
에게만, 혹은 그 자신을 섬기는 한 기관이 만든 그리스도의 정신적인
이미지에만 국한된다고 생각하는 사람들은 그리스도를 알지 못하며,
이들은 사람들 앞에서 그리스도를 증언하지 못했습니다.
　상승한 예수 그리스도인 내가 직접 이 과정을 제공한다는 것만으로
도 이 과정을 거부하도록 프로그램된 사람들도 있습니다. 이들은 또
다른 그리스도에 대한 우상을 받아들였습니다. 즉 내가 공식적인 그
리스도교 성서를 공표한 이후로 인류에게 말하기를 멈추었다는 것입
니다. 그들은 마치 내가 더 이상 영적인 계시를 전해 줄 수 없거나
오늘날의 사람들에게 할 말이 없다고 생각하는 것 같습니다. 이들 역
시 사람들 앞에서 그리스도를 부인하는 것이며, 이는 다음의 말을 부
정하기 때문입니다.

"나는 하늘과 땅의 모든 권능을 받았다."(마태 28:18).
아직도 나는 할 말이 많지만, 지금은 너희가 그 말을 알아들을 수
없을 것이다. (요한 16:12)

이러한 말을 무시하는 사람들은 사실상 오늘날 내가 인류에게 말하기를 원하지 않는다고 주장하는 것입니다. 그들은 자신들이 만든 안락함을 내가 흔들어 놓지 않기를 원합니다. 그들은 나를 따른다고 말하지만, 사실은 그들의 가슴과 그들의 교회에서 나를 배척하고 있습니다. 나는 진실로 현대 세상에 새로운 가르침을 가져올 수 있는 능력도 있고 뜻도 있습니다. "내가 세상 끝나는 날까지 항상 너희와 함께 있겠다."(마태 28:20)라고 말하지 않았나요?

이제 보는 눈을 가진 사람들은, 그리스도에 대한 우상이 사람들로 하여금 그리스도를 부인하게 만든다는 사실을 분명하게 깨달아야 합니다. 실제로 그들이 자신을 그리스도의 추종자라고 믿더라도 말입니다. 사실 많은 사람이 스스로를 그리스도교인이라 부르면서도, 다음과 같이 내가 여러 번 의문을 제기했던 바로 그 마음을 채택했습니다.

> 1 남을 판단하지 말라. 그러면 너희도 판단받지 않을 것이다.
> 2 남을 판단하는 대로 너희도 신의 심판을 받을 것이고 남을 저울질하는 대로 너희도 저울질을 당할 것이다.
> 3 어찌하여 너는 형제의 눈 속에 있는 티는 보면서 제 눈 속에 있는 들보는 깨닫지 못하느냐?
> 4 제 눈 속에 있는 들보도 보지 못하면서 어떻게 형제에게 '네 눈의 티를 빼내어 주겠다.' 하겠느냐?
> 5 이 위선자야, 먼저 네 눈에 있는 들보를 제거해라. 그래야 눈이 잘 보여 형제의 눈에서 티를 빼낼 수 있지 않겠느냐? (마태 7장)

많은 사람이 우상에 근거하여 이 과정을 판단할 것이며, 그렇게 함으로써 그들 자신이 판단받게 될 것입니다. 왜냐하면, 여러분은 자신의 가슴과 마음을 채우도록 허용한 말에 의해서 판단받기 때문입니다.

> 47 어떤 사람이 내 말을 듣고 지키지 않는다고 하더라도 나는 그를 단죄하지 않을 것이다. 나는 이 세상을 단죄하러 온 것이 아니라 구원하러 왔기 때문이다.
> 48 그러나 나를 배척하고 내 말을 받아들이지 않는 사람을 단죄하는 것이 따로 있다. 내가 한 바로 그 말이 세상 마지막 날에 그를 단죄할 것이다. (요한 12장)

그러나 많은 사람이 판단을 하고 있는데, 그들은 단지 더 잘 알지 못하며, 나에 대한 거짓말을 믿도록 길러졌기 때문입니다. 따라서 나는 사람들에게 그리스도의 참된 가르침을 이해할 수 있는 기회를 주기 위해 이 과정을 제공합니다. 여러분이 모든 것을 이해하게 될 때, 여러분은 죽은 교리와 우상을 거부하고 살아 있는 그리스도를 받아들이겠다고 자유롭게 선택할 수 있습니다. 그러므로 진짜 문제는 지금 당장 여러분이 더 잘 알고 있느냐가 아니라, 더 잘 알고자 하는 의지가 있느냐 하는 것입니다. 여러분은 살아 있는 그리스도가 현재 여러분의 멘탈 박스인 지식과 믿음과 이해 너머로 여러분을 데려가게 할 용의가 있습니까?

이 과정에서 분명해지겠지만, 나는 정말로 인류에게 할 말이 더 많이 있으며, 현대에는 진정한 내 가르침을 충분히 감당할 수 있는 사람들이 많습니다. 따라서 이 과정의 주요 목적 중 하나는, 많은 우상에 가려져서 대부분의 사람이 결코 들어보지 못한 진정한 그리스도의 임무를, 현대의 영적인 사람들이 충분히 이해할 수 있게 해주는 것입니다.

* * *

이 과정은 상승한 예수 그리스도가 가슴으로부터 직접 전하는 선물임을 분명히 하겠습니다. 나는 하늘과 땅의 모든 권능이 있지만, 내가 대부분의 그리스도교인이 신성한 영감, 혹은 계시의 결과라고 인지하는 4복음서를 가져온 것과 같은 방법으로 이 과정을 전해 주기로 선택했습니다. 지난 2,000년 동안 나는 많은 사람에게 영감을 주어 순수한 영적인 가르침을 전해 주었지만, 이 과정에서 처음으로, 지상에서 살아 있는 그리스도의 임무에 대한 진리를 완전하게, 그리고 있는 그대로 제공할 것입니다.

모든 우상 너머를 볼 의지가 있는 자들은 사람들 앞에서 그리스도를 증언할지 부인할지를 자유로이 선택할 수 있습니다. 사실 지구상에서 그리스도에 대한 하나 이상의 우상을 확실히 거의 모든 사람이 받아들였습니다. 이러한 우상 이미지로 말미암아 사람들이 그리스도를 증언할지 부인할지를 자유로이 선택할 수 없게 됩니다. 정말이지 많은 사람은 자신들이 그리스도를 증언한다고 생각하지만, 실제로는 살아 있는 그리스도의 실재를 부인하면서 그리스도에 대한 우상을 증언하고 있습니다. 내가 제자들에게 한 말을 주의해서 보세요.

> 너희를 받아들이는 사람은 나를 받아들이는 사람이며 나를 받아들이는 사람은 나를 보내신 분을 받아들이는 사람이다. (마태 10:40)

이 과정에 대해서도 같은 원리가 적용됩니다. 이 과정은 잠에서 깨어나라고 내가 현시대의 사람들에게 울려주는 모닝콜입니다. 나에 대한 – 또는 거의 2,000년 전에 내가 인류에게 보낸 메시지에 대한 – 우상 때문에 오늘 내가 보내는 메시지를 거절하지 않도록 주의하세요. 왜냐하면, 이 과정을 거절하는 자들이야말로 진실로 사람들 앞에서 그리스도를 부인하는 것이기 때문입니다. 그러면 정해진 법에 따라 나도 아버지 앞에서 그들의 선택을 인정할 수밖에 없습니다.

> 22 또한 아버지께서는 친히 아무도 심판하지 않으시고 그 권한을 모두 아들에게 맡기셔서
> 23 모든 사람이 아버지를 존경하듯이 아들도 공경하게 하셨다. 아들을 존경하지 않는 사람은 아들을 보내신 아버지도 공경하지 않는다.
> 24 내가 진실로, 진실로 너희에게 말하노니, 내 말을 듣고 나를 보내신 분을 믿는 사람은 영원한 생명을 얻을 것이다. 그 사람은 심판을 받지 않을 뿐만 아니라 이미 죽음의 세계에서 벗어나 생명의 세계로 들어섰다. (요한 5장)

그리스도 의식인 아들(Son)을 통하지 않고는 아버지의 나라에 들어갈 수 없습니다. 바로 이것이 내가 모든 이가 따라야 할 본보기가 아니라 예외로 격상된 것이 그토록 터무니없는 이유입니다. 왜냐하면, 외부의 그리스도를 따른다고 해서 하늘나라에 들어갈 수는 없기 때문입니다. 오로지 내면의 그리스도와 일치함으로써, 살아 있는 그리스도가 됨으로써 하늘나라에 들어갈 수 있습니다. 따라서 이 과정에서 나

는, 그리스도 예수 안에 있었고 지금도 있는 이 마음이 여러분 안에 있게 함으로써(빌립보서 2:5), 진정으로 아들을 영광스럽게 하는 방법을 분명하게 설명하고, 각 개인이 그리스도 의식을 성취하는 체계적인 여정을 제공할 것입니다.

이 과정은 사람들을 편안하게 해주려는 것이 아니라, 그리스도를 받아들일지 아니면 부정할지에 대한 선택에 직면하게 하려는 것임을 분명하게 밝힙니다. 그러나 나는, 너무나 많은 사람이 그리스도에 대한 우상을 받아들이도록 길러졌기 때문에 이 과정을 받아들이기가 어렵다는 사실을 무시하지 않겠습니다. 따라서 그리스도에 대한 우상과 그리스도의 살아 있는 실재 사이의 간격을 건너갈 수 있는 다리로서 첫 장을 제공할 것입니다. 내가 2,000년 전에 수없이 말한 것을 지금 다시 말합니다.

들을 귀가 있는 사람은 들으세요.

1
그리스도에 대한 우상을 드러내기

그리스도에 대한 우상은 하나둘이 아니라 너무나 많아서, 내가 그 모두에 대해 일일이 논평할 수가 없습니다. 그럴 의도도 없는데, 거짓 이미지에서 여러분의 마음을 해방하는 것은 정말 여러분 자신의 책임이기 때문입니다. 이 장에서 내 책임은, 여러분이 의지만 있다면 이 과정을 시작할 수 있도록 도움을 줄 질문과 생각들을 제공하는 것입니다. 그 나머지는 여러분이 남아 있는 과정들을 체화해 나가면서 이루어질 수 있습니다.

* * *

나는 그리스도에 대한 우상과 함께 자라난 많은 사람에게 깊은 연민을 느낍니다. 나는 모든 아이가 진정한 내 가르침을 명확하게 이해하면서 자라날 수 있기를 바랍니다. 성서에서도 다음과 같이 말합니다.

마땅히 따를 길을 어려서 가르쳐라. 그러면 늙어서도 그 길을 떠나

지 않을 것이다. (잠언 22:6)

이 말은 당연히 역으로도 적용됩니다. 즉 아이들이 그리스도에 대한 우상과 함께 자라면, 그것에 의문을 제기하기가 몹시 어려울 때가 많습니다. 많은 사람이 어릴 때 나에 대해 가졌던 믿음에 의문을 제기하기를 정말로 두려워한다는 것을 알고 있습니다. 그들은 정통 교리를 그대로 받아들이거나 스스로를 무감각하게 만듦으로써 더 깊은 질문에 대해서는 거의 생각하지 않습니다. 이 중 많은 사람이 나에게 계속 충성해야 한다고 느끼고 있음을 알고 있습니다. 그러나 나는 그들에게 외부 교회와 그 교회의 교리에 충성하는지, 아니면 살아 있는 그리스도인 나에게 충성하는지 묻고 싶습니다.

여러분은 과거에 흔히 정치적인 이유로 만들어졌던 그 우상에 충성합니까? 아니면 살아 있는 그리스도인 내 존재의 실재에 충성합니까? 여러분의 충성이 내가 아니라 사람을 향해 놓여 있음을 깨닫는다면, 그 방향을 돌리라고 강력히 권합니다. 왜냐하면, 아무도 두 주인을 섬길 수는 없기 때문입니다(마태 6:24). 곧 설명하겠지만, 외부의 교회나 그 교리는 여러분이 가고자 하는 곳으로 여러분을 데려가지 못합니다.

합리적이고 과학적인 현대에는 많은 사람이 정통 그리스도교 교리에는 아무런 의미도 없음을 알아차릴 수 있습니다. 왜냐하면, 그 교리는 이미 수 세기 전에 무용지물이 되어버린 세계관을 붙잡고 있기 때문입니다. 따라서 일부는 그리스도교를 거부하고 영적 스승인 나를 거부했으며, 아마 다른 종교를 찾거나 아예 모든 종교를 거부합니다.

많은 사람이 주류 그리스도 교회의 폭력적이고 억압적인 역사를 보면서 교회의 열매와 그리스도의 가르침 사이에서 아무런 연관성도 찾지 못한다는 사실을 알고 있습니다. 일부는 모든 조직화된 종교를 거부하면서 내면의 보편적인 영성을 추구하거나, 아니면 어떤 형태의 영성도 그들에게 필요한 것을 충족시켜주지 못한다고 느낄지도 모릅니다.

나는 이 모든 사람에게 연민을 느끼지만, 그리스도의 연민은 인간적인 동정심이 아닙니다. 왜냐하면 나는 삶의 기본적인 사실, 곧 자신의 마음속에 들어오도록 허락한 것에 대한 책임이 여러분에게 있음을 알기 때문입니다. 여러분이 받아들인 말, 여러분의 신념 체계와 세계관을 구성하는 말과 가르침에 대한 책임은 여러분에게 있습니다. 나는 다음과 같이 말했습니다.

33 좋은 열매를 얻으려거든 좋은 나무를 길러라. 나무가 나쁘면 열매도 나쁘다. 열매를 보아 나무를 알 수 있다.

34 이 독사의 족속들아, 그렇게 악하면서 어떻게 선한 말을 할 수 있겠느냐? 결국, 마음에 가득 찬 것이 입으로 나오는 법이다.

35 선한 사람은 선한 것을 마음에 쌓아 두었다가 선한 것을 내놓고 악한 사람은 악한 것을 마음에 쌓아 두었다가 악한 것을 내놓지 않겠느냐.

36 잘 들어라. 심판 날이 오면 자기가 지껄인 터무니없는 말을 낱낱이 해명해야 할 것이다.

37 네가 한 말에 따라서 너는 옳은 사람으로 인정받기도 하고 죄인으로 판결받기도 할 것이다. (마태 12장)

말과 행위를 포함한, 그러나 말과 행위에 국한되지 않는 여러분의 열매는 여러분 신념 체계의 산물입니다. 여러분의 세계관은 여러분이 받아들인, 말로 된 가르침과 믿음으로 구성됩니다. 여러분이 어렸을 때는 프로그램되는 것을 피할 수 없었음이 분명하지만, 지금 여러분은 성인으로서 자신의 모든 믿음을 점검하고 더욱 높은 이해를 구할 책임이 있습니다. 여러분은 이 세상에서 무엇보다도 먼저 지혜를 얻으라(잠언 4:7)고 한 바이블의 충언을 따를 수 있습니다. 여러분은 믿는 말에 따라 의롭다 함을 받거나 비난을 받을 것이니, 여러분의 가슴을 채우는 말이 여러분의 열매를 결정하기 때문입니다.

전통적인 그리스도교 배경을 가진 이들에게 이것은 불길하고 심지어 심판적이며 사랑이 없는 말로 들린다는 것을 압니다. 어쩌면 그들이 자라면서 배운, 분노하는 신의 이미지를 떠올릴지도 모릅니다. 그러나 나에게 다른 그림을 보여주게 하세요. 앞서 말했듯이, 구원에 이르는 진정한 열쇠는 외부 교회의 신도가 되는 것이 아니라 그리스도 의식을 얻는 것입니다. 그리스도 의식은 영적인 세계에 들어갈 수 있는 유일한 방법입니다. 그래서 나는 다음과 같이 말했습니다.

> 나는 길이요 진리요 생명이다. 나를 거치지 않고서는 아무도 아버지께 갈 수 없다. (요한 14:6)

통상적인 해석과는 반대로, 나는 역사적인 개인으로서 이 말을 하지 않았습니다. 나는 그리스도 마음과 하나가 되어 이 말을 했습니다. 따라서 아버지와 그의 나라에 들어갈 수 있는 유일한 길은 보편적인 그리스도 의식입니다. 내 임무의 주 메시지는 모든 사람이 따를 수 있는 모범을 보이는 것이었으며, 이것은 진실로 모든 사람이 그리스도 의식을 얻을 수 있는 잠재력을 가지고 있기 때문입니다.

그리스도 의식을 얻는 것은 마음과 가슴에서 실재가 아닌 믿음을 씻어내는 것을 포함합니다. 왜냐하면, 그것들은 그리스도의 실재와 일치하지 않기 때문입니다. 그러므로 이렇게 말할 수도 있습니다. 영적인 영역으로 가는 문은, 열려 있는 전통적인 문이 아닙니다. 그 대신 그것은 아주 복잡한 문양이 새겨져 있으며 입구가 작은 구식 철문을 닮았습니다. 따라서 필터와 같다고 할 수도 있습니다. 여러분이 그 필터를 통과하려면, 여러분의 의식이 어디에도 걸리지 않고 그 필터를 빠져나갈 수 있어야 합니다. 그리스도의 실재와 어긋나는 믿음이나 말을 붙잡고 있는 한, 그 거짓된 말은 그 문의 틈새를 빠져나갈 수 없으며, 따라서 여러분을 뒤로 잡아당깁니다. 이것이, 그리스도의 참된 제자라면 자신의 가슴과 마음에서 거짓된 말을 살펴보고 자신의 눈에서 들보를 제거해야 하는 이유입니다.

나는 대부분의 사람이 자신의 가슴을 채우고 있는 말을 점검하지 않고 살아가고 있으며, 따라서 가슴에 담긴 말을 무분별하게 내뱉고 있음을 압니다. 그러나 들을 귀가 있는 사람은, 그리스도의 진정한 제자가 되는 것이 이 세상에서뿐만 아니라 이 세상 너머에서도 자신의 삶에 대한 책임을 받아들인다는 의미임을 인식할 의지가 있는 사람입니다. 이것은 마음에 대한 상징으로서, 자신의 가슴에 있는 말과 믿음을 점검하는 것을 포함하며, 그렇게 여러분은 마음에서 거짓 믿음과 우상들을 씻어낼 수 있습니다.

영적인 법은 사람을 차별 대우하지 않습니다(사도 10:34). 여러분은 자신이 하는 말에 책임을 져야 합니다. 여러분이 마음속에 무엇을 허용하느냐에 따라 여러분이 하늘나라에 들어갈 수 있는지가 결정됩니다. 사회와 가족에게 영향을 받은 것은 기정사실이지만, 여러분이 자신의 집, 곧 여러분의 가슴과 마음의 주인이 되는 것은 여전히 여러분에게 달려 있습니다. 여러분은 자신의 마음에 쌓인 것을 다시 점검하고, 거기에 무엇을 남겨둘지 결정하는 과정을 지금 당장 시작할 수 있습니다. 여러분이 마침내 그리스도의 실재 외에는 아무것도 남지 않을 때까지 놓아버릴 의지만 있다면, 이 책은 그 과정을 통과하도록 도울 것입니다.

* * *

어떤 사람들에게는 이것이 그들이 지닌 믿음과는 매우 다르게 들린다는 것을 잘 알고 있습니다. 하지만 이것은 그들이 또 다른 그리스도 우상에 영향을 받았기 때문입니다. 실제로 나는 단지 기본적인 사실을 말할 뿐입니다. 나는 이것을 설명하기 위해 이미 하나의 비유를 들었지만, 이것이 아주 핵심적이기에 또 하나의 비유를 들겠습니다.

한 묶음의 열쇠를 들고 잠긴 문 앞에 서 있다고 상상해 보세요. 자물쇠를 열 열쇠는 하나뿐이며 나머지로는 열 수 없습니다. 그러므로 맞는 열쇠를 찾기 전에 현실적으로 어떻게 문을 열 수 있기를 기대할 수 있습니까? 맞는 열쇠를 사용하지 않는 한, 문을 비난하는 것이 무슨 소용이 있습니까? 누구나 신의 나라에 들어가는 문을 열 수 있지만, 그러려면 맞는 열쇠를 찾아야 합니다. 즉 올바른 이해가 있어야 합니다. 그것은 하나의 참된 신 앞에서 다른 신을 받들지 말 것과 자신 안에 어떤 우상도 섬기지 말라(출애굽 20:3-4)는 신의 계명을 어기지 않도록, 여러분의 마음에서 부정확한 믿음을, 부정확한 말을 씻어내는 것을 포함합니다. 나는 이것을 다음과 같은 우화로 설명했습니다.

> 10 그래서 종들이 거리에 나가서 나쁜 사람 좋은 사람 할 것 없이 만나는 대로 다 데려오니, 혼인 잔치 자리는 손님으로 가득 찼다.
>
> 11 임금이 손님들을 보러 들어갔더니 예복을 입지 않은 사람이 하나 있었다.
>
> 12 임금이 그를 보고 '예복도 입지 않고 어떻게 여기 들어왔는가?' 하고 물었다. 그는 할 말이 없었다.
>
> 13 그러자 임금이 하인들에게 '이 사람의 손발을 묶어 바깥 어두운 곳에 내쫓아라. 거기서 이를 갈며 통곡할 것이다.' 하고 말했다.
>
> 14 부름을 받은 사람은 많지만 선택받은 사람은 적다. (마태 22장)

그리스도교 배경을 가진 사람들에게는 불길하게 들릴 수 있지만, 결혼 예복은 마음이 우상에서 해방되어 신의 실재를 볼 수 있는 의식 상태를 상징한다는 것이 이 우화의 진정한 메시지입니다. 그 의식 상태에 도달할 때, 여러분은 하늘나라 안에 있게 되며, 그전까지는 하늘나라 밖에서 자신의 잘못된 믿음에 의해 "손과 발이 묶인" 상태로 있는 것입니다. 하늘나라에 들어오라고 부름을 받은 사람은 많지만, "뽑힌" 사람은 적습니다. 마음에서 모든 우상을 씻어낸 사람이 적기 때문입니다.

여러분의 가슴과 마음을 채우고 있는 내면의 말과 가르침을 어떻게 바꿀 수 있습니까? 논란의 여지가 없는 과학적인 성취 중의 하나가, 믿음에 상관없이 똑같이 작동하는 중력과 같은 보편적인 자연법칙을 발견한 것입니다. 다음과 같은 내 말은 이러한 보편적인 법칙을 설명하고 있습니다.

> 7 구하여라. 받을 것이다. 찾아라. 얻을 것이다. 문을 두드려라. 열릴 것이다.
> 8 누구든지 구하면 받고, 찾으면 얻고, 문을 두드리면 열릴 것이다.
> (마태 7장)

더 깊은 영적인 삶의 신비에 대한 더 큰 이해를 진정으로 구한다면 그러한 이해를 얻게 되는 것이 자연법칙입니다. 그러나 이 법칙이 이루어지려면 여러분이 자신의 역할을 이행할 의지가 있어야 합니다. 여러분은 지혜의 묘약을 담을 수 있는 성배가 될 용의가 있어야 합니다. 왜냐하면, 신은 닫힌 마음의 돼지에게 진주를 던지지 않을 것이며, 편견의 개에게 거룩한 것을 주지 않기 때문입니다(마태 7:6). 따라서 여러분은 마음을 열고 현재 자신의 신념 체계와 세계관, 곧 자신의 멘탈 박스를 넘어선 이해를 받아들여야 합니다. 내가 말하지 않았나요?

> 잘 들어라. 누구든지 어린이처럼 순수한 마음으로 신의 나라를 맞아들이지 않으면 결코 그곳에 들어가지 못하리라. (누가 18:17)

어린아이는 열려 있고 선입견이 없는 마음, 편견이 없는 마음으로 이해를 받아들입니다. 이것이 그토록 많은 사람이 살아 있는 그리스도를 거절하는 주된 이유 중의 하나입니다. 그들은 그리스도의 죽은 이미지를 중심으로 마음이 굳어져서, 그 이미지와 부합하지 않는 것을 모두 거부하는 편견을 가지고 있습니다. 그들은 살아 있는 그리스도를 자신들의 멘탈 박스에 끼워 맞추기를 바라며, 살아 있는 그리스도가 그들의 안정감과 안전과 통제의 느낌을 흔들도록 허용할 의향이 없습니다.

나는 그리스도에 대한 우상과 함께 자라난 많은 사람에게 연민을 느낍니다. 그러나 나는 또한 여러분이 거짓된 이미지와 함께 자라났다고 해서 열린 마음으로 더욱 높은 이해를 구해야 하는 책임을 면할 수는 없다고 말할 수밖에 없습니다. 너무나 많은 사람이 자신의 성장 과정을 핑계로 편안한 느낌을 주거나 쉽게 통제할 수 있다고 느끼게 하는 편견에 매달립니다.

여러분이 무엇을 믿도록 프로그램되었든, 자신의 과거를 초월하여 마음에서 모든 우상을 씻어버릴 수 있다는 사실에는 논란의 여지가 없습니다. 사실 모든 인간의 한계, 심지어 죽음도 초월할 수 있음을 보여준 것이 나의 전체 임무였다고 말할 수도 있습니다.

그러므로 나에게 중요한 질문은 여러분이 과거에 무엇을 믿도록, 심지어 지금 무엇을 믿도록 프로그램되었느냐가 아닙니다. 여러분이 정통적인 그리스도 이미지를 믿든, 나를 배척하든, 모든 종교를 배척하든, 정통 교리를 넘어서는 모든 것을 배척하든 이 모든 것은 나의 진정한 관심사가 아닙니다. 진정한 질문은 여러분이 자신의 믿음을 직면하고 열린 마음으로 그것을 점검한 후, 자신이 모든 우상을 넘어서도록 도와줄 더 높은 이해에 도달할 의지가 있느냐 하는 것입니다.

나는 지금 여러분이 들어가 있는 멘탈 박스에는 관심이 없습니다. 나는 오로지 여러분이 그 틀을 확장하여 마침내 모든 인공적인 틀을 던져버리고 다음과 같은 내 계명을 따르게 될 지점에 도달할 의지가 있는지에만 관심이 있습니다.

신은 영이시다. 그러므로 예배하는 사람들은 영적으로 참되게 신께 예배드려야 한다. (요한 4:24)

다른 무엇보다도 나는 사람들을 가르치러 왔습니다. 그 측면에서 나의 일차 관심사는 사람들이 가르침을 받을 수 있느냐 하는 것입니다. 그들은 살아 있는 그리스도가 그들이 가지고 있는 아이디어에 도전하고 자신들이 그저 인간이라고 생각하도록 만드는 멘탈 박스 밖으로 나오는 것을 돕게 할 의지가 있을까요? 시간을 초월한 질문은 여러분이 볼 눈이 있고 들을 귀가 있느냐 하는 것입니다. 왜냐하면, 열린 마음이 없는 사람들은 항상 그들이 믿고자 원하는 것을 확인해 주는 듯한 "죽은" 그리스도를 선호하여 살아 있는 그리스도를 배척할 것이기 때문입니다.

* * *

내가 왜 들을 귀가 있는 사람들을 그렇게 자주 언급했을까요? 왜냐하면, 살아 있는 그리스도의 살아 있는 말씀을 들을 귀를 가진 사람이 거의 없기 때문입니다! 이것은 내가 지구에서 걸어 다녔을 때도 그랬고, 오늘날도 마찬가지입니다. 그렇지만 현대에는 실제로 들을 귀를 가진 사람이 더 많으며, 그것이 내가 이 과정을 제공하는 이유입니다. 문제는 여러분 내면의 존재와 외면의 마음 사이에 갈등이 있을 수 있다는 것입니다. 정말로 오늘날 많은 사람이 살아 있는 말씀을 받아들일 내면의 준비가 되어 있지만, 외면의 마음이 종교적이든 물질적이든 우상에 의해 심하게 프로그램되어 있어서 가슴으로, 즉 직관적인 능력으로 그것을 진정으로 고려하지 않은 채, 외면의 마음으로 그것을 배척하는 경향이 있습니다. 다음과 같은 내 말을 생각해 보세요.

> 이 백성이 입술로는 나를 공경하여도 마음은 나에게서 멀리 떠나 있구나! (마태 15:8)

이 말의 반대는, 많은 사람이 살아 있는 그리스도와 살아 있는 진리를 온 가슴으로 진실하게 사랑하지만, 외면의 분석적인 마음의 상징인 그들의 입술은 살아 있는 말씀을 배척하도록 프로그램되어 있다는 것입니다. 기존의 자신들이 가지고 있는 믿음의 "데이터베이스"와 비교해서, 현재 그들이 받아들이고 있는 것과 모순되거나 너무 멀리 나가는 듯한 새로운 아이디어나 가르침은 어떤 것이든 다 배척하도록 프로그램된 사람이 많습니다. 그러나 새로운 것을 무엇이든 다 배척한다면, 어린아이의 순수한 마음으로 신의 나라를 받아들일 수 없습니다. 그러면 전혀 하늘나라를 받아들일 수 없게 되는데, 어떤 인공적인 멘탈 박스라 해도 그 안에 억지로 신의 나라를 집어넣을 수는 없기 때문입니다.

그 역학은 단순합니다. 여러분이 지금 신의 나라와 삶의 풍요를 경험하지 못한다면, 그것은 여러분이 뭔가 알지 못하는 것, 뭔가 이해하지 못하는 것이 있기 때문입니다. 그리고 무엇이 결핍되어 있는지를 알아보는 유일한 방법은 현재 여러분 믿음의 멘탈 박스 너머를 보는 것뿐입니다. 그러므로 들을 귀를 가졌다는 것은 자신의 현재 멘탈 박스 너머를 보고 그 틀 밖에서 생각하려는 의지를 낸다는 의미입니다.

* * *

내가 지구에서 걸으며 돌아다녔을 때, 살아 있는 그리스도를 따르려면 무엇이 필요했을까요? 팔레스타인 전역에서 3년간 가르치며 많은 기적을 행하고 많은 사람을 치유한 후에 나는 상대적으로 적은 수의 사람과 만났으며, 나를 직접 따르는 사람도 제한적이었습니다. 그리스도교가 주류인 문화에서 자라난 사람이라면 당시의 상황이 지금과 전혀 달랐음을 고려해야 합니다. 거대한 교회, 인쇄된 성서, 정교한 의례와 명확하게 정의된 교리를 갖춘 그리스도교는 없었습니다. 그러므로 내가 지구에서 걸어 다녔을 때 나를 따르는 것은 마음이 약한 사람이 할 일이 아니었습니다. 그것은 대중을 따르기를 선호하는 자를 위한 방식이 아니었습니다.

초기에 나를 따른 사람들은 누구였을까요? 당시에는 아무런 조직된 종교도 없었기에, 그들은 잘 정의된 종교의 안전한 경계를 선호하는 사람들은 아니었습니다. 분명하게 정의된 경전이나 교리가 없었기 때문에, 스스로 종교적이라고 느끼기를 좋아하지만, 영적 문제에 대해 더 깊이 생각할 의지가 없는 사람들도 아니었습니다. 내 임무의 역사를 보면, 대부분이 나를 무시했고 많은 사람이 나를 배척했으며 엘리트는 나를 박해했음을 알 수 있습니다. 사람들이 나를 배척한 세 가지 주요한 이유는 다음과 같습니다.

- 우선, 내가 다른 방향의 삶, 더 강력한 형태의 삶을 가리켰다는 사실에 위협을 느낀 사람들이 있었습니다. 그들은 일상적인 삶에 너무 초점을 둔 나머지, 한 발자국 뒤로 물러서서, 자신의 삶을 재평가해 보고 더 영적인 생활양식을 채택하려 하지 않았습니다. 그들은 단지 조상들이 살아온 방식으로 계속 살아가기를 원했습니다. 그들은 어떤 형태의 변화나 더 나은 방향으로의 변화보다 안락함을 선호했습니다. 영적으로 살아 있는 줄에 서라는 나의 제안을 받아들이기보다는 사실상 살아 있는 시체처럼 살기를 선호했습니다.

- 다음으로, 나의 가르침이 그들 문화의 기존 종교를 훨씬 뛰어넘는다는 사실에 위협을 느낀 사람들이 있습니다. 그것이 유대교였다는 사실은 중요하지 않습니다. 오늘날의 그리스도교야말로 당시의 유대교만큼이나 경직되어 있지 않나요? 외부의 종교에 속함으로써 구원을 받는다고 느끼고, 종교적인 문제에 대해 스스로 생각하기를 원하지 않는 사람들을 언제나 찾아볼 수 있습니다. 그들은 자신의 구원이 보장됨을 믿을 수 있도록, 누군가가 무엇을 믿어야 하는지 말해 주기를 원합니다. 이 사람들은 내 가르침에 위협을 느꼈는데, 나는 내면에서 구원을 찾아야 한다고 가르쳤기 때문입니다. 내가 말했듯이, "신의 나라는 바로 네 안에 있다."(누가 17:21). 나는 또한 단순히 외부의 종교에 속하고 그 모든 교리와 의식을 따른다고 해서 구원받을 수는 없다고 말했습니다.

잘 들어라. 너희가 율법학자들이나 바리새인들보다 더 옳게 살지 못한다면 결코 하늘나라에 들어가지 못할 것이다. (마태 5:20)

· 율법학자들이나 바리새인들은 자신들의 구원을 확신했습니다. 왜 냐하면, 그들은 그들 종교의 모든 외적인 의례를 따랐기 때문입니 다. 그러나 그들은 대부분의 의례가 인간에 의해 정의되었으며, 그 것이 "자동으로" 결혼 예복을 입혀주지 않는다는 사실을 인식하려 하지 않았습니다. 외적인 의례를 거행한다고 자동으로 의식 상태 를 바꿀 수는 없습니다. 왜냐하면 그것은, 왜 그리고 어떻게 여러 분 자신을 바꾸어야 하는지를 이해해야 하는 내면의 과정이기 때 문입니다. 그것은 또한 변하겠다는 의식적인 결정을 내릴 것을 요 구합니다.

· 마지막으로 나의 "신성모독" 가르침이 종교적이고 정치적인 지배 층에 속한 자신들의 특권적인 지위와 대중에 대한 통제권을 위협 한다고 느낀 사람들이 있습니다. 기존 제도권의 지도자들은 그들 의 권력과 특권을 잃지 않으려 했습니다. 따라서 내가 그들의 통 제로부터 대중을 해방시키기 전에 나를 침묵시켜야 했습니다. 그 들은 왜 그렇게 위협을 느꼈을까요? 왜냐하면, 나는 하늘나라가 내면에 있고, 하늘나라에 들어가기 위해 외부의 종교나 사제가 필 요하지 않다고 가르쳤기 때문입니다. 나는 억압적인 기관들이 사 람들을 통제하도록 허용하는 핵심 자체에, 즉 구원을 위해 자신의 밖에 있는 어떤 것이나 어떤 사람이 필요하다는 믿음에 이의를 제 기했습니다.

여기서 내가 말하고자 하는 요점은, 나의 제자가 되기 위해서 여러분은 이 범주의 어디에도 속하지 않아야 한다는 것입니다. 여러분은 생활양식을 바꾸고, 영적인 여정, 제자의 길을 걸으며, 삶의 주요한 초점을 바꿀 의지가 있어야 했습니다. 여러분은 정통적인 교리를 넘어서 보고 스스로 생각할 용의가 있어야 했습니다. 스스로 생각하지 않는다면 어떻게 내면에 있는 하늘나라에 들어갈 수 있겠습니까? 여러분은 또한 그 시대에 확립된 종교가 요구하는 것을 넘어서거나, 심지어 그 지도자에게 반항할 용의도 있어야 했습니다. 여러분은 더 이상 눈먼 지도자를 따르지 않고(마태 15:14) 내면의 눈과 귀를 열 의지가 있어야 했으며, 여러분의 고요한 가슴 안에서 말하는 살아 있는 그리스도를 따라야만 했습니다.

* * *

일부 그리스도교인은 스스로 질문을 던지는 이런 습관을 길렀습니다. "예수라면 무엇을 했을까? 예수라면 무슨 말을 했을까? 예수라면 무엇을 추구했을까?" 등등. 어떤 사람에게는 그것이 수명이 짧은 유행이었을 뿐이었지만, 이것은 건설적으로 될 가능성이 있었습니다. 왜냐하면 상황의 압박에 압도된 나머지 생각도 분명하게 할 수 없게 되어, 나중에 후회할 일을 한 경험을 누구나 가지고 있기 때문입니다. 상황에 눈이 멀지 않은 존재라면 어떻게 반응했을지를 고려함으로써, 사람들은 그 상황에서 한 걸음 물러나 더 명확하게 생각할 수 있었습니다. 그러나 자신을 그리스도교인이라고 부르는 모든 사람이, 예수가 어떻게 대응했을지에 관한 생각을 내가 준 특별한 계명과 함께 고려했으면 합니다. 결국, 나는 다음과 같이 말했습니다.

너희가 나를 사랑하면 나의 계명을 지키리라. (요한 14:15)

그러므로 나는 사람들이 "예수는 뭐라고 말했을까?"라는 생각을 다음의 계명과 함께 생각하기를 바랍니다.

3 어찌하여 너는 형제의 눈 속에 있는 티는 보면서 제 눈 속에 있는 들보는 깨닫지 못하느냐?
4 제 눈 속에 있는 들보도 보지 못하면서 어떻게 형제에게 '네 눈의 티를 빼내어 주겠다.' 하겠느냐?
5 이 위선자야, 먼저 네 눈에 있는 들보를 제거해라. 그래야 눈이 잘 보여 형제의 눈에서 티를 빼낼 수 있지 않겠느냐? (마태 7장)

그러면 사람들은 지구에서 나를 대변한다고 주장하는 종교에 대해 나, 상승한 예수 그리스도가 뭐라고 생각할지 혹은 말할지에 대해 고려할 수 있습니다. 어느 일요일에 내가 그들의 교회로 걸어 들어가서, 그곳의 모든 것을 인정해 줄 것이라고 단순하게 가정하는 사람이 너무나 많습니다. 내가 옛날 유대교에서처럼 현대 그리스도 교회에 침투한 환전상들(다른 이들을 조종하려는 사람들의 상징)의 탁자를 뒤엎을지도 모른다고 진지하게 생각하는 사람은 거의 없었습니다.

이 가능성을 생각할 의향이 있는 사람들이라면, 내가 이 과정의 나머지를 통해, 여러분이 어떻게 현대와 고대의 그리스도교를 초월할 수 있는지에 대해 분명하고 상세한 견해를 제공할 것이라고 확신해도 좋습니다. 그러나 지금은 하나의 특별한 관심사에 집중하고 싶습니다. 자신을 그리스도교인이라 부르고 나를 따른다고 주장하는 모든 사람이 다음 계명을 따르는 것에 대한 더 깊은 의미를 진지하게 고려했으면 합니다.

> 그대로 버려두어라. 그들은 눈먼 길잡이들이다. 소경이 소경을 인도
> 하면 둘 다 구렁에 빠진다. (마태 15:14)

위에서 말했듯이, 초기에 나를 따른 사람들은 눈먼 지도자를 따르는 눈먼 추종자들이 아니었습니다. 그들은 기득권 종교가 내려주는 교리나 규칙을 맹목적으로 믿는 대신에 스스로 생각할 의지가 있었습니다. 내 제자들은 유대교 안에서 자랐으며, 내 가르침과 – 성서에서는 단지 개략적으로만 보여주지만 – 내가 자주 유대교의 타협할 수 없는 규칙을 어겼다는 사실을 받아들이기 위해 그 종교를 훨씬 초월해야 했다는 것을 고려해 보세요. 볼 눈이 있는 사람들은 여기에서 내가 시작하려고 한 것이 경직된 종교가 아니었다는 결론을 내릴 수 있습니다. 그 반대로, 나는 경직된 유대교에, 사실상 모든 경직된 종교에 반대되는 운동을 시작하러 왔습니다. 결국, 나를 침묵시키려고 나를 죽인 사람들은 이러한 종교의 지도자들이었습니다.

그렇다면 사제들이 나를 죽게 한 유대교만큼이나 경직되고 질식할 정도의 교리와 규칙을 가지게 된 자신들의 종교를 보지 않고서 어떻게 현대 그리스도교인들이 현대 그리스도교를 정직하게 볼 수 있을까요? 내가 시작한 보편적인 영성 운동이, 몇백 년도 채 지나기 전에,

살아 있는 그리스도를 죽인 것과 똑같은 종류의 종교로 바뀌었음을 어떻게 그들은 보지 못할까요? 내가 그들의 교회로 들어가서 과감하게 그들의 교리에 도전한다면, 그들은 현대 그리스도교가 살아 있는 그리스도를 박해할 정도로 여전히 경직된 종교임을 볼 수 있을까요? 어떻게 현대 그리스도교인들은 더 이상 그들의 교회에 살아 있는 그리스도를 위한 공간이 없고 더 이상 살아 있는 그리스도가 태어날 여지가 없다는 사실과 자신의 눈에서 들보를 보기를 거절할 정도로 그렇게 눈이 멀었을까요? 이 과정에 대한 주류 그리스도 교회의 반응이나 무반응은, 볼 눈이 있는 사람들에게 내가 말하는 요점을 확실하게 증명할 것입니다.

* * *

대부분의 그리스도교인은 자신이 2,000년 전에 살아 있었다면 즉시 나를 구원자로 인지했을 것이라고 생각합니다. 그러나 진실하게 말하지만, 현대 그리스도교인의 대부분은 위에서 말한 세 범주에 속할 것입니다. 많은 사람이 자신의 생활양식을 바꾸기를 거부합니다. 많은 사람이 아마도 내가 그들의 그리스도교 교리에 도전한다는 이유로 나를 배척할 것입니다. 심지어 어떤 사람은 내가 그들의 권력을 위협한다는 이유로 나를 박해할 것입니다.

앞에서 말했듯이, 오늘 내가 그들의 교회로 들어가면 모든 것을 인정해 줄 것이라고 생각하는 이가 많습니다. 그러나 이것은 완전한 오류입니다. 이것은 영적으로 눈먼 상태이며, 여기에는 두 가지 요인이 있습니다. 하나는 영적인 자만으로, 자신의 눈에서 들보를 찾아볼 의지가 없는 것입니다. 다른 하나는 그리스도의 참된 임무에 대한 완전히 잘못된 이해입니다. 그 임무에 대해서는 이 과정에서 나중에 충분히 설명할 것입니다. 지금으로서는 그리스도의 임무가 결코 사람들의 믿음을 확인해 주는 것이 아님을 밝히는 것으로 충분합니다. 오히려 그리스도의 임무는 사람들을 인간이 만든 모든 믿음과 신념 체계 너머로 가게 함으로써 그들의 이해를 확장하도록 도전하는 것입니다. 따라서 살아 있는 그리스도는 설령 그 종교가 그리스도교라 하더라도 항상 그 시대의 기득권 종교에 도전합니다.

여러분이 자신의 종교와 종교에 대한 접근 방식이 기꺼이 도전받도록 하지 않는다면, 그것은 여러분이 살아 있는 그리스도를 따르는 것이 아니라 죽은 "그리스도"를 따르고 있음을 증명할 뿐입니다. 여러분은 죽은 "그리스도"의 우상을 창조하고 그것을 절대 확실한 교리의 지위로 올려놓은 눈먼 지도자들의 추종자가 되는 것입니다.

다시 한번, 많은 그리스도교인이 2,000년 전에 살아 있었다면 즉시 나를 알아보고 따랐을 것이라 생각한다는 점을 숙고해 보세요. 그러나 당시에는 어떤 그리스도 교회도 없었으며, 따라서 나를 특별한 위상을 가진 영적 지도자로 확인해 줄 어떤 외적인 것도 없었습니다. 사람들은 외적인 표식을 넘어서서 가슴 안에서 진리를 찾아야 했습니다. 대부분의 현대 그리스도교인은 단순히 그렇게 하려고 하지 않습니다. 그들은 죽은 자의 뼈로 가득한 교리를 선호합니다. 이 과정을 포함해서, 물론 이 과정에 국한되지는 않지만, 여러분에게 오늘 내가 나타나는 형태대로 나를 따르고자 하는 의지가 없다면, 과거에도 나를 따를 의지가 없었을 것입니다.

* * *

과거에는 어떤 유형의 사람들이 나를 따랐으며, 오늘날은 어떤 유형의 사람들이 진정으로 나를 따를까요? 성서를 읽어보면 한 가지는 분명합니다. 위선자는 아닙니다!

내가 얼마나 자주 율법학자들과 바리새인들에게 도전하고 그들을 위선자라고 불렀는지 보세요. 나는, 여러분이 율법학자들이나 바리새인들보다 더 옳게 살지 못한다면 결코 하늘나라에 들어가지 못할 것이라(마태 5:20)고 말했습니다. 왜 그럴까요? 율법학자들과 바리새인들은 유대교의 외적인 교리와 율법을 준수함으로써 신의 나라에 들어갈 수 있다고 믿었기 때문입니다. 그러나 하늘나라가 어디에 있습니까? 그것은 여러분 안에 있습니다. 그렇다면 외부의 종교를 따름으로써 자동으로 내면의 하늘나라에 들어갈 수 있다는 것이 도대체 말이 되나요? 다음은 내면의 하늘나라에 대한 전체 인용입니다.

> 20 신의 나라가 언제 오겠느냐는 바리새인들의 질문을 받으시고
> 예수께서는 이렇게 대답하셨다. "신의 나라가 오는 것을 눈으로 볼
> 수는 없다.
> 21 또 '보아라. 여기 있다!' 또는 '저기 있다.'라고 말할 수도 없다.
> 보라. 신의 나라는 너희 안에 있다. (누가 17장)

내가 여기에서 정말로 말한 내용에 주목하세요. 율법학자들과 바리새인들은 자신들이 외부 종교의 모든 규칙을 엄격하게 준수했기 때문에 구원을 보장받았다고 생각했습니다. 그러나 나는 그렇게 한다고

해서 구원이 보장되지 않는다고 분명히 밝혔습니다. 내가 왜 그들을 위선자라고 불렀을까요? 그들은 단지 선하고 종교적인 사람이라는 허울을 썼을 뿐이며, 외적인 규칙을 엄격하게 지킴으로써 이것을 정당화했기 때문입니다. 그들은 기본적으로 신과 흥정하려 했고, 가슴을 바꾸지 않은 채 외적인 규칙을 준수함으로써 그들을 신의 나라로 들여보내도록 신에게 강요할 수 있다고 생각했습니다. 그러나 성서를 주의 깊게 읽어 보았다면 내가 이러한 접근 방식에 거듭 도전했음을 누구라도 알 수 있습니다.

> 6 이렇게 너희는 너희의 전통을 핑계 삼아 신의 계명을 무시하고 있다.
> 7 이 위선자들아, 이사야는 바로 너희를 두고 이렇게 적절히 예언하였다.
> 8 이 백성이 입술로는 나를 공경하여도 마음은 나에게서 멀리 떠나 있구나!
> 9 그들은 나를 헛되이 예배하며 사람의 계명을 신의 것인 양 가르친다. (마태 15장)

오, 얼마나 많은 그리스도교인이 이것을 읽고 '내가 너보다 더 거룩하다.'라는 느낌을 강화하는 데 사용했을까요? 그들은 내 말이 오로지 율법학자들과 바리새인들에게만 - 혹은 다른 종교인들에게만 - 적용된다고 느꼈으며, 자신들은 선한 그리스도교인이므로 내 비난을 받을 필요가 없다고 생각했습니다. 지금도 이것을 읽는 많은 사람이, 진정한 예수라면 그리스도교의 규칙과 교리를 준수하는 것만으로는 하늘나라에 들어가지 못한다고 말할 리가 없다고 느낄 것입니다. 그러나 바로 그것이 정확히, 살아 있는 예수 그리스도가 하는 말입니다. 왜냐하면, 오로지 죽은 "그리스도"만이 한 종교를 맹목적으로 따름으로써 여러분 내면에 있는 하늘나라에 들어가게 된다고 주장할 수 있기 때문입니다.

나를 따르는 자라면 먼저 자신의 눈에 있는 들보를 보라고 내가 말하지 않았나요? 그렇다면 그리스도교인이 자신의 종교와 삶을 비판적으로 바라보고, 그리스도교가 그리스도의 진정한 살아 있는 가르침에서 벗어나서 내가 도전했던 유대교만큼이나 교리와 규칙과 의례로 질식시키는 종교가 되었음을 알아차리는 일이 그토록 어려운 이유가 무엇인가요?

왜 그리스도교인들은 자신을 그리스도교인이라고 부르기 때문에 - 입으로 나를 존경하기 때문에 - 자신을 점검할 필요가 없고, 살아 있는 그리스도에게서 꾸짖음을 받지 않을 것이라고 생각하나요? 자신을 점검할 용의가 없는 것은 한 가지 이유밖에 없습니다. 그것은 그들의 가슴이 나에게서 멀리 떨어져 있기 때문입니다. 왜냐하면, 여러분이 살아 있는 그리스도를 진실로 사랑한다면, 여러분은 나를 따르기 위해 자신의 심리 속에 있는 모든 것을 포함한 이 세상의 어떤 것도 극복할 의지가 있기 때문입니다. 진실로 나를 사랑한다면, 나에게서 여러분을 분리시키는 어떤 것도 즉각 극복하려고 할 것입니다!

현대 그리스도교인들은 내가 사람 또는 사람이 만든 기관을 차별대우한다고 생각하고 있지는 않나요? 내가 사람이 만든 교리와 계명을 가르치는 자에게 도전하지 않으리라고 생각하나요? 나를 속이고 선한 그리스도교인인 척할 수 있다고, 그들의 가슴이 나에게서 멀리 떨어졌음을 내가 알아차리지 못할 것이라고 생각하나요? 율법학자들과 바리새인들과 똑같은 마음 상태로 위선자처럼 행동하면서, 얼마나 오랫동안 여전히 자신을 그리스도교인이라고 부를 수 있을까요? 귀가 있는 사람이라면 들으세요.

* * *

이것을 읽는 누군가는, 내가 하는 말마다 시비를 걸면서 경전의 어떤 구절을 참조하거나 그 구절에 대한 어떤 문자적 해석을 하고 반박할 것임을 잘 알고 있습니다. 그 당시 나를 함정에 빠트리거나 반증하려고 같은 접근 방식을 취한 율법학자들, 바리새인들 그리고 법률가들을 내가 얼마나 자주 맞닥뜨렸을까요! 도저히 내가 약속된 메시아일 수 없다는 경전의 증거를 찾기 위한, 유대 경전에 대한 그들의 문자적 해석을 내가 얼마나 자주 들어야 했을까요! 그들은 진정한 메시아라면 경전과 경전에 대한 그들의 해석에 맞서거나 그것을 넘어서는 어떤 것도 행하거나 말할 수 없다고 추론했습니다.

그러므로 그리스도교 안에 똑같은 마음 상태를 가진 사람들이 있고, 이런 사람들이 정말이지 대부분을 점하게 되었다는 사실이 전혀 놀랍지 않습니다. 그러나 그렇게 많은 현대 그리스도교인이 이러한 현상을 받아들이고, 이 눈먼 지도자들이 그리스도교를 정복하고, 살아 있는 그리스도의 어떤 표현도 다 잠재우려 했음을 보지 못하는 것은 다소 놀랍습니다.

현실 상황을 고려해 보세요. 내가 고대 이스라엘 사람들을 구원하러 왔지만, 그들이 왜 구원되어야 했을까요? 유대교가 그들의 구원을 충분히 보장할 수 있었다면, 신은 왜 나를 메시아로 보내야 했을까요? 그러므로 볼 눈이 있는 사람들은 살아 있는 그리스도가 이 세상으로 온 것이 정확하게 앞에서 설명한 것처럼, 어떤 외부의 종교이든, 외부의 종교를 엄격히 따르는 것이 사람들의 구원을 보장하는 데 충분하지 않기 때문임을 깨달을 것입니다. 사실, 살아 있는 그리스도는 외부의 종교에서, 혹은 최소한 외부의 종교를 엄격히 따르면 하늘나라에 들어갈 수 있다는 맹목적인 믿음으로부터 사람들을 구원하기 위해서 왔다고도 말할 수 있습니다.

이것을 이해하는 사람들이라면, 외부의 종교를 따르는 것에서 구원되어야 할 사람들이 오히려, 그들 방식의 어리석음을 일깨우고 참된 구원에 이르는 내면의 여정을 제시하는 살아 있는 그리스도를 배척하는 데 그 종교의 경전과 전통을 사용한다는 모순을 볼 수 있어야 합니다.

바벨탑을 건설한 후, 신이 사람들의 말을 뒤섞어 놓았다는 것이 삶의 기본적인 현실입니다.

> 4 또 사람들은 의논했다. "어서 도시를 세우고 그 가운데 꼭대기가 하늘에 닿게 탑을 쌓아 우리 이름을 날려 사방으로 흩어지지 않도록 하자."
> 5 주께서 땅에 내려오시어 사람들이 이렇게 세운 도시와 탑을 보시고
> 6 말씀하셨다. "사람들이 한 종족이라 말이 같아서 안되겠구나, 이것은 사람들이 하려는 일의 시작에 지나지 않겠지, 앞으로 하려고만 하면 못할 일이 없겠구나.

7 당장 땅에 내려가서 사람들이 쓰는 말을 뒤섞어 놓아 서로 알아

듣지 못하게 하자."

8 주께서는 사람들을 거기에서 온 땅으로 흩으셨다. 그리하여 사람

들은 도시를 세우던 일을 그만두었다.

9 주께서 온 세상의 말을 거기에서 뒤섞어 놓아 사람들을 온 땅에

흩으셨다고 해서 그 도시의 이름을 바벨이라고 불렀다. (창세기 11

장)

항상 그러하듯이 이 이면에는 더 깊은 의미가 담겨 있습니다. 이것
은 나중에 (이것은 사실상 신이 그렇게 한 것이 아니라, 사람들이 자
유의지로 죽음의 의식(意識)에 참여한 선택의 결과라는 것을 포함하
여) 논의하겠습니다. 그러나 이 인용문은 단순히 언어가 아니라 이 세
상에서 사용되는 말 전체에 대한 것입니다. 모든 말은 하나 이상의
의미를 가지므로, 모호합니다. 따라서 서로 다른 사람이 서로 다르게
해석할 가능성이 있습니다. 이것이 이원성의 상태로서, 같은 종교 경
전을 두고 두 그룹의 사람이 서로 배타적인 해석을 할 수 있으며, 심
지어 같은 신의 이름으로 서로를 죽일 마음마저 가지게 합니다.

* * *

율법학자들과 바리새인들은 경전에 대한 그들의 특정한 해석을 유
일한 참된 해석으로 만들려고 했습니다. 내가 그들 사이에서 걸어 다
녔을 때, 그들은 그 해석을 사용해서 살아 있는 그리스도를 박해했습
니다. 이것은 말씀(Word)의 오용입니다. 사실 그것이 내가 다음과 같

이 말한 이유입니다.

> 31 그러므로 잘 들어라. 사람들에게 어떤 죄를 짓거나 모독하는 말
> 을 하더라도 그것은 다 용서받을 수 있지만, 성령을 거슬러 모독한
> 죄만은 용서받지 못할 것이다.
> 32 또 사람의 아들을 거역해서 말하는 사람은 용서받을 수 있어도
> 성령을 거역해서 말하는 사람은 현세에서도 내세에서도 용서받지
> 못할 것이다. (마태 12장)

성령을 거역해서 말한다는 것은 무엇을 의미합니까? 그것은 살아 있는 그리스도가 어떤 형태로 나타나든, 살아 있는 그리스도가 말하는 살아 있는 말씀을 배척하는 근거로 사람이 만든 해석을 사용한다는 의미입니다. 그러므로 과거의 경전을 사용하여 위에서 내려오는 새로운 계시를 배척하는 사람들은 정말로 성령을 거역해서 말하는 것입니다. 그것은 율법학자들과 바리새인들이 줄곧 했던 일이며, 지금도 일요일마다 많은 그리스도교 설교자가 하는 일입니다. 성령은 누구입니까? 나는 다음과 같이 말했습니다.

> 이제 아버지께서 내 이름으로 보내주실 성령, 곧 그 협조자
> (Comforter)는 모든 것을 너희에게 가르쳐 주실 뿐만 아니라 내가
> 너희에게 한 말을 모두 생각나게 할 것이다. (요한 14:26)

성령은 각 사람에게 내면의 협조자로 옵니다. 협조자는 살아 있는 그리스도로 하여금 여러분이 알고 싶어하는 모든 것을 기억하게 합니

다. 그럼으로써 여러분이 낡은 멘탈 박스 너머로 올라가서 그리스도의 마음을 입을 수 있게 됩니다. 따라서 이 내면의 음성을 듣기를 거부하고 외부의 경전을 사용하여 내면의 살아 있는 말씀을 무효로 만드는 사람은 그야말로 성령을 거역해서 신성을 모독하는 것입니다.

다음이 내가 말하고자 하는 요점입니다. 너무도 많은 그리스도교인이 기록된 말, 과거의 경전에만 지나치게 주의를 집중하는, 끝도 의미도 없는 게임에 사로잡혀, 지금도 성령을 통해 하늘에서 흘러오는 살아 있는 말씀에 마음을 닫고 있습니다. 그들이 과거에 살았다면, 율법학자들과 바리새인들과 한 편이 되어 오래된 경전을 사용해서 메시아인 나를 배척했을 것입니다. 이야말로 진실로 사람들 앞에서 그리스도를 부정하는 일입니다.

실제로 나를 따르는 일은, 죽은 말을 해석하는 것이 아니라 살아 있는 말씀에 마음을 여는 것입니다. 왜냐하면 오로지 살아 있는 말씀을 통해서만, 말의 문자가 아니라 말의 영을 통해서 신을 예배하라는 내 계명을 따를 수 있기 때문입니다.

> 신은 영이시다. 그러므로 예배하는 사람들은 영적으로 참되게 신께 예배드려야 한다. (요한 4:24)

또는 바울이 말했듯이,

> 우리로 하여금 당신의 새로운 계약을 이행하게 하셨을 따름이다. 이 계약은 문자로 된 것이 아니고 성령으로 된 것이다. 문자는 사람을 죽이고 성령은 사람을 살린다. (고린도후서 3:6)

* * *

들을 귀 있는 사람은 겉모습 너머를 보고, 숨겨진 의미와 더 깊은 이해를 구할 용의가 있는 자입니다. 오직 이러한 이들만이 당시에 나를 따랐던 사람들이며, 오늘 나를 따를 의지가 있는 사람들입니다. 그 사람들은 핵심적인 실마리를 담고 있는 다음의 말을 따르고 있기 때문입니다.

> 아직도 나는 할 말이 많지만, 지금은 너희가 그 말을 알아들을 수
>
> 없을 것이다. (요한 16:12)

겉보기에는 단순한 말이지만, 깊은 의미를 담고 있습니다. 그리스도는 변하지 않으므로 그리스도의 말 또한 변하지 않아야 한다고 생각하는 사람들이 있습니다. 실제로 끊임없이 변화하는 세상에서 변하지 않는 기반이 필요하다는 것은, 나중에 설명하겠지만, 인간 심리의 특정한 부분에서 비롯됩니다. 그러나 지금으로서는 그리스도의 말은 변할 수 없으므로 2,000년 전에 주어진 경전에 어떤 새로운 것도 더해져서는 안 된다는 논리를 내세우는 사람들이 있다는 것만 지적하겠습니다. 다시 말하면, 내가 지구 위를 걸었던 당시에, 그리스도교인들이 구원을 얻기 위해 알아야 할 모든 것을 내가 말했다는 것입니다. 이 사람들은, 내가 신의 아들이었으므로 내가 말한 것은 완전하며, 완전한 것은 결코 변할 수 없다는 논리를 자주 내세웁니다.

같은 스펙트럼의 반대편에는 내가 정말로 신의 아들이었거나 유일

한 구원자였다면, 내가 지난 2,000년 동안 일어난 엄청난 변화를 예견할 수 있었어야 했다는 논리를 내세우는 사람들이 있습니다. 그러므로 내가 사람들에게 현대 사회에 더 적합한 방향을 제시했어야만 했다는 것입니다.

위의 인용에 근거할 때, 더욱 깊은 이해를 얻을 수 있습니다. 나는 정말로 인류에게 해줄 말이 더 많습니다. 그러나 내가 말했듯이, 당시 사람들은 그것을 "수용할" 수가 없었습니다. 당시 사람들의 의식 상태를 상상할 수 있는 현대인은 거의 없습니다. 내가 당시 사람들이 가지고 있던 의식 상태를 너무 멀리 앞서가는 방향을 제시했다면 그들은 내 말을 받아들이기를 훨씬 더 주저했을 것입니다.

우리는 이제 이것에 대해 논리적으로 생각할 의지가 있는 모든 이에게 명백해야 할 진리를 봅니다. 내가 2,000년 전에 준 가르침은 궁극적이고 절대적인 무오류의 완벽한 가르침으로 의도된 것이 아니었습니다. 그 가르침은 받을 사람들의 의식 상태에 주의 깊게 맞춰졌습니다. 그것은 그 사람들의 의식 수준에 맞춘 다음 그들이 더 높이 올라가라고 도전하도록 의도된 것이었습니다. 그러나 당시의 사람들은 너무 낮은 의식 상태에 있었기 때문에, 도저히 신에 대한 가능한 최상의 가르침을 줄 수 없었습니다. 나중에 논의하겠지만, 그 문제에 관한 한, "가장 높은" 가르침이란 없습니다.

위의 인용문은 살아 있는 그리스도가, 마음을 열고 그의 말을 듣는 사람들에게 할 말이 훨씬 더 많음을 깨달을 수 있도록 귀 있는 사람들을 위해 말한 것이었습니다. 따라서 그들은 어제의 말과 경전을 이해하는 것에 국한해서는 안 되며, 성령을 통해 주어지는 점진적인 계시에 마음을 열어 놓아야 합니다. 개인 수준에서는 물론 인류 전체 수준에서도 사람들의 의식이 성장함에 따라 더 높은 가르침을 주려는 것이 나의 의도였습니다. 살아 있는 그리스도에게는, 사람들이 이해의 사다리를 한 단계씩 오를 때마다 이전의 이해가 기꺼이 도전받도록 허용한다면, 그들을 더 높이 올릴 수 있는 가르침이 있습니다. 내가 어떻게 이 새로운 이해를 주려고 했습니까? 이것은 앞에서도 이미 말했습니다.

16 내가 아버지께 구하면 다른 협조자(Comforter)를 보내주셔서 너희와 영원히 함께 계시도록 하실 것이다.

17 그분은 곧 진리의 영이시다. 세상은 그분을 보지도 못하고 알지도 못하기 때문에 그분을 받아들일 수 없지만, 너희는 그분을 알고 있다. 그분이 너희와 함께 사시며 너희 안에 계시기 때문이다. (요한 14장)

25 나는 너희와 함께 있는 동안에 여러 가지 이야기를 들려주었거니와

26 이제 아버지께서 내 이름으로 보내주실 성령, 곧 그 협조자(Comforter)는 모든 것을 너희에게 가르쳐주실 뿐만 아니라 내가 너희에게 한 말을 모두 생각나게 할 것이다. (요한 14장)

성령을 통해서 살아 있는 말씀을 전하는 전통을 끊임없이 이어가는 것이 나의 의도였으며, 나의 내적인 가르침을 구현함으로써 자신을 성령을 위한 열린 문으로 만든 사람들을 통해서 이 일을 하려고 했습니다. 그리스도교가 경직되고 교리에 사로잡힌 종교가 되었기 때문에, 이 전통이 깨졌습니다. 그러나 지난 2,000년 동안 많은 사람을 통해

새로운 가르침과 점진적인 계시가 주어졌으며 이 과정도 그러한 전통의 하나입니다.

* * *

다음은 이 주제와 연관된 또 다른 인용입니다.

> 33 예수께서는 그들이 알아들을 수 있을 정도로 이와 같은 여러 가
> 지 비유로써 말씀을 전하셨다.
> 34 그들에게는 이렇게 비유로만 말씀하셨지만, 제자들에게는 따로
> 일일이 그 뜻을 풀이해 주셨다. (마가 4장)

나는 대중에게는 우화로 이야기했습니다. 그들은 내가 제자들에게 준 더욱 높은 가르침을 "수용할" 수 없었기 때문입니다. 그러나 오늘날에는 더 많은 사람이 이 직접적인 가르침을 받을 준비가 되어 있습니다. 따라서 여러분이 당면한 질문은 단순합니다. 여러분은 어제의 경전과 그 교리와 "문자적" 해석에 만족하겠습니까? 아니면 마음과 가슴을 열고 나의 살아 있는 말씀을 들음으로써, 내가 제자들에게 준 내면의 가르침과 이 시대의 영적인 사람들에게 특별히 맞춘, 더욱 현대적인 가르침 모두를 줄 수 있도록 하겠습니까? 선택은 여러분의 몫입니다. 왜냐하면, 받을 용의가 있는 모든 이에게 나의 내면의 가르침을 주겠다고 나는 이미 결정했기 때문입니다. 여러분은 그것을 준 진리의 영 안에서 그것을 받겠습니까? 아니면 여러분의 현재 멘탈 박스에 그것을 집어넣겠습니까?

말할 것도 없이, 이 세상에 떠도는 많은 그리스도에 대한 우상에 대해 훨씬 많은 말을 할 수도 있었습니다. 실제로 나중에 이 과정을 통해서 훨씬 많이 언급할 것입니다. 그러나 여기서 말한 것이 여러분이 이 책을 계속 읽도록 하기에 충분하지 않다면, 아무것도 충분하지 않을 것입니다. 왜냐하면, 여러분은 입으로는 나를 존중할지 몰라도 나의 살아 있는 말씀에 가슴을 열 의지가 없기 때문입니다. 여러분은 내 말을 들을 귀가 없어서, 사람들 앞에서 나를 부정하기 때문입니다. 따라서 나는 이 과정의 진정한 목표를 향해 나아갈 것입니다. 즉 이 시대를 위한 살아 있는 그리스도의 가르침을 온전히 들을 귀를 가진 사람들을 향해 나아갈 것입니다.

2
그리스도의 첫 번째 도전

    우상의 정글에서 벗어나 그리스도 진리의 환한 빛으로 들어가는 우리의 여정을 어디서부터 시작할까요? 우리는 현대인들이 거의 진지하게 생각하지 않는 주제인, 살아 있는 그리스도가 지구에 온 이유에 대해 논의하면서 시작할 것입니다. 이 질문에 대해 열린 마음으로 생각하는 사람들이 거의 없는 이유는, 대부분의 그리스도교인이 이미 답을 알고 있다고 믿고 있고, 그리스도교인이 아닌 사람들은 그 답이 자신과는 관련이 없다고 생각하기 때문입니다. 하지만 지구상의 모든 사람과 밀접한 관련이 있는 실질적인 대답에 대해 함께 생각해 보겠습니다.

    대다수 교파의 그리스도교인은 내가 사람들을 구원하기 위해 지구에 왔다고 믿으며 자랐습니다. 그들은 또한 구원에 있어서 자신의 역할을 수동적인 존재로 받아들이도록 키워졌습니다. 나는 구원자이기 때문에 내가 바로 구원하는 존재이고, 그들은 특정한 요구 사항만 지키면 된다는 것입니다. 그 요구 사항이란 세례를 받는 것, 나를 그들의 주님이요 구원자임을 입으로 고백하는 것, 나와 그리스도의 피를 믿는 것이나 그 밖에 그와 비슷한 것들입니다. 일부 개별적인 뉘앙스의 차이는 있지만, 기본적인 구원의 이미지는 대부분의 교회에서 대체로 동일합니다.

- 예수가 당신을 구원할 수 있는 유일한 존재입니다. 여러분은 자신을 구원할 수 없습니다.
- 예수는 외부의 구원자입니다. 나는 저 하늘 위에 있는 존재, 곧 여러분에게서 멀리 떨어져 있는 존재로 묘사됩니다.
- 나는 구원자이기는 하지만, 여러분이 나의 구원을 받으려면 여전히 외부의 교회가 필요합니다. 교회는 여러분과 나 사이의 중재자입니다.

나는 이 과정을 통해, 살아 있는 그리스도가 어떻게 그리고 왜 구원의 중요한 열쇠인지 충분히 설명할 것입니다. 하지만 그렇게 하려면 심오하고 미묘한 가르침을 주어야 하는데, 더욱 탄탄한 기초를 마련한 후에 그렇게 하겠습니다. 지금은 수동적이고 외적인 구원이라는 대중적인 그리스도교의 이미지를 내가 직접 한 말과 대조해 보겠습니다. 우선, 앞에서도 인용했고 앞으로도 되풀이해서 살펴볼, 나의 가장 핵심이 되는 말 하나를 살펴보겠습니다. 왜냐하면, 사실 그것은 그리스도교 안에서 사라진 연결 고리이기 때문입니다.

20 신의 나라가 언제 오겠느냐는 바리새인들의 질문을 받으시고 예수께서는 이렇게 대답하셨다. "신의 나라가 오는 것을 눈으로 볼

수는 없다.

21 또 '보아라. 여기 있다!' 또는 '저기 있다.'라고 말할 수도 없다.

보라. 신의 나라는 너희 안에 있다. (누가 17장)

여기서 내가 말하는 것은 외적인 구원이 아니라 내면의 과정입니다. 바로 이것이 당시의 종교 지도자들이 나를 죽이기로 결정한 이유입니다. 내가 내적인 구원의 실재에 사람들을 일깨우는 데 성공했다면, 종교 지도자들은 힘을 잃었을 것입니다. 그러므로 지각이 있는 사람이라면 대부분의 현대 그리스도 교회가 외적인 구원을 설교하고 나를 외부의 구원자로 묘사한다는 사실에서 모순을 볼 수 있어야 합니다. 나는 구원이 내면의 과정이라는 진리를 전하려고 생명을 바쳤지만, 지구에서 나를 대변한다고 주장하는 바로 그 교회가 힘으로 나의 희생을 무력화시키기 위해 온갖 일을 마다하지 않았습니다.

구원이란 분명히 신의 나라에 들어간다는 의미입니다. 신의 나라에 있기 전에는 구원받은 것이 아닙니다. 많은 사람이 내 말에 의문을 제기하겠지만, 지금 한 말에는 모든 그리스도교인이 동의할 수 있을 것입니다. 위의 인용문에서 분명하게 밝혔듯이, 신의 나라에 들어가는 것은 외적인 과정이 아닙니다. 구원은 외부의 종교 규칙과 의례를 준수했다고 해서 이루어지지는 않을 것입니다. 오로지 자신의 내면에서 신의 나라를 찾아야만 그 나라에 들어갈 수 있습니다. 자신 밖에서 그 나라를 구하는 한, 그것을 찾지 못할 것입니다. 여기에는 자신을 구원할 외부의 구원자나 지구상의 종교를 구하는 것도 포함됩니다.

그렇다고 해서 그리스도 없이 자신을 구원할 수 있다는 말은 아닙니다. 내 말은 자신의 밖에서는, 심지어 그리스도 교회 안에서도, 그리스도를 찾을 수 없다는 것입니다. 여러분은 자신 안에서만 나를 찾을 수 있습니다. 사실상, 자신 밖에서 그를 구하는 한 결코 그리스도를 찾을 수 없습니다. 자신 안에서 나를 찾아보기 시작해야만 비로소 나를 찾을 수 있습니다!

하지만, 신의 나라가 자신 안에 있다는 말은 진정으로 무엇을 의미일까요? 어떤 사람들은 신의 나라가 지구에 내려와 행성을 변화시킬 물리적인 세계라고 믿지만, 다른 사람들은 지구가 신의 나라 안으로 들어올려질 것이라고 믿습니다. 나는 행성의 변화가 일어날 수 있다는 것을 부정하지 않지만, 신의 나라가 여러분 안에 있다고 내가 말할 때, 그것은 분명히 이 세계, 곧 물리적인 나라에 대해 말하는 것이 아닙니다. 어떻게 물질세계가 여러분의 내면에 들어갈 수 있겠습니까? 그렇다면 내 말의 정확한 의미는 무엇이었을까요?

다시 한번 짚고 넘어갈 점은 내가 지상에서 걸으며 돌아다녔을 때, 나는 사람들의 이해와 세계관에 의해 제약을 받았다는 것입니다. 그것이 내가 비유로 말했던 이유이며, 그래서 베일에 싸인 진리로 진술을 많이 했던 것입니다. 그렇게 한 것은 모든 것을 문자 그대로 받아들이는, 즉 말의 영(Spirit)이 아니라 문자만 보는 사람들과, 겉모습을 기꺼이 넘어서려는 사람들을 구분하려는 것이었습니다. 현대인들은 2,000년 전에는 생각할 수도 없었던 많은 지식을 당연하게 여깁니다. 그래서 많은 현대인은 내가 그때 가르침을 더 깊이 설명해 주는 것이 얼마나 어려웠는지 이해하기 어려우며, 혹은 아예 생각해 본 적도 없습니다. 예를 들면, 대부분의 현대인은 심리(psyche)에 관해 생각하는 것을 자연스럽게 여기지만, 옛 이스라엘 사람들은 사실상 이 개념을 알 수조차 없었습니다. 그들은 육체와 별개일 수 있는 마음이 있다는 사실을 전혀 이해하지 못했습니다.

그러나 심리에 대한 개념을 가지고 있으면, 내가 신의 나라가 여러분 안에 있다고 말했을 때, 물리적인 나라에 대해 말하지 않았다는 것을 쉽게 알 수 있습니다. 여러분 안에 있는 것은 알다시피 심리이기 때문에, 나는 심리적인 조건, 마음 상태, 의식 상태의 상징으로 "신의 나라"를 사용했던 것입니다. 신의 나라에 있다는 것은 대부분의 사람이 가진, "정상적"이라고 여겨지는 의식 상태를 뛰어넘는 의식 상태를 성취한다는 의미입니다.

* * *

몇 가지 논리적인 질문에 대해 생각해 보겠습니다.

- 여러분은 내가 여러분을 위해서 모든 일을 함으로써 여러분을 구원하게 된다고 생각하나요? 아니면 여러분이 해야 할 역할이 있다고 생각하나요?
- 여러분은 내가 제공하는 구원이 자동적이라고 생각하나요? 아니면 구원받기 위해서 어떤 조건에 맞추어 살아야 한다고 생각하나요?
- 여러분은 세례를 받거나, 내가 주님이요. 구원자라고 입으로 선언하는 것 같은 그러한 조건들이 순전히 외적인 조건이라고 생각하나요? 아니면 내적인 조건이라고 생각하나요?
- 여러분은 구원이 외적인 요구 사항을 충족하고 외부에 있는 나라에 들어가게 되는 외적인 과정이라고 생각하나요? 아니면 의식의 변형을 거치게 되는 내적인 과정이라고 생각하나요?

주류 그리스도 교회에서 자랐다면, 여러분은 외적이고 수동적인 구원을 믿도록 조건화되었을 것입니다. 하지만, 그 이미지를 내가 실제로 말한 것과 대조해 보겠습니다. 내 발에 기름을 바르고 눈물로 내 발을 씻은 여인에 관한 이야기가 있습니다. 바리새인들이 나에게 물었을 때, 나는 이렇게 말했습니다.

> 잘 들어두어라. 이 여자는 이토록 극진한 사랑을 보였으니 그만큼 많은 죄를 용서받았다. 적게 용서받은 사람은 적게 사랑한다. (누가 7:47)

여기서 내가 진정으로 말하고 싶은 것은 그녀의 죄에 대한 용서는 그녀가 행한 외적인 행위의 문제가 아니었다는 것입니다. 그것은 그녀의 사랑이 극진했기 때문에 그녀의 마음의 상태, 곧 내면의 상태와 연결되어 있었던 것입니다. 이 문장을 숙고해 봅시다.

> 1 남을 판단하지 말라. 그러면 너희도 판단받지 않을 것이다.
> 2 남을 판단하는 대로 너희도 신의 심판을 받을 것이고 남을 저울질하는 대로 너희도 저울질을 당할 것이다. (마태 7장)

여러분이 다른 사람에게 행하는 것과 여러분이 어떻게 판단받을지가 직접 연결되어 있다는 것이 명확하지 않나요? 그리고 다른 사람을 판단하는 성향은 심리적인 상태, 즉 내적인 상태가 아닐까요? 이제, 성부(Our Father)에 관하여 내가 준 가르침을 살펴보겠습니다.

14 너희가 남의 잘못을 용서하면 하늘에 계신 너희의 아버지께서도 너희를 용서하실 것이다.

15 그러나 너희가 남의 잘못을 용서하지 않으면 아버지께서도 너희의 잘못을 용서하지 않으실 것이다. (마태 6장)

다시 말하지만, 다른 사람들을 용서하려는 여러분의 의지와 여러분의 죄를 용서하려는 신의 의지 사이에는 명확한 연관성이 있습니다. 그러나 용서는 외적인 행위가 아닙니다. 진정으로 용서하기 위해서는 가슴이 순수해야 하기 때문에 그것은 내적인 상태입니다. 따라서 경직된 마음, 복수에 대한 열망, 그리고 그것에 먹이를 주는 분노를 기꺼이 극복해야 합니다. 다시 한번 말하지만, 이러한 감정들은 내면의 상태입니다. 증오는 낡은 외투를 벗어버리듯이 벗을 수 있는 것이 아닙니다. 그것은 심리적인 조건이며, 자신의 심리에서 뭔가를 바꿔야만 증오를 극복할 수 있습니다. 교회에 가서 "주기도문"을 낭송한다고 자동으로 마음이 바뀌지는 않습니다. 이것은 일요일마다 수백만 명의 "선한" 그리스도교인들이 증명하고 있습니다. 내가 얼마나 자주 마음의 중요성에 대해 말했는지 성경 소프트웨어를 사용해서 검색해 보세요. 몇 가지 예를 들어보겠습니다.

가슴이 순수한 사람은 축복받았다. 그들은 신을 볼 것이기 때문이다. (마태 5:8)

34 이 독사의 족속들아, 그렇게 악하면서 어떻게 선한 말을 할 수 있겠느냐? 결국, 마음에 가득 찬 것이 입으로 나오는 법이다.

35 선한 사람은 선한 것을 마음에 쌓아 두었다가 선한 것을 내놓고 악한 사람은 악한 것을 마음에 쌓아 두었다가 악한 것을 내놓지 않겠느냐. (마태 12장)

이 백성이 입술로는 나를 공경하여도 마음은 나에게서 멀리 떠나 있구나! (마태 15:8)

18 그런데 입에서 나오는 것은 마음에서 나오는 것인데 바로 그것이 사람을 더럽힌다.
19 마음에서 나오는 것은 살인, 간음, 음란, 도둑질, 거짓 증언, 모독과 같은 여러 가지 악한 생각이다.
20 이런 것들이 사람을 더럽히는 것이지 손을 씻지 않고 먹는 것이 사람을 더럽히는 것은 아니다. (마태 15장)

이 마지막 인용문을 보면, 내가 사람들의 외적인 행위에 주로 관심이 있는 것이 아니라 그들의 의식 상태에 더 관심이 있다는 것이 분명하지 않나요? 그렇다면 왜 대부분의 그리스도교인이 자신의 눈에서 들보를 찾아내고 자신의 의식 상태를 바꾸기보다는 외적인 행위를 고치는 것에 초점을 맞추는 것일까요? 이제, 바리새인들이 율법에서 가장 큰 계명이 무엇이냐고 물으며 내가 어떻게 말할지 시험했던 것을 생각해 보세요. 나는 이렇게 대답했습니다.

예수께서 이렇게 대답하셨다. 네 마음을 다하고 목숨을 다하고 뜻을 다하여 주님이신 너희 신을 사랑하라. (마태 22:37)

거짓으로 이렇게 하는 것이 가능하다고 생각하나요? 즉 외형을 그럴듯하게 취하면서 신에게 내면의 마음 상태를 숨긴다고 신을 속일 수 있다고 생각하나요? 마음을 다해 신을 사랑하는 척할 수 있다고 생각하나요? 그렇게 생각한다면, 그 사람은 그야말로 영적인 시각장애인일 것입니다. 따라서 볼 눈이 있는 사람들은 구원이 외적인 과정이 아니라 내적인 과정임을 깨달을 것입니다. 구원을 위한 필수 요건은 어떤 외적인 기준이 아니고 그것을 따르는 것도 아닙니다. 구원의 핵심적인 요건은 내적인 조건으로, 심리를 정화하고 모든 내적인 조건, 곧 의식 상태를 완전히 변화시키는 것입니다.

그리스도교인이든 아니든 대부분의 사람이 믿는 것과는 달리 이것은 사소하거나 단순한 변화가 아닙니다. 그것은, 입으로는 나를 찬미하지만, 어쩌면 마음은 여전히 나에게서 멀리 떨어져 있으면서, 단순히 나를 주님이요 구원자라고 선언한다고 이루어질 수 있는 것이 아닙니다. 여러분은 기꺼이 자신의 심리를 살펴보고 자기 눈 안에서 들보를 제거해야 합니다. 이것이 바로 의식의 근본적인 변화이며, 나는 그것을 니고데모에게 이렇게 설명했습니다.

1 바리새인들 가운데 니고데모라는 사람이 있었다. 그는 유대인들의 지도자 중 한 사람이었는데

2 어느 날 밤에 예수를 찾아와서 이렇게 말했다. "선생님, 우리는 선생님을 신께서 보내신 분으로 알고 있습니다. 신께서 함께 계시지 않고서야 누가 선생님처럼 그런 기적들을 행할 수 있겠습니까?"

3 그러자 예수께서는 "정말 잘 들어두어라. 누구든지 새로 태어나지 아니하면 아무도 신의 나라를 볼 수 없다." 하고 말씀하셨다.

바리새인이었던 니고데모는 그것을 문자 그대로 받아들이려 했기 때문에 이해할 수가 없었습니다.

> 4 니고데모는 이렇게 물었다. "다 자란 사람이 어떻게 다시 태어날 수 있겠습니까? 다시 어머니 뱃속에 들어갔다가 나올 수야 없지 않습니까?"

그래서 나는 명확하게 설명하려 했습니다.

> 5 예수께서 대답하셨다. "정말 잘 들어두어라. 물과 성령으로 새로 태어나지 않으면 아무도 신의 나라에 들어갈 수 없다.
> 6 육에서 나온 것은 육이며 영에서 나온 것은 영이다."(요한 3장)

분명히, 니고데모가 이것을 더 이상 이해하지 못했고, 많은 신실한 그리스도교인이 이 말을 혼란스러워하는 것을 알고 있습니다. 그렇지만 여기서 내가 말한 것은 명백하게 육체적인 것이 아니라 영적, 심리적 재탄생이었다는 것을 볼 수 있지 않나요? 그것은 너무나 근본적인 변화이기 때문에, 신선하고 새로운 삶의 시작이라는 의미에서, 오직 재탄생으로 설명될 수밖에 없었습니다. 거기에는 더 깊은 의미가 담겨 있고 나중에 다루겠지만, 내가 했던 말이 니고데모의 문자에 얽매인 사고를 혼란스럽게 하려는 의도였다는 것이 보이지 않나요? 다시 태어나기 위해서는 인간의 정상적인 의식 상태를 넘어설 의지가 있어야 한다는 것이 내가 실제로 했던 말이라는 것을 알 수 있나요? 그러려면, 기꺼이 성령(the Spirit)을 따라 흘러야 하는데, 성령은 인간의 관습, 편견과 전통을 따르지 않습니다.

> 7 새로 나야 된다는 내 말을 이상하게 생각하지 마라.
> 8 바람은 제가 불고 싶은 대로 분다. 너는 그 소리를 듣고도 어디
> 서 불어와서 어디로 가는지를 모른다. 성령으로 난 사람은 누구든
> 지 이와 마찬가지다."(요한 3장)

내 말의 요점은 살아 있는 그리스도가 제공하는 일종의 구원을 받기 위해서는 기꺼이 여러분의 의식 상태를 바꿔야 한다는 것입니다. 그것은 이전의 마음 상태를 기꺼이 놓아버려야 한다는 의미입니다. 실제로, 여러분은 기꺼이 낡은 자아감, 낡은 정체성의 감각을 죽도록 놔둬야 합니다.

* * *

니고데모의 이야기에서 우리는 또 다른 중요한 교훈을 배울 수 있습니다. 그 나라에 들어가려면 다시 태어나야 한다고 말했을 때, 니고데모의 마음은 내 말을 문자 그대로 해석할 수밖에 없었습니다. 그래서 그는 사람이 어떻게 육체적으로 다시 태어날 수 있다는 말인지 이해하려고 고심했습니다. 그러려면 어머니의 자궁으로 다시 들어가야 하는데, 그것은 육체적으로는 불가능하기 때문입니다. 실제로 내 말은 그야말로 상징이었고, 더 깊은 의미가 숨어 있었습니다. 이것은 니고데모가 가졌던 의식 상태와 내가 재탄생의 결과라고 말한 의식 상태 사이에는 근본적인 차이가 있었다는 것을 보여줍니다.

그 차이를 사소하게 생각하는 사람이 많겠지만, 그것은 실제로 대단히 심오한 것입니다. 내가 진정으로 니고데모에게 말하고자 했던 것은 대부분의 인간이 신의 나라에 접근할 수 없는 의식 상태에 갇혀 있다는 것이었습니다. 이런 의식 상태에 있는 한, 즉 더 높은 의식 상태의 "결혼 예복"을 입고 있지 않는 한, 문자 그대로 하늘나라에 들어갈 수 없고, 구원을 받을 수 없습니다. 다시 말하면, 대부분의 사람은 신의 나라 바깥에 머물게 하는 의식 상태에 갇혀 있으며, 구원을 받고 신의 나라에 들어가려면, 더욱 높은 의식 상태로 올라가야 합니다. 즉 더 높은 의식 상태로 다시 태어나야만 합니다. 두 의식 상태의 차이는 단순히 정도의 문제가 아닙니다. 두 상태는 근본적으로 다르므로 한 상태에서 다른 상태로 올라가려면 극적인 변화가 필요합니다.

난로 위에 주전자를 올려놓고 물을 끓여 본 경험이 있을 것입니다. 시간이 지나면 주전자에서 물이 모두 사라집니다. 실제로는 물이 사라진 것이 아니라, 상태의 변화를 거쳐, 물 분자가 이제 공기 중의 수증기가 됩니다. 물이 새로운 상태로 다시 태어났으며, 그 과정에서 액체인 물에 있던 불순물은 주전자 안에 남겨집니다. 마찬가지로 여러분은 의식의 재탄생 과정을 거쳐야 합니다. 그럼으로써 모든 인간적인 불순물을 뒤에 남긴 채, 여러분의 의식은 근본적으로 다른 수준으로 올라갑니다.

이 비유와 "물과 성령으로 새로 태어나지 않으면 아무도 신의 나라에 들어갈 수 없다."라는 내 말 사이의 연관성이 보입니까? "물"과 "성령"은 더 깊은 의미를 감추고 있는 상징들입니다. 살아 있는 그리스도가 제공하는 구원은 두 단계의 과정을 거칩니다. 최종 목적은 의식의 변형이지만, 이것은 두 단계로 이루어집니다. 첫 번째 단계는 "물로 태어나는 것"이고, 두 번째 단계는 "성령으로 태어나는 것"입니다. 이 것이 무엇을 의미하는지 살펴봅시다.

물과 성령으로 태어나는 두 단계는 여러분과 나의 관계, 즉 살아 있는 그리스도와의 관계를 상징합니다. 물은 그 관계의 일부로 여러분이 해야 할 일을 상징하고, 성령은 내가 할 부분을 상징합니다. 살아 있는 그리스도가 지구에 온 이유는 여러분이 구원을 받아야 하지만, 여러분 스스로 그 구원에 이를 수 없기 때문입니다. 그 이유는 여러분이 신의 나라에 들어가는 것을 막는 의식 상태에 있고, 그 의식 상태가 폐쇄된 고리, 즉 출구가 없는 함정을 형성하고 있기 때문입니다. 요즘에는 이것을 진퇴양난의 딜레마(catch-22)라고 부릅니다. 흔히 말하는 대로, "여기서는 거기로 갈 수 없다(You can't get there from here; 가는 길을 설명하기에는 너무 복잡해서 쉽게 그곳으로 갈 수 없다는 의미로 사용함)"라는 것이며, 곧 지금의 의식 상태로는 신의 나라에 갈 수 없다는 의미입니다.

니고데모는 이러한 의식 상태에 있는 사람을 상징하며, 그가 내 말을 이해하지 못한 것은 인간의 의식 상태가 닫힌 고리와 같다는 것을 보여줍니다. 이러한 마음의 틀은 이 세상의 것, 곧 감각을 통해 볼 수 있고 외면의 마음으로 파악할 수 있는 겉모습에 너무 집중되어 있어서 그 너머를 볼 수 없습니다. 살아 있는 그리스도의 말을 문자 그대로만 해석할 수 있을 뿐, 그것을 넘어 그 뒤에 숨어 있는 더 깊은 의미는 파악할 수 없습니다.

더 깊은 의미는 대부분의 인간이 그들을 영적으로 눈멀게 하는 의식 상태에 갇혀 있다는 것입니다. 그들이 볼 수 없는 무언가가 있는데, 그 "무언가"가 바로 그들이 하늘나라에 들어가지 못하도록 막고 있습니다. 따라서 살아 있는 그리스도의 첫 번째 과제는 사람들에게 그들이 보지 못하는 무언가가 있고, 그들에게 필요한 무언가가 있으며, 구원받고자 한다면 무언가를 바꿔야 한다는 것을 보여주는 것입니다.

이것은 쉬운 일이 아닙니다. 많은 사람이 인간의 의식 상태로 인해 분별력을 잃어서 자신이 옳고, 자신의 상태가 정상이며, 외부 종교에 속하여 그 규칙을 준수함으로써 구원받을 것이라고 굳게 확신하기 때문입니다. 사람들이 이 상태에 있을 때, 그들은 눈먼 지도자들을 따르는 경향이 있습니다. 이 지도자들은, 율법학자들과 바리새인들이 그랬던 것처럼 비록 자신이 모든 것을 알고 있다고 확신하지만, 보통 사람들보다 영적으로 눈먼 상태에 훨씬 더 깊이 빠져 있습니다. 그리고 사람들이 눈먼 지도자들을 따를 때, 확실히 그들은 살아 있는 그리스도를 따르겠다고 받아들이지 않습니다.

그러므로 살아 있는 그리스도가 제시하는 구원의 과정에서 첫 번째 단계는 여러분이 뭔가를 변화시켜야 한다는 사실을 깨달아야 한다는 것입니다. 여러분이 변화시켜야 할 것 중 하나는 여러분의 의식을 기꺼이 바꾸어 모든 거짓 믿음을 정화하는 것입니다. 이것은 물에 의한 세례로 상징되며, 내가 제자들에게 물로 사람들에게 세례를 주라고 한 원래 의도는, 그것이 모든 인간 요소로부터 그들의 가슴과 심리를 정화하는 내면의 여정을 걷겠다는 다짐을 상징하기 때문이었습니다.

이 과정은 나의 가장 중요한 비유 중 하나에서 말한 적이 있는데, 거기서 나는 주인이 집을 떠나며 어떻게 세 명의 하인에게 각각 다른 달란트를 맡겼는지 설명했습니다(마태 25:14-30). 이 이야기의 핵심은 두 하인은 그들의 달란트를 증식해서 더 많은 것을 얻은 데 반하여,

한 하인은 그의 달란트를 땅속에 묻어두었다가 가진 것마저 잃었다는 것입니다. 여기에 담긴 더욱 깊은 의미는 내가 사람들에게 제공하는 구원이 점진적으로 그들의 의식을 높이는 과정이라는 것입니다. 그 과정을 시작하도록 나는 여러분에게 촉매, 일정한 양의 "달란트"인 뭔가를 줍니다. 여러분의 과제는 내가 준 것을 증식하는 것입니다. 그러면 나는 여러분에게 더 많은 것을 줄 수 있습니다. 이것은 상향나선을 창조하여, 마침내 나의 영(Spirit)과 더 직접적으로 만날 수 있는 상태에 도달하기까지 점차 여러분의 의식을 정화하게 됩니다. 이 만남이 불에 의한 세례입니다. 여러분은 성령으로 다시 태어나고, 이제 인간의 의식 상태를 넘어 더욱 높은 의식 상태로 양자 도약을 함으로써 신의 나라에 들어갈 수 있게 됩니다.

요점이 보입니까? 물로 태어나는 것은 자신의 의식을 바꿔야 할 필요성을 의식적으로 인지하고, 적극적으로 그것을 추구하기로 결정한다는 의미입니다. 그렇게 함으로써, 여러분은 점차 다음 단계, 성령으로 다시 태어나는 단계로 들어갈 자격을 얻게 됩니다. 나는 또 다른 비유에서도 이 과정을 설명했습니다.

어떤 여자가 누룩을 밀가루 서 말 속에 집어넣었더니 온통 부풀어 올랐다. 하늘나라는 이런 누룩에 비길 수 있다. (마태 13:33)

내면의 여정을 걷기로 다짐한 사람들은 나에게서 내 영(Spirit)의 한 조각을 받게 됩니다. 이 조각이 누룩을 형성하며, 여러분이 의지만 있다면, 그것은 여러분 의식의 덩어리 전체를 부풀어 오르게 함으로써 마침내 인간의 마음 상태를 초월할 수 있게 합니다. 그러나 이것은 외적인 과정이 아니고, 여러분을 위해서 내가 모든 일을 하는 자동적인 과정도 아니며, 결과가 보장된 과정도 아닙니다. 그것은 상호 작용하는 과정으로, 신의 법칙에 따라 내가 여러분을 위해서 모든 것을 할 수는 없습니다. 나는 여러분에게 누룩을 줄 수 있지만, 그 이후부터는 여러분이 자신의 재능을 증식할 때만 여러분에게 더 많은 것을 줄 수 있을 뿐입니다.

구원에 대한 수동적인 접근이 왜 전혀 효과가 없는지 이해하겠습니까? 많은 그리스도교인이 영적인 의미에서는 죽음에 해당하는 그런 구원에 다가가도록 자라왔다는 것을 볼 수 있나요? 그들은 처음에 내가 준 것을 증식하기 위해 아무것도 하지 않습니다. 외적인 수단에 의해 구원이 보장되며 그 누구도 나처럼 될 수 없다고 생각함으로써 그들이 자신의 재능을 땅속에 묻어버린다면, 나도 증식해 줄 수가 없습니다. 그들은 나와 상호 작용하는 관계를 맺는 대신, 마치 내가 호리병 속의 요정인 것처럼, 단지 수동적으로 (또는 그들의 의식을 바꾸지 않은 채 외적인 행동 규칙을 준수함으로써) 내가 그들을 위해 모든 일을 해주기만 기다립니다. 사실상 많은 그리스도교인이, 그들을 구원하여 하늘나라로 데려갈 필요가 있을 때까지 내가 그냥 병 속에 머물면서 그들을 귀찮게 하지 않는 요정처럼 되기를 원합니다. 그러면 그들은 자신이 원하는 방식대로 살아갈 수 있으니까요. 그들은 현재 자신들의 이해에 따라 살아가는 동안 내가 그들을 내버려두기를 원합니다. 나는 단지 마지막에 병에서 뛰어나와 그들을 구원해야 하는 것이지요.

다행히도 많은 그리스도교인과 비-그리스도교인이 스스로를 변화시키기 위해서 자신들이 뭔가를 해야 한다거나, 자신의 눈에서 들보를 제거해야 한다는 내면의 이해를 가지고 있습니다. 따라서 그리스도교인과 비-그리스도교인 중에 많은 사람이 실제로 나와 개인적인 상호관계를 맺고 있으며 이를 통해 성장하고 있습니다. 하지만 이러한 사람들이 많은 공식적인 교리 위로 한 단계 올라선다면, 그 관계를 엄청나게 가속할 수 있습니다. 이것이 이 과정에서 내가 희망하는 것 중 하나입니다.

* * *

살아 있는 그리스도는, 왜 지구에 자신의 현존을 드러낼까요? 비록 많은 사람이 그들이 보는 것을 인식할 눈을 가지고 있지 않지만, 살아 있는 그리스도는 왜 모든 인간이 볼 수 있는 형태로 나타날까요? 그 목적의 일부를 드러내는 나의 진술을 하나 살펴보겠습니다.

나는 양들이 생명을 얻고 더 풍성하게 하려고 왔다. (요한 10:10)

경전을 해석하는데 문자적으로 접근하는 사람들은, 내 임무의 모든 측면을 일일이 반대했던 율법학자들과 바리새인들처럼 도저히 이 말을 이해할 수 없습니다. 왜냐하면, 예수로서 내가 실제로 육체적으로 살아 있는 사람들에게 나타났고, 그들을 가르치고 사역을 했기 때문입니다. 그렇다면 내가 왜 이미 살아 있는 자들에게 생명을 주러 왔다고 선언했을까요? 또 다른 당황스러운 진술에 의해 이 신비가 더욱 가중됩니다.

21 제자 중 한 사람이 와서 "주님, 먼저 집에 가서 아버지 장례를
치르게 해주십시오" 하고 청했다.

22 그러나 예수께서는 "죽은 자들의 장례는 죽은 자들에게 맡겨 두
고 너는 나를 따르라." 하고 말씀하셨다. (마태 8장)

육체적으로 죽은 사람이 도대체 어떻게 다른 죽은 사람을 묻는다는
말입니까? 이것에 대해 논리적으로 생각하려는 사람이라면 내가 이치
에 맞지 않는 말을 했거나 아니면 들을 귀가 있는 자만 알아들을 수
있도록 숨겨진, 상징적인 언어로 말한 것임을 알 수 있습니다. 지금쯤
이면 여러분은 논리적인 설명, 즉 육체적 죽음보다 더 큰 의미로 내
가 "죽음"이라는 말을 사용했다는 것을 볼 수 있어야 합니다. 나는 그
말을 숨겨진 의미가 있는 상징으로 사용했습니다. 그렇다면 숨겨진
의미가 무엇일까요? 먼저 제대로 된 기초를 세워보겠습니다.

성서나 그 안에 묘사된 사건에 대한 일반적인 지식만 있어도 다음
과 같은 사실을 알 수 있습니다.

· 많은 사람이 나의 외적인 겉모습을 보고 살아 있는 그리스도로 인
식하지 못했습니다. 어떤 사람들은 눈에 보이는 기적 때문에 나를
믿었지만, 내 사명의 더욱 깊은 목적을 알아본 사람은 거의 없었
습니다. 그것이 내가 그렇게 자주 눈먼 소경에 관해 이야기한 까
닭이며 (마태 15:14) 볼 눈이 있는 (마태 13:16) 자들과 들을 귀가
있는 (마태 13:9) 자들을 찾았던 까닭입니다. 심지어 나는 내 가르
침 (마가 7:18) 또는 나의 참된 사명(마태 16:23)을 이해하지 못한다
고 내 제자들을 꾸짖기까지 했습니다. 살아 있는 그리스도를 알아

보고 이해하는 것은 쉬운 일이 아닙니다. 대부분의 현대 그리스도 교인은 당시에 그들이 살았더라면, 나를 곧바로 알아보았을 것으로 생각하지만, 이것은 그야말로 희망 사항에 지나지 않습니다.

- 어떤 사람은 살아 있는 그리스도와 지구에서의 내 사명에 적극적으로 반대했습니다. 율법학자들, 바리새인들, 법률가들 그리고 사원의 사제들은 사사건건 나를 반대했는데, 그들이 대중을 통제하는 데 내가 위협이 되었기 때문입니다. 나를 겁주거나 침묵시킬 수 없게 되자 그들은 영적인 오만으로 눈이 멀어, 육체적인 죽음으로 살아 있는 그리스도를 침묵시킬 수 있다고 생각하면서 내 육체적인 생명을 빼앗았습니다. 그리고 눈먼 지도자들은 대부분의 사람을 조종하여 살아 있는 그리스도를 무시하게 만들고, 그리스도에 대한 죽은 교리, 즉 죽은 이미지와 우상 이미지를 받아들이도록하는 데 지금까지 놀랄 만한 성공을 거두었습니다.

현대의 많은 그리스도교인은 나에 대한 낭만적인 이미지를 가지고 자라났습니다. 그 이미지에 따르면 나는 언제나 깨끗한 옷과 잘 다듬어진 머리, 그리고 나를 쉽게 확인할 수 있는 후광을 띤 채 나타납니다. 실제로, 살아 있는 그리스도의 현존 안에 있거나 있었다는 것을 인식하기란 결코 쉬운 일이 아니며, 사람들이 그리스도를 알아볼 것이라고 보장할 수도 없습니다. 살아 있는 그리스도가 제공하는 도전에 직면한 모든 사람이 그것을 받아들이기도 쉽지 않습니다. 그렇다고 해도, 사람들은 어떻게 살아 있는 그리스도를 알아보지 못할 수가 있을까요? 그리고 어떻게 어떤 사람들은 살아 있는 그리스도가 악마이며 그를 침묵시키는 것이 그들의 의무라고 생각하면서, 그에게 적

극적으로 반대할 수 있을까요? 십자가에 매달렸을 때 내가 정말로 외친 것처럼:

> 아버지, 저들을 용서해 주소서. 저들은 자기가 하는 일을 모르고 있습니다. (누가 23:34)

사람들이 살아 있는 그리스도를 알아보지 못하게 하는 직접적인 원인은 무지, 비전의 결여, 영적으로 눈먼 상태입니다. 그런데 사람들은 어떻게 그렇게 눈이 멀어서, 영원한 생명과 풍요로운 삶을 제공함으로써 고통받는 필멸의 삶에서 자신들을 구원하러 온 바로 그 현존을 인식하지 못할 수 있을까요? 사람들은 어떻게 시력이 없다는 것을 인식하지 못할 정도로 그렇게 눈이 멀 수 있을까요? 대부분의 사람은 너무나 눈이 멀어서 자신의 눈이 멀었다는 것도 모르고, 자신이 볼 수 없는 것이 있다는 사실도 인식하지 못합니다. 그들은 보지 못하지만, 모든 것을 보고 있다고 생각합니다.

영적으로 눈먼 상태는 육체적으로 눈먼 상태와 같지 않다는 것을 기억해 두세요. 육체적으로 눈이 멀면 아무것도 보지 못합니다. 따라서 영적으로 눈이 멀었다는 것은 삶에 영적인 측면이 있다는 것을 보지 못한다는 의미일 수 있습니다. 실제로 가장 영적으로 눈이 먼 사람들 가운데, 율법학자들과 바리새인들처럼 자신들이 가장 종교적이라고 주장하는 사람들이 있습니다. 그런 사람들은 현대의 많은 그리스도교 설교자가 그러하듯이, 외부의 경전에 대한 해박한 지식을 내세우면서 자신들이 종교에 대해 알아야 할 것을 모두 알고 있다고 생각합니다.

그러나 그렇게 많은 외적인 지식을 가지고 있다는 바로 그 이유로, 그들은 영적인 오만을 키웠습니다. 이 오만으로 인해 그들은 자신들이 보지 못하는 무언가가 있을 수 있다는 가능성에 아예 마음을 닫아버리게 됩니다. 그들은 자신들이 영성의 전체 차원, 즉 살아 있는 그리스도의 참된 내면의 가르침을 볼 수 없을지도 모른다는 생각조차 하지 못합니다. 따라서 살아 있는 그리스도가 그들이 보지 못하는 무언가가 있다는 사실에 눈을 뜨게 해주려고 그들의 교리에 도전할 때, 그들은 그리스도를 배척합니다. 그들은 경전을 비롯해 이 세상에 있는 무언가를 언급하면서 신이 보낸 메신저를 배척합니다. 사실, 자신이 모든 것을 알고 있다고 생각하는 사람들이야말로 가장 눈이 먼 사람들입니다.

살아 있는 그리스도가 이 세상에 현존을 나타내는 한 가지 이유는, 이런 제한된 의식 상태에 갇혀 있는 사람들을 자유롭게 해줄 진리를 일깨워 주기 위해서입니다. 그러나 그들이 갇혀 있다는 바로 그 사실이, 살아 있는 그리스도를 알아보지 못하게 하고 그의 사명을 이해하지 못하게 하며, 그들의 한계를 뛰어넘으라는 그리스도의 요청을 받아들이지 못하게 방해합니다. 그것은 마치 자신의 꼬리를 물고 있는 뱀과도 같습니다. 사람들이 구원받아야 할 필요를 만드는 바로 그 조건이 또한 구원자와 그 배후의 참된 메시지를 알아차리지 못하게 막고 있는 것입니다. 그들의 영적인 실명 상태가, 폐쇄계와도 같은 인간의 논리를 깨뜨리지 못하도록 막고 있습니다.

이것이 지구 행성에서의 문제의 핵심을 보여주기 때문에, 요점을 다시 한번 말하겠습니다. 사람들이 구원받아야 할 당위성을 만드는 바로 그 조건이 동시에 그들이 구원을 얻는 데 필요한 것을 하지 못하게 막습니다. 사람들을 구원하기 위해 살아 있는 그리스도가 이 세상에 올 필요성을 만드는 바로 그 조건이 동시에 사람들이 살아 있는 그리스도를 알아보고 그가 제공하는 것을 이용하지 못하게 막습니다. 사람들을 가두어 둔 그 조건이, 사람들을 그 조건 너머로 올라가지 못하게 만듭니다.

살아 있는 그리스도의 "살과 피"를 받아들이는 대신에, 사람들은 볼 수 없거나 보지 않으려는 상태에 갇혀, 그들을 구원하러 온 그 현존을 무시하거나, 발뺌하거나, 배척하거나, 박해합니다. 그들은 자신이 무엇을 하고 있는지 전혀 알지 못합니다.

사람들은 눈먼 상태를 넘어서기 위해 살아 있는 그리스도를 받아들이는 대신, 자신들의 눈먼 상태를 이용하여 살아 있는 그리스도가 누구인지, 그가 사람들을 위해 무엇을 할지에 대한 우상화된 이미지를 만듭니다. 그들은 살아 있는 그리스도의 실재를 볼 눈도 없고, 그의 참된 내면의 메시지를 들을 귀도 없습니다. 그들은, 신께서 그들 내면에 주신 법칙에 따라 살아 있는 그리스도가 그들을 일깨우도록 하지 않을 것입니다. 그들은 스스로 (외면의) 법에 머무르기를 더 원하기 때문입니다.

* * *

이제, 어떤 사람들은 너무나 눈이 멀어서 살아 있는 그리스도가 필요함을 보지 못한다는 것을 알 수 있습니다. 문제를 극복하는 첫 번째 단계는, 문제가 있고 그것에 대해 뭔가 해야 한다는 인식을 가지는 것입니다. 그러므로 그 누구도, 심지어 살아 있는 그리스도도, 구원받을 필요성을 인정하지 않는 사람들을 구원할 수 없습니다. 구원을 얻기 위해서는 자신의 눈에서 들보를 제거해서 의식을 바꿔야 함을 볼 수 없는 사람들은, 그 누구도 구원해 줄 수가 없습니다.

자신에게 아무것도 필요 없다고 생각하는 사람에게는 줄 수 있는 것이 없습니다. 종교적이지 않은 사람들만이 살아 있는 그리스도를 거부하는 것은 아니라는 사실에 유의하세요. 성서에도 나오듯이, 고대 이스라엘의 가장 종교적인 사람들 중 많은 율법학자와 바리새인, 법률가, 사원의 사제들이 나를 배척했습니다. 그들은 외적인 것을 따랐기 때문에 자신들이 이미 구원을 받았다고 생각했습니다. 따라서 내게서 받을 것이 아무것도 없다고 생각했습니다. 바로 그것이, 현대의 많은 그리스도교인을 그리스도의 죽은 이미지에 집착하게 하고 살아 있는 그리스도를 거부하게 만드는 마음과 똑같은 마음 상태입니다. 내가 이 과정을 통해서 나타나든 내 웹사이트나 다른 방법으로 나타나든 상관없이 말입니다. 내가 지상에서 활동했을 때 율법학자들이나 바리새인들을 깨어나게 하는 데 극히 제한적으로만 성공했다는 사실을 깊이 성찰해 봐야 합니다. 영적인 성장에 대해 진지한 사람이라면, 살아 있는 그리스도를 거부하게 만드는 그 의식을 자신이 가지고 있지는 않은지 잘 살펴봐야 합니다.

사람들이 완전히 눈이 멀어서 살아 있는 그리스도가 필요하다는 것을 인정하지 못하는 의식 상태를 우리는 뭐라고 불러야 할까요? 당시 나는 그것을 "죽음"의 상태라고 부르기로 했습니다. 나는 육체적인 죽음을 말하고 있지 않다는 것을 알아볼 수 있는 말로 표현했습니다. 따라서 들을 귀가 있던 사람들은 내가 더 깊은 의미로 그 말을 사용했음을 깨달을 수 있었습니다. 그리고 그들이 그 의미에 대해 깊이 생각했을 때, 나는 협조자(Comforter)를 통해서 그들이 내면에서 더욱 깊은 이해를 얻게 할 수 있었습니다. 우리는 이제, 의식의 세 가지 상태, 즉 인간 "삶"의 세 가지 상태에 관해서 이야기할 수 있습니다.

• 첫 번째로, 가장 낮은 상태는 영적으로 완전히 눈이 먼 영적인 죽음입니다. 그들은 신의 나라에 들어갈 수 없는 마음 상태에 있지만, 자신이 부족한 상태라고 인식하지 못합니다. 그러므로 외부 종교의 규칙을 아무리 철저하게 준수한다 해도 그들은 어디에도 갈 수 없으며, 구원에 더 가까이 다가가지 못합니다. 이 상태는 환영과 기만이라는 특징을 지닌다는 점에 주의하세요. 이 상태에 있는 많은 사람은 자신이 외부 종교에 속해 있으므로 구원되리라고 절대적으로 확신합니다. 그들은 이런 믿음의 오류를, 즉 그것이 진퇴양난의 딜레마를 형성한다는 사실을 전혀 알아차리지 못합니다. 그들은 구원이 내적인 변형, 영적인 재탄생을 요구한다는 현실을 아직 인식하지 못하고 있습니다. 이런 사람들은 육체적으로는 살아 있으나, 영적인 의미에서는 살아 있는 시체들입니다. 내가 다음과 같이 말했을 때, 바로 이 사람들을 말한 것입니다.

정말 잘 들어두어라. 만일 너희가 사람의 아들의 살과 피를 먹고 마시지 않으면 너희 안에 생명을 간직하지 못할 것이다. (요한 6:53)

• 두 번째로, 중간 상태는 죽음을 뛰어넘어야 할 필요성에는 눈을 떴지만, 내면의 나라에 들어가는 더 높은 상태에는 아직 도달하지 못한 경우입니다. 그러나 자신의 의식을 높이는 과정에 전념한다

면, 구원에 더 가까이 갈 수 있습니다. 이런 경우, 그들은 나에게 함께 일할 수 있는 여지를 줍니다. 자신이 받은 재능을 증식할 때, 나는 그들이 가슴 안으로 가져오는 것을 몇 배로 늘려 줄 수 있습니다. 여기서 주목할 점은, 그리스도교인들이 생명으로 깨어나거나 "다시 태어나는 것"에 대해 말할 때, 그것을 외적인 수단, 곧 나를 자신의 주님이자 구원자로 인지하거나 세례를 받는 일과 종종 동일시한다는 것입니다. 그러나 진정한 깨어남은 내면의 과정입니다. 어떤 그리스도교인들은 실제로 자신의 의식을 변화시켜야 한다는 것을 깨닫지만, 다른 그리스도교인들은 외적인 변화만 필요하다고 생각하기 때문에 그것을 깨닫지 못합니다. 이런 사람들은 스스로를 선한 그리스도교인이라고 주장하지만, 여전히 영적인 죽음의 상태에 있습니다.

- 세 번째로, 최종적인 상태는 완전히 깨어날 때, 영적으로 다시 태어날 때, 성령으로 태어날 때, 그리고 불로 세례를 받을 때입니다. 참으로 살아 있는 그리스도의 목표는 모든 사람을 이 의식 상태로 끌어올리는 것입니다. 그럼으로써 그들은, 심지어 여전히 지상에 있는 동안에도, 신의 나라에 들어갈 수 있습니다. 앞으로 과정을 진행하면서 이 상태에 대해 더 말하겠지만, 여러분이 이해하고 받아들일 수 있는 능력보다 더 앞서 나가지는 않겠습니다.

이제 우리는 영적인 죽음의 상태를 인식하고 그것을 넘어서야 하며, 다시 태어나야 함을 깨닫는 것이 가장 중요한 전환점임을 알게 되었습니다. 왜 내가, 적어도 육체적인 의미에서는 살아 있는 사람들에게, 생명을 주러 왔다고 말했을까요? 왜냐하면, 이 행성에 있는 거의 모든 사람이 육체적으로는 살아 있으나, 영적으로는 살아 있지 않기 때문입니다. 그들은 내면에 영적인 생명을 가지고 있지 않습니다.

* * *

살아 있는 그리스도가 직면한 첫 번째 주요한 장애는, 대부분의 사람이 자신이 영적으로 죽은 상태임을 인지하지 못한다는 것입니다. 왜냐하면 영적인 죽음이라는 바로 그 조건이, 삶에 더 많은 것이 있음을, 유일한 형태의 정상적인 삶이라 여기도록 조건화된 상태보다 더 높은 삶이 있음을 볼 수 없게 만들기 때문입니다. 사람들 모두가 영적으로 죽은 사회에서 자라났기 때문에, 이것을 정상적이고 불가피한 것이라고 생각합니다. 일단 영적으로 죽은 상태가 사회의 일반적인 기준이 되면 사람들이 다른 대안을 볼 수 없으므로, 그것은 자기-지속(self-perpetuating) 상태, 하향나선, 자기-충족적인 예언(self-fulfilling prophecy)이 됩니다. 사람들이 영적인 죽음을 정상이라고 생각하기 시작하면, 어떻게 영원한 생명, 영적인 삶에 다가갈 수 있을까요? 영적으로 살아 있는 사람을 만나본 적이 없는데, 어떻게 자신들이 영적으로 죽은 상태임을 알 수 있을까요?

더 높은 형태의 삶을 표현하는 사람을 본 적이 없다면, 사람들은 "삶"의 형태에 대안이 있다는 것을 깨닫지 못합니다. 그들은 영적인 죽음의 상태가 인간의 정상적인 "삶"의 상태라고 생각합니다. 현재는 영적인 죽음이 인간의 정상적인 상태이지만, 여러분에게는 인간 이상(MORE)이 될 수 있는 잠재력이 있습니다. 여러분은 영적으로 다시 태어날 수 있으며, 영적인 삶을 얻을 수 있습니다. 그럼으로써 더 이상 자신을 인간과 동일시하지 않게 됩니다. 여러분은 자신이 영적인 존재임을 알게 되고, 단지 일시적으로 인간의 몸을 통해서 자신을 표현하고 있을 뿐임을 알게 됩니다.

인간들이 영적인 죽음의 상태에 빠져 있으므로, 살아 있는 그리스도의 첫 번째 과제는, 사람들에게 주위에서 보는 것보다 더 높은 형태의 삶이 있음을 보여주기 위해 인간의 몸으로 이 세상으로 들어오는 일입니다. 살아 있는 그리스도는 더 높은 삶의 상태, 더 높은 마음의 상태에 도달할 수 있음을 보여주려고 합니다. 이 세상을 일시적으로 지배하는 이원성 세력에 의해 이리저리 끌려가는 존재가 아니라, 영적인 죽음을 뛰어넘어 온전한 존재가 될 수 있음을 보여주려고 합니다.

살아 있는 그리스도의 첫 번째 과제는 사람들을 잠든 상태에서 깨어나게 하고, 그들이 알고 있는 삶이 가장 높은 방식의 유일한 삶이라는 환영에서 깨어나게 하는 것입니다. 그것이 바로 "모두가 생명을 얻고 또 얻어 넘치게 하려고 내가 왔다."(요한 10:10)라고 말한 이유입니다. 나는 영적으로 죽은 상태인 인간 삶의 방식 너머에 영적인 삶의 방식이 있으며, 이것이 더 풍요로운 삶의 방식임을 보여주기 위해 지구에 왔습니다. 이것은 육체가 죽더라도 잃어버리지 않으며, 심지어 흔히 영혼이라 불리는 것이 죽더라도 사라지지 않는 영원한 생명입니다. 그것은 여러분이 진정으로 누구이며 어떤 존재로 창조되었는지를 깨닫는, 다시 말해 여러분이 육체의 죽음과 영적인 죽음을 초월한 영적인 존재임을 깨닫는 삶입니다. 여러분은 인간적이고 육체적인 필멸의 삶(life)과 영적이고 비(非)물질적이며 영원한 생명(LIFE)이라는 두 가지 형태의 삶이 있음을 깨닫게 됩니다.

***

　이것을 읽으면서, 이제 여러분은 그리스도의 첫 번째 도전에 직면하게 됩니다. 여기에는 두 가지 측면이 있습니다. 첫 번째 측면은, 사람들이 일반적으로 삶이라고 부르는 것 이상의 삶이 있다는 인식입니다. 단지 육체적이고 인간적인 삶을 넘어서는 영적인 삶이 있습니다. 두 번째 측면은 지구에서 물질적인 몸을 입고 있는 동안에도, 이러한 더 높은 삶을 성취하고, 전파하고, 본보기로 보여줄 수 있음을 깨닫는 것입니다. 이것은 적어도 원론적으로라도, 물리적인 몸을 입은 사람이 더 높은 형태의 삶을 얻고, 그리스도 의식을 성취할 수 있다는 가능성을 깨닫는 것입니다. 이것은 살아 있는 그리스도가 지구에 나타날 수 있다는 인식입니다.

　이것은 결코 쉬운 도전이 아니며, 많은 사람이 이것에 실패했습니다. 심지어 자신을 그리스도교인이라고 부르고 교회에서 세례를 받은 많은 사람도, 그리스도가 이 세상에 나타날 수 있다는 것이 어떤 의미인지 충분히 인지하지 못하고 있습니다. 그들은 그 일이 2,000년 전에 단 한 번 일어났다고 생각하고 있습니다. 그들은 내가 자신들을 위해 모든 일을 할 것이라고 생각하는 대신, 기꺼이 자신의 눈에서 들보를 제거해야 한다고, 즉 영적인 죽음을 극복하라고 그들에게 요청하러 왔다는 것을 보지 못합니다.

　내가 실제로 육체적이고, 역사적인 인물로 등장했다는 것을 부정하는 사람들도 있습니다. 요한이 쓴 글에서도 볼 수 있듯이, 이것은 새로운 현상이 아닙니다.

1 사랑하는 여러분, 자기가 성령을 받았노라고 말하는 사람들을 다 믿지 말고 그들이 성령이라고 주장하는 것이 과연 신에게서 온 것인지 아닌지를 시험해 보십시오, 많은 거짓 예언자가 세상에 나타났기 때문입니다.

2 신의 성령을 알아보는 방법은 다음과 같습니다. 예수 그리스도께서 사람의 몸으로 오셨다는 것을 인정하는 사람은 모두 신으로부터 성령을 받은 사람이고

3 예수께서 그런 분이시라는 것을 인정하지 않는 사람은 모두 신으로부터 성령을 받지 않은 사람입니다. 그런 사람은 그리스도의 적대자로부터 악령을 받은 것입니다. 그자가 오리라는 말을 여러분이 전에 들은 일이 있는데 그자는 벌써 이 세상에 와 있습니다. (요한1서 4장)

그리스도교 초기에도 이미 내가 육체를 가진 사람으로, "몸(flesh)으로" 왔다는 사실을 부정하는 사람들이 있었습니다. 그들은 그리스도가 원리, 개념 또는 영으로서, 실제로 이 세상에 들어올 수 없으며 오로지 이 세상에서 영적인 세계로 넘어간 다음에만 얻어질 수 있다는 믿음을 장려했습니다. 심지어 오늘날에도 그리스도 운동을 일으킨 실제적이고 역사적인 인물이 있었다는 사실을 부정하는 사람들이 있습니다.

공식적인 교회들에 의해 전해진 그리스도의 이미지에는 확실히 의문스러운 점이 많이 있습니다. 이런 이미지에 의문을 던지기 위해서는, 먼저 자신의 눈에서 들보를 제거하라는 그리스도의 계명을 따르지 않아도 인류의 모든 죄를 사해 주는, 십자가에 매달려 죽은 그리

스도에 대한 우상을 확실히 초월해야 합니다.

그러나 사람이 만든 그리스도에 대한 우상에 의문을 제기하는 것과 이 세상에 나타나는 그리스도의 실재에 대해 의문을 제기하는 것 사이에는 근본적인 차이가 있습니다. 살아 있는 그리스도가 실제로 이 행성에 육신으로 나타날 수 있다는 것을 인정하지 않으려는 사람들은 영적인 죽음의 의식에 빠져 있으며, 거기에 머물러 있기를 원합니다. 따라서 그들은 인간의 마음 너머에 뭔가가 있으며 대안이 있다는 사실을 거부할 수밖에 없습니다.

정말로, 그들은 영적인 죽음에 너무 깊이 빠진 나머지 그것을 초월하려고 하지 않습니다. 이것을 정당화하기 위해서, 그들은 살아 있는 그리스도가 이 세상에 들어올 수 있다는 것을 부정할 수밖에 없습니다. 살아 있는 그리스도가 이 세상에 현존한다는 사실은 영적인 죽음을 넘어 영적인 삶을 살 수 있음을, 더 정확히 말해, 바로 여기 지구에서 풍요로운 삶을 살 수 있음을 증명하기 때문입니다.

스스로를 바꾸려 하지 않는 사람들, 즉 자기 눈에서 들보를 보고 제거하려 하지 않는 사람들은 죽음을 초월할 수 있다는 사실도 부인할 수밖에 없습니다. 따라서 그들은 이 세상에 살아 있는 그리스도의 현존을 부인할 수밖에 없습니다. 그럼에도 그들은 더 높은 세상에는 그리스도가 존재할 수 있고, 그리스도가 더 높은 세상에서 성취할 수 있는 원리임을 인정할 수 있습니다. 스스로를 그리스도교인이라 부르는 많은 사람이 2,000년 전에 내가 예수로서 몸을 가지고 나타났다는 사실은 인정하지만, 살아 있는 그리스도가, 그 이전이나 그 이후에는 다른 어떤 형태로도 나타날 수 없다고 말합니다. 따라서 이들 또한 자신이 진정으로 그리스도를 따르고 있다고 믿지만, 그리스도의 첫 번째 도전에 실패한 것입니다.

* * *

영적인 죽음을 극복하는 첫 번째 단계는, 자신이 영적으로 죽은 상태이지만 이 세상에서도 더 높은 형태의 삶을 얻을 수 있다고 인식하는 것입니다. 다음 단계는 죽음의 상태를 벗어나기 위해서는 인간의 의식 상태를 넘어서야 한다고 인식하는 것입니다. 이 세상을 지배하는 죽음의 의식에서 생겨난 환영의 맹공격을 방어할 수 있는 확고한 토대, 어떤 정박점을 찾아야만 합니다. 그 토대가 바로 그리스도의 반석이며, 이것은 그리스도 말씀의 형태를 취하고 있습니다.

> 24 그러므로 지금 내가 한 말을 듣고 그대로 실행하는 사람은 반석 위에 집을 짓는 슬기로운 사람과 같다.
> 25 비가 내려 큰물이 밀려오고 또 바람이 불어 들이쳐도 그 집은 반석 위에 세워졌기 때문에 무너지지 않는다.
> 26 그러나 지금 내가 한 말을 듣고도 실행하지 않는 사람은 모래 위에 집을 짓는 어리석은 사람과 같다.
> 27 비가 내려 큰물이 밀려오고 또 바람이 불어 들이치면 그 집은 여지없이 무너지고 말 것이다. (마태 7장)

영적인 죽음은 자신의 가까운 주변 외에는 아무것도 볼 수 없는 울창한 정글 속을 걷는 것과 같아서, 자신이 어디서 왔는지, 지금 어디에 있는지, 어디로 갈지 전혀 알지 못합니다. 길을 잃은 것입니다. 그리스도의 말씀은 정글의 우거진 나무들 사이로 내려온 생명줄과도 같습니다. 그 밧줄을 타고 올라가면, 여러분은 환영의 정글 위로 자신을, 자신의 의식을 높일 수 있습니다. 여러분이 누구이며 어디로 가고 있는지, 그 실재를 명확하게 볼 수 있습니다. 그러나 그리스도교 경전이든 세상의 다른 정당한 영적인 가르침 중의 하나이든, 그리스도의 생명줄을 찾는 것과 그 밧줄을 타고 오르는 것은 전혀 별개의 문제입니다.

많은 사람이 외적인 가르침에서 영감을 받고 생명줄을 발견하지만, 그 밧줄을 타고 올라갈 결심을 하지는 않습니다. 그들은 여전히 땅 위에 선 채로, 밧줄을 잡은 것으로 충분하며 더 이상 아무런 노력을 하지 않아도 누군가가 자신들을 끌어올려 줄 것으로 생각합니다. 어떤 사람들은, 캄캄한 정글을 벗어날 기회를 주기 위해 살아 있는 그리스도가 다양한 배경의 사람에게 내려주는 다른 어떤 밧줄보다도 자신이 잡고 있는 밧줄이 더 낫다는 것을 증명하려는 이원성 투쟁에 참여합니다. 어떤 사람들은 살아 있는 그리스도의 생명줄을 발견했지만, 죽음의 환영을 넘어서는 데 그것을 사용하기보다는, 인간이 만든 한 교리가 다른 교리보다 우월하며 그 신념 체계의 우월성을 확립해야만 하늘나라로 가게 된다는 믿음을 강화하는 데 사용합니다. 그들은 자기 눈에서 들보를 제거하지 않아도 신의 나라에 들어갈 수 있다고 생각하며, 자기 마음속의 분리를 극복하지 않아도 분리되지 않은 신의 나라에 들어갈 수 있다고 생각합니다.

"내가 한 말을 듣고 그대로 실행하는"(마태 7:24, 26; 루가 6:47) 사람이 되기 위해 살아 있는 그리스도의 생명줄을 실제로 사용하려면 무엇이 필요할까요? 영적으로 눈먼 상태를 초월하겠다는 의지가 필요합니다. 즉 그리스도의 말씀은 죽은 말이 아니라 살아 있는 말씀임을 깨달아야 합니다. 그 말씀을 단지 자신의 외적인 믿음과 조건을 확인하는 데 사용하는 것이 아니라, 그 말씀을 흡수하고 내면화함으로써 근본적으로 변화될 필요가 있음을 깨달아야 합니다. 살아 있는 그리스도를 따르기 위해서는 근본적으로 변화하고, 다시 태어나고, 다른 모든 것을 버리고 떠날 의지가 있어야 합니다. 신의 나라에 들어가기 위해서는 이 세상의 왕국을 뒤에 남겨두고 떠나야 합니다.

* * *

이 장에서 내가 말하는 요점을 진정으로 이해했는지 잘 생각해 보기 바랍니다. 나는 인류에게 백지 수표를 주기 위해 지구에 온 것이 아닙니다. 사람들이 몇몇 외적인 요구를 충족하면 그냥 그들을 구원해야 하는, 즉각적인 구원을 제공해 주려고 온 것이 아닙니다. 인류가 범할 수 있는 모든 죄를 내가 대신 짊어지기 위해서 온 것이 아닙니다. 내가 이미 그들을 위해 일을 했다면, 사람들이 자신의 의식을 변화시킬 동기를 내가 어떻게 부여해 줄 수 있었을까요?

실제로, 일부 그리스도 교회가 약속하는 즉각적인 구원은 내가 다음과 같이 말했을 때 이야기했던 것입니다.

12 그러므로 남이 너희에게 해주기를 바라는 그대로 남에게 해주어라. 이것이 율법과 예언서의 정신이다.

13 좁은 문으로 들어가라. 파멸에 이르는 문은 크고 또 그 길이 넓어서 그리로 가는 사람이 많지만 (마태 7장)

남들이 여러분에게 해주기를 바라는 대로 남에게 해주라고 말했을 때, 내가 신의 법칙, 곧 본질적으로 우주가 거울이라는 법칙을 말했다는 것을 여러분은 볼 수 있나요? 우주 거울은 여러분이 타인에게 하는 것을 여러분에게 다시 돌려줍니다. 그래서 돌아오는 내용을 바꾸는 유일한 방법은 보내는 내용을 바꾸는 것입니다. 하지만 여러분의 행동은 여러분의 의식 상태를 반영하므로, 진정으로 삶을 바꿀 수 있는 유일한 방법은 여러분의 의식을 바꾸는 것입니다. 여러분의 마음과 가슴에서 나오는 산출물(output)을 바꾸려면 여러분의 마음과 가슴 안에 있는 내용물을 바꾸어야 합니다. 이것은 점진적인 과정이며, 여러분은 자신을 살아 있는 그리스도의 제자로 자리매김하고 내면과 외면의 모든 것에서 나의 안내를 따르겠다고 다짐해야 합니다. 이것은 내가 다음과 같이 말했던 길이기도 합니다.

> 생명에 이르는 문은 좁고 또 그 여정이 험해서 그리로 찾아오는 사
> 람이 적다. (마태 7:14)

대부분의 사람이 가는 넓은 길은, 자신을 바꾸지 않고, 자신의 눈에서 들보를 제거하지 않고, 근본적으로 자신의 의식을 바꾸지 않고도 구원받을 수 있다고 생각하는 길입니다. 사람들은 외적인 경험을 따름으로써 하늘나라에 들어가는 길을 "구매"하거나 강요할 수 있다고 생각합니다. 이것은 전혀 효과가 없으므로, 사실 파멸로 이끄는 길입니다. 참된 길, 그리스도 의식의 여정은 당장은 볼 수 없는 것을 볼 수 있을 때까지 살아 있는 그리스도가 여러분의 들보를 드러내도록 함으로써 여러분이 자신의 눈에서 들보를 제거하는 과정입니다. 이것

은 대부분의 사람이 보지 않으려는 것을 기꺼이 보도록 요구하는, 자기 성찰의 힘든 길입니다. 여러분이 스스로 볼 수 없는 것을, 살아 있는 그리스도가 여러분에게 보여주도록 기꺼이 허락할 것을 요구합니다.

* * *

초기에 나를 따르던 많은 사람이 이러한 내적인 변형의 길을 따랐습니다. 사실, 현대의 일부 학자들은 초기에 나를 따르던 사람들이 그리스도교인이라고 불리지 않았음을 알고 있습니다. 그들은 "길을 따르는 사람들(Followers of the Way)"이라고 불렸습니다. 내가 한 모든 말에는 더 깊은 의미가 담겨 있음을 다시 한번 알 수 있습니다. 내가 말하지 않았나요?

"나는 길이요 진리요 생명이다. 나를 거치지 않고서는 아무도 아버지께 갈 수 없다."(요한 14:6)

내가 여기서 외부의 종교를 말하지 않았다는 것을 볼 수 있나요? 그 이유는, 내가 이 말을 했을 때는 그런 종교가 존재하지도 않았고, 또한 어떤 외부의 종교도 의식의 변화를 보장할 수 없기 때문입니다. 다시 한번 말하자면, 나는 "길"이라는 말을 인간의 의식 상태를 넘어서는 내적인 과정에 대한 상징으로 사용했습니다. 심지어 "나"라는 말조차 더 깊은 의미가 있는 상징으로 사용했습니다. 그것은 외적이고 역사적인 인간으로서의 나뿐만 아니라 그 어느 인간보다 더 큰 무언가를, 즉 보편적인 그리스도 마음을 의미했기 때문입니다.

그리스도 의식을 거치지 않고는 아무도 아버지께 갈 수 없습니다. 이것은 그리스도 마음을 거치지 않는 한, 그리스도 마음과 하나가 되지 않는 한, 아무도 구원받을 수 없다는 의미입니다. 바울은 이것을 이해했으며, 따라서 이렇게 말했습니다.

> 여러분은 그리스도 예수께서 지니셨던 마음을 여러분의 마음에 간직하십시오. (빌립보서 2:5)

나는 지금 진정으로, 내가 인류에게 제공하는 구원이 나의 제자가 되는 길이라고 말하고 있습니다. 그러나 이 여정의 최종 목표는 영원히 그리스도의 제자로 머무르는 것이 아니라, 살아 있는 그리스도와 하나됨에 이르러 여러분이 살아 있는 그리스도가 되는 것입니다. 대부분의 현대 그리스도교인이 이것을 신성모독으로 여기도록 키워졌습니다. 왜냐하면 그들은, 내가 유일한 신의 아들이라고 생각하도록 프로그램되었기 때문입니다. 그러나 그렇게 함으로써 그들은 사람들 앞에서 그리스도를 부정할 수밖에 없습니다. 요한복음에 나오는 이 말을 부정해야만 하기 때문입니다.

> 그러나 그분을 맞아들이고 믿는 사람들에게는 신의 자녀가 되는 특권을 주셨다. (요한 1:12)

그리고 다시, 요한이 편지에서 한 말을 보겠습니다.

1 아버지께서 우리에게 베푸신 사랑이 얼마나 큰지 생각해 보십시오, 신의 그 큰 사랑으로 우리는 신의 자녀라고 불리게 되었습니다. 우리는 과연 신의 자녀입니다. 세상 사람들이 우리를 알지 못하는 것은 그들이 신을 알지 못하기 때문입니다.

2 사랑하는 여러분, 이제 우리는 신의 자녀입니다. 우리가 장차 어떻게 될지는 분명하지 않지만, 그리스도께서 나타나시면 우리도 그리스도와 같은 사람이 되리라는 것을 우리는 알고 있습니다. 그때는 우리가 그리스도의 참모습을 볼 것이기 때문입니다. (요한 1서 3장)

내가 설명하려 했듯이, 영적으로 죽은 의식의 환영에 눈이 멀었을 때는 살아 있는 그리스도의 "참모습"을 볼 수 없습니다. 그래서 세상이 나를 알아보지 못하는 것입니다. 인간의 조건을 초월하고 성령으로 다시 태어남으로써, 그리스도처럼 되려는 의지를 가짐으로써, 살아 있는 그리스도를 있는 그대로 볼 수 있습니다. 다음 인용문을 다시 살펴보겠습니다.

5 여러분은 그리스도 예수께서 지니셨던 마음을 여러분의 마음에 간직하십시오.

6 그리스도 예수는 신과 본질이 같은 분이셨지만 굳이 신과 동등한 존재가 되려 하지 않으시고. (빌립보서 2장)

그리스도를 진정으로 따르는 사람이라면 그리스도와 동등하게 되는 것이 십자가 위에 매달린 강도의 행위라는 생각을 멈추어야 합니다.

그런 다음 그것을 반드시 넘어서서 그들 역시 나처럼 신의 자녀가 될 수 있다는 것을 알아야 합니다.

모든 외적인 교리의 배후에 있는 내적인 진실은 모든 사람에게 나의 직계 제자가 될 수 있는 길을 제공하기 위해 내가 지구에 왔다는 것입니다. 그러나 그 여정에는 최종 목표가 있습니다. 그것은 더 이상 그리스도의 제자로 남지 않고 나와 하나가 되는 것입니다. 그럼으로써 내가 확언했듯이, 여러분도 또한 여러분의 스승과 하나임을 확언할 수 있습니다.

나와 내 아버지는 하나이다. (요한 10:30)

2,000년 전 내가 육신으로 나타났을 때는, 소수의 사람만이 이런 직접적인 길을 갈 준비가 되어 있었습니다. 그래서 나는 단지 몇몇 제자에게만 이 길을 직접 보여주었으며, 대중에게는 비유로 가르쳤습니다. 그러나 현대에는 상황이 크게 달라졌습니다.

지금 지구상에는 내 직계 제자의 길을 갈 준비가 된 사람들이 많습니다. 그리고 어떤 주류 그리스도 교회도 내가 그들을 통해 이 길을 가르치는 데 열려 있지 않으므로, 나는 모든 사람이 참여할 수 있는 과정을 통해서 이 길을 설명하기로 결정했습니다. 그러나 이 과정은 내면에서 그리스도 의식의 여정을 발견하도록 돕는 첫 번째 단계일 뿐입니다. 이 길을 따르려면, 여러분은 외적인 말을 넘어서서 나, 그리고 여러분의 개인적인 스승인 협조자와 직접적이고 내적이며 개인적인 관계를 맺어야만 합니다. 이것에 대해서는 나중에 더 설명하겠지만, 먼저 다음 장에서 다루게 될 그리스도의 두 번째 도전에 대해 살펴볼 필요가 있습니다.

* * *

　더 진행하기에 앞서서, 그리스도 의식의 여정에서 초기 단계의 핵심에 대해 한 번 더 설명해 보겠습니다. 니고데모의 비유가 보여주듯이, 인간 의식은 오직 그리스도 의식을 통해서만 볼 수 있는 신의 실재를 도저히 가늠할 수 없습니다. 그래서 나는 영적인 스승으로서, 현재 여러분의 의식 수준에서는, 그리스도 의식의 여정이 지닌 모든 측면을 가늠할 수는 없음을 잘 알고 있습니다. 지금 여러분은 그것을 감당할 수 없습니다.

　지금으로서는 그 여정을 온전히 이해할 수 없음을 깨닫는 것 또한 매우 중요합니다. 이것을 인정하지 않으면, 외부의 경전이나 심지어 내가 이 과정에서 제공하는 외적인 가르침을 이해하기 때문에 그 여정을 이해했다고 생각하는 함정에 빠지기 쉽습니다. 이러한 형태의 지적인 오만이나 영적인 오만은 여러분의 재능을 증식하지 못하게 방해하고, 여러분을 그리스도가 태어날 수 있는 내면의 지점으로 이끄는 점진적인 과정을 중단시킬 것입니다.

　다음과 같은 예를 들어 설명해 보겠습니다. 선글라스를 끼면 예전에 보았던 똑같은 사물을 보더라도 렌즈 때문에 색깔이 약간 바뀐 것처럼 보입니다. 지금 여러분의 의식 안에는 프로그램된 많은 불완전한 믿음이 있으며, 그것들은 그리스도 의식의 여정에 대한 내 가르침을 포함하여 여러분이 보는 모든 것을 걸러내는 필터를 형성합니다. 따라서 내가 여러분에게 진리를 줄 수 있더라도, 여러분의 개인적인 필터가 그 진리를 왜곡하고 그 참된 의미나 온전한 의미를 파악하지 못하게 할 수 있습니다.

인류를 보면, 대부분의 사람이 그리스도의 실재를 보지 못하게 하는 어떤 정신적인 "안경"을 쓰고 있습니다. 게다가, 그들은 이러한 안경을 쓰고 있다는 것조차 모릅니다. 그들은 실재가 정말로 자신의 멘탈 박스에 맞는다고 생각합니다. 그것은 모든 것에 대한 자신의 관점을 왜곡시키는 멘탈 박스가 자신에게 있음을 알지 못하기 때문입니다. 그들은 들을 귀가 없으므로 살아 있는 그리스도를 인식할 수 없으며, 오히려 그리스도를 자신의 멘탈 박스에 끼워 맞추려고 노력합니다.

이와는 대조적으로, 그리스도 의식의 여정을 따를 수 있는 사람들은 자신이 안경을 쓰고 있고, 그 안경이 자신이 보는 것을 채색하고 있으며, 안경을 벗으려면, 즉 자신의 눈에서 들보를 제거하려면 적극적인 조치를 취해야 한다고 인식하기 시작했습니다. 지금은 비록 (그 안경 때문에) 그 관점을 얻을 수 없지만, 안경을 벗어버릴 수 있다면 즉각 삶에 대한 전혀 다른 관점을 얻으리라는 것을 알고 있습니다.

영적인 죽음을 극복하는 첫 번째 단계에서, 지금은 비록 그것이 무엇인지 알 수 없지만, 자신이 볼 수 없는 것이 있음을 알아야 합니다. 다음 단계는 명확한 시야를 얻기 위해 안경을 벗는 과정이, 모든 현실적인 측면에서 점진적인 과정임을 깨닫는 것입니다. 하지만, 그 과정의 핵심은 무엇일까요? 여러분은 다음 두 가지를 할 의지가 있어야 합니다.

- 첫째, 이 과정과 같은 외적인 가르침을 통해서, 또는 마음속의 협조자를 통해서 살아 있는 그리스도에게로 가는 여정의 안내를 기

꺼이 받아들여야 합니다.

· 둘째, 외면의 마음이 지금은 비록 그 방향과 목적을 이해하지 못하더라도, 그 방향을 기꺼이 따라야 합니다.

여기서 요점이 보입니까? 나는 여러분이 그 방향을 완전히 파악할 수 없다는 것을 충분히 잘 알고 있으므로, 여러분에게 그 길에서 다음 단계로 가는 데 도움이 될 방향을 제시해야 합니다. 왜 그럴까요? 왜냐하면, 이 여정은 각 단계마다 특정한 상태의 의식을 나타내는 일련의 단계들로 이루어져 있기 때문입니다. 여러분은 한 의식 상태를 초월하여 더 높은 단계로 올라감으로써 이 여정을 나아갈 수 있습니다.

그렇다면 현재의 의식 상태를 어떻게 초월할까요? 그 의식 상태를 넘어서는 이해에 도달함으로써만 그렇게 할 수 있습니다. 다시 말해, 현재의 의식 상태로 이해할 수 있는 것은 여러분을 그 의식 상태 너머로 데려갈 수 없습니다.

살아 있는 그리스도는 다음 수준으로 이끌 수 있는 이해를 주기 위해서 여러분에게 오지만, 그것을 사용하려면 아직은 이해하지 못한다 해도 기꺼이 그것을 적용해야 합니다. 그렇다고 해서 살아 있는 그리스도가 주는 안내를 생각 없이 맹목적으로 따라야 한다는 말은 아닙니다. 그렇게 한다면 여러분은 단지 맹목적인 추종자가 될 뿐입니다. 대신, 그 안내를 내면화할 때까지, 더 높고 미묘한 이해를 구하면서 그 안내에 대해서 끊임없이 숙고하고 명상해야 합니다. 그리고 그 안내가 충분히 내면화되었을 때, 여러분은 더 높은 의식 수준으로 도약합니다. 그때 살아 있는 그리스도는 여러분을 한 단계 더 높은 수준으로 이끌어 갈 다음의 도전 과제를 제시할 것입니다.

　내가 말하고자 하는 요점은, 살아 있는 그리스도가 제시하는 안내를 결코 완전히 이해했다고 생각하지 말고 항상 더 깊은 이해를 얻으려 노력하라는 것입니다. 여러분이 육화 상태에 있는 한, 여러분이 기꺼이 보려고만 한다면 그리스도가 밝혀줄 수 있는 더 깊은 이해의 층이 항상 있다는 사실을 받아들이는 것이 현명합니다.

　어느 수준에서 이 과정을 중단하기로 결정하는 사람들도 있습니다. 내가 나중에 왜 그리고 어떻게 이런 일이 일어나는지 설명하겠습니다. 하지만 지금은, 재능을 증식하는 데 필요한 중심 과제를 이해하기 바랍니다. 여러분은 주어진 아이디어나 가르침을 내면화하고 그 과정에서 여러분의 의식이 변형될 때까지 그것을 깊이 생각해야 합니다. 모든 것을 통제하고자 하는 외적이고 분석적인 마음으로는 완전히 이해하지 못할지라도, 여러분은 이 과정을 기꺼이 시작해야 합니다. 이렇게 하는 것이야말로 진정 어린아이의 순수한 마음으로 신의 나라를 받아들이는 것이며, 이것이 바로 들을 귀와 볼 눈을 가지고 있는 상태입니다. 나는 자신의 마음과 가슴을 열겠다고 결정하는 학생들을 언제나 기꺼이 받아들이겠습니다.

3
그리스도의 두 번째 도전

여러분이 자신에게 사회에 적응하거나 외부에서 부과된 기준에 맞추기 위해 일하고, 말하고, 생각하도록, 얼마나 자주 강요하는지 생각해 본 적이 있나요? 여러분이 아무런 의문도 품지 않은 채 많은 사회의 규범을 받아들이도록 조건화되고, 프로그램되고, 세뇌되면서 성장했다는 사실을 생각해 본 적이 있나요? 여러분이 단지 사회의 전통이라는 이유로 많은 것을 하고 있다는 생각을 해본 적은 있나요? 그리고 그것들이 정말로 필요한지를 숙고해 본 사람은 없을 것이라는 생각을 해본 적은 있나요? 모든 사람이 항상 해왔다는 이유로 모두가 그것들을 계속하고 있습니다. 실제로 종교로부터 유행에 이르기까지 스스로의 생각이나 결정 없이, 평생 사회의 규범을 따르면서 지내는 사람들이 있다는 생각을 해본 적이 있나요?

자, 여러분이 이 과정을 공부하고 있다는 사실이, 이러한 일들에 대해 생각해 본 적이 있고 기꺼이 더 나은 방법을 찾고자 한다는 것을 나타냅니다. 여러분은 내면의 어떤 수준에서, 삶에는 지금 경험하는 것 이상이 있어야 한다는 것을 깨달았거나, 최소한 그렇게 느끼고 있습니다. 여러분은 틀림없이 대안이 있고, 더 풍요로운 삶의 형태가 있음을 감지하고 있으며, 지금 어떤 생각을 하든 더 풍요로운 삶을 구현하는 데 도움이 되리라는 희망으로 이 책을 읽고 있습니다. 그 이상(more)을 향한 이런 열망, 언제나 해오던 방식으로 하는 것에 만족할 수 없는 능력은 그 자체로 무언가 아주 중요한 것을 나타냅니다. 그것은 영적인 죽음의 조건을 벗어날 수 있게 하는 바로 그 메커니즘, 곧 구원의 은총입니다. 그것은 또한 그리스도의 두 번째 도전을 극복하는 방법을 이해하는 열쇠를 가지고 있습니다.

먼저, 영적인 죽음의 상태에 대한 내 설명에 뒤따르는 질문을 살펴보겠습니다. 나는 이 상태가 닫힌 고리, 즉 틀 자체가 바깥에 있는 것을 보지 못하게 가로막기 때문에 탈출구가 없어 보이는 멘탈 박스(mental box)를 형성한다고 설명했습니다. 나는 실제로 더 높고 더 영적인 삶의 형태가 있음을 증명하기 위해 살아 있는 그리스도가 이 세상에 왔다고 말했습니다. 하지만 완전히 눈먼 사람들은 그리스도를 인지할 수 없다고도 말했습니다. 그러므로 만일 구원의 은총이 없다면, 닫힌 상자 밖으로 나오는 길을 제공하는 메커니즘이 없다면, 그누가, 어떻게 거기에서 빠져나올 수 있을까요?

구원의 은총인 그 메커니즘은, 그것이 사회의 박스이든 여러분의 멘탈 박스이든 삶에는 여러분이 틀 안에서 경험하는 것 이상의 무언가가 있을 것이라는 내면의 직관적인 바로 그 감각입니다. 이런 감각은 여러분 내면의 가장 깊은 곳에 내재되어 있습니다. 왜냐하면 여러분의 참된 존재는 신의 존재(Being) 자체에서 나온 확장체이기 때문입니다. 성서에서도 이를 확인할 수 있습니다.

26 신은 "우리 모습을 닮은 사람을 만들자, 그래서 바다의 고기와 공중의 새, 가축과 온 땅과 땅에 기어 다니는 모든 생물을 다스리게 하자" 하시고,

27 당신의 모습대로 사람을 창조하셨다. 신의 모습대로 사람을 창조하시되 남자와 여자로 창조하시고

28 신은 그들을 축복하며 말씀하시되, "생육하고 번성하여 땅에 충만하라. 땅을 정복하라. 바다의 고기와 공중의 새와 땅에 움직이는 모든 생물을 다스리라!"(창세기 1장)

여러분 내면의 존재가 이 물질 세상 너머에 있는 창조주의 형상과 모습을 따라 창조되었다는 사실은, 여러분이 이 세상 너머의 무언가를 향한 열망을 완전히 잃을 수는 없음을 뜻합니다. 끊임없이 이 세상의 것을 추구하거나, 혹은 외부 종교에 소속되어 자신의 구원이 보장되었다고 믿는 탓에, 잠시 이 열망을 망각할 수는 있습니다. 하지만 어느 지점에서 여러분은 불가피하게 내적인 공허함과 그 이상을 향한 열망을 느끼게 됩니다.

2 헛되고 헛되다. 설교자는 말한다. 헛되고 헛되다. 세상만사 헛되다.

3 사람이 하늘 아래서 아무리 수고한들 무슨 보람이 있으랴! (전도서 1장)

사람들은 오랜 시간 동안, 내가 광야에서 단식한 후 악마에게서 받

았던 유혹에 빠질 수 있습니다.

> 8 악마는 다시 아주 높은 산으로 예수를 데리고 가서 세상의 모든
> 나라와 그 화려한 모습을 보여주며
> 9 "당신이 내 앞에 엎드려 나를 숭배하면 이 모든 것을 당신에게
> 주겠소" 하고 말했다.
> 10 그러자 예수께서는 "사탄아, 물러가라. 바이블에 '주님이신 너희
> 신을 경배하고 그분만을 섬겨라.' 하시지 않았느냐?" 하고 대답하셨
> 다. (마태 4장)

악마는 이 세상의 겉모습과 권력, 소유, 쾌락, 명예, 안전 또는 이
세상이 제공하는 무엇이든, 이 세상에서 일종의 궁극적인 상태를 얻
고자 하는 유혹의 상징이라고 볼 수 있습니다. 사람들은 아주 오랫동
안 그러한 것들을 추구하는 데 완전히 매몰될 수 있습니다. 따라서
그들은 세상이 줄 수 있는 것보다 더 풍요로운 형태의 삶을 보여주러
온 살아 있는 그리스도를 거부하게 됩니다. 하지만 어느 시점에 이르
면, 생명흐름은 이 세상이 제공할 수 있는 것 이상(more)의 무언가가
있다는 것과, 자신의 존재 가장 깊은 곳에서 열망하는 것을 이 세상
은 줄 수 없다는 것을 알아차리기 시작합니다. 여러분은 다음의 내
말에서 진리를 감지할 것입니다.

> 36 사람이 온 세상을 얻는다고 해도 제 목숨을 잃는다면 무슨 유
> 익이 있겠느냐?
> 37 사람이 제 목숨을 무엇과 바꿀 수 있겠느냐? (마가 8장)

이 세상 너머에 있는 것에 대한 내면의 열망을 알아차릴 때, 그 사람은 이제 그리스도의 첫 번째 도전, 즉 더 높은 형태의 삶이 있다는 것을 의식적으로 인지하는 과정을 통과하게 됩니다. 따라서 그러한 사람은 이제 살아 있는 그리스도를 알아볼 수 있습니다. 살아 있는 그리스도가 이 세상에 들어올 수 있다는 것을 인식하게 되면 다음 두 가지를 알아차릴 수 있습니다.

· 첫째, 나는 결핍되어 있으며, 내가 가지고 있지 않은 무언가가 있다. 나는 그리스도에게서 볼 수 있는 영적인 삶의 충만함을 가지고 있지 않으며, 나는 그것을 원한다.
· 둘째, 나는 영적인 죽음을 극복해야 하는데, 나 스스로는 그렇게 할 수 없다. 죽음을 넘어서기 위해서는 살아 있는 그리스도로부터 뭔가를 받아야 한다.

그러면 여러분이 필요한 것을 그리스도에게 받기 위해서, 살아 있는 그리스도를 따르고 그리스도의 제자가 되겠다는 열망을 일으킬 수 있습니다. 하지만 여기서 반드시 고려해야 할 사항과 마주치게 되는데, 불행하게도 그리스도교인이든 아니든, 대부분의 사람이 이 문제를 이해하지 못해서 진정한 영적인 진전을 이루지 못하고 있으며, 진정으로 그리스도를 따르지 못하고 있습니다.

* * *

이 장의 시작 부분에서 말했듯이, 여러분의 의식하는 마음을 끌어당기는 두 가지 힘이 있습니다. 하나는 여러분이 이 세상의 조건에 순응하도록 끌어당기는 힘이며, 다른 하나는 여러분이 이 세상을 넘어서도록 끌어당기는 힘입니다. 그것들을 물질적인 힘과 영적인 힘으로, 또는 전통적인 그리스도교 용어를 사용하여, 반-그리스도(anti-Christ)와 그리스도로 부를 수 있습니다.

만일 반-그리스도의 힘으로 완전히 눈이 멀었다면, 그리스도의 힘을 인지할 수조차 없습니다. 그러므로 여러분이 종교적인 사람이거나 영적인 구도자라는 사실은 세속적인 힘의 통제를 벗어나기 시작했음을 보여줍니다. 그러나 여러분이 그 통제로부터 완전히 벗어났다는 의미는 아닙니다. 신께서 내가 악마에게 유혹받는 것을 허용했다는 사실은, 그리스도교인들을 겸허하게 할 것입니다. 그 교훈은 모든 사람이 악마에게, 즉 이 세상을 넘어서기보다는 이 세상에 순응하도록 끌어당기는 힘에 유혹받는다는 것입니다. 그러므로 내가 악마의 유혹에 직면함으로써, 그리스도를 따르고 이 세상이 끌어당기는 힘을 벗어나기 위해 모든 사람이 직면해야 하는 유혹을 보여주었음을 깨달아야 합니다. 여러분이 육체 안에 있는 한, 이 유혹은 어떤 형태로든, 다양한 강도와 미묘함을 가지고 남아 있을 것입니다.

지금 내가 하는 말을 이해하겠습니까? 나는 영적인 죽음의 상태가 영적인 실재를 볼 수 없게 하는 환영에 순응하도록 여러분을 끌어당김으로써 스스로를 강화하는 조건을 형성한다고 말했습니다. 따라서 이 세상의 세력, 즉 악마, 죽음의 의식, 대중의식, 에고 등은, 여러분이 누구이고 여러분이 될 수 있는 것과 될 수 없는 것이 무엇인지에 대한 거짓 이미지, 우상 이미지에 순응하도록 여러분을 끌어당깁니다. 영적인 죽음의 의식의 본질은, 하나인 참된 신을 덮어 감추는 우상을 세우는 것이며, 이 우상은 사람들이 그 이미지 너머를 볼 수 없게 만듭니다. 성서에서 말하듯이, 여러분은 신의 형상대로 창조되었으며 지구를 다스리기 위해 여기에 있습니다. 그러나 반-그리스도 세력은, 여러분이 신의 자손이 아니며 이 행성을 다스릴 수 없다고 말하는 잘못된 이미지를 창조합니다. 왜냐하면, 악마 자신이 그 지배권을 원하기 때문입니다.

이 딜레마를 어떻게 벗어날 수 있을까요? 앞에서 내가 말한 진리, 즉 이 세상의 것은 헛되며 온 세상을 얻더라도 영혼을 잃으면 아무런 유익도 없다는 것을 깨달음으로써 벗어날 수 있습니다. 어떻게 그 지점에 도달할 수 있을까요? 직관이나 "아하 경험"과 같은 내면의 깨달음을 통해서 도달할 수 있습니다. 그렇지 않으면 고난의 학교로 가야 합니다. 이 학교에서는 단지, 더 나은 삶의 방식과 이 세상을 넘어서는 뭔가가 있음을 의식적으로 받아들일 때까지 얼마나 심한 고난을 겪어야 하는지가 문제입니다.

눈을 멀게 하는 우상의 영향력을 벗어나기 시작할 때, 우상을 넘어선 뭔가가 있다는 것을 깨닫기 시작합니다. 이것이 여러분을 살아 있는 그리스도를 인지할 수 있도록 해줍니다. 그러나 아직 여러분이 완전히 우상에서 벗어난 것은 아닙니다. 사실 앞서 내가 말했던 중간 단계가, 여전히 마음속에 우상이 남아 있어서 우상으로부터 완전히 자유롭지는 못한 바로 그 시기를 나타냅니다. 절대적으로 중요한 질문은 이것입니다. 이제 여러분은 필요하면 발로 차고 소리를 질러서라도, 살아 있는 그리스도가 모든 우상을 넘어서 기꺼이 여러분을 끌어당기게 하겠습니까? 아니면 살아 있는 그리스도와 그리스도가 제공하는 여정에 어떤 우상의 이미지를 덮어씌우겠습니까?

다시 말해, 여러분은 살아 있는 그리스도가 제공하는 참된 길을 따르겠습니까? 아니면 이 세상의 지배자와 눈먼 지도자들이 제공하는 거짓된 길을 따르겠습니까? 내 말을 다시 한번 살펴보겠습니다.

13 좁은 문으로 들어가라. 파멸에 이르는 문은 크고 또 그 길이 넓어서 그리로 가는 사람이 많지만
14 생명에 이르는 문은 좁고 또 그 여정이 험해서 그리로 찾아드는 사람이 적다. (마태 7장)

살아 있는 그리스도가 제공하는 곧고 좁은 길은, 여러분의 마음속에서 모든 우상, 곧 들보를 극복하는 여정입니다. 반대로, 파멸에 이르는 넓은 길은 구원의 필요성을 인식하고 살아 있는 그리스도를 인정하지만, 살아 있는 그리스도와 그가 제공하는 길에 우상의 이미지를 덮어씌우는 길입니다. 그래서 참된 길을 보고 따르는 대신에, 자신이 실제로 참된 길을 따르고 있다고 확신하면서 거짓된 길로 접어듭니다! 참된 길은 우상을 극복하는 것이고, 거짓된 길은 우상을 기반으로 하면서 그중 일부를 무오류(infallibility)의 지위에 올려놓는 것입니다. 다시 말해, 결코 그것에 의문을 제기하지 않는다는 뜻입니다.

그 결과 그들은, 살아 있는 그리스도가 자신을 죽음의 의식 너머로 데려가도록 하는 대신, 오히려 살아 있는 그리스도를, 또는 그리스도에 대한 자신의 이원성 이미지를 거짓된 길을 창조하는 데 이용합니다. 이 거짓된 길은 구원을 제시하지만, 이것은 자신의 눈 안에 있는 들보를 제거할 필요가 없는 것처럼 보이게 하는 외적인 구원입니다. 실제로 이 거짓된 길은, 죽음의 의식을 극복하지 않아도, 죽음의 의식

에서 비롯된 모든 우상을 제거하지 않아도, 영생을 얻을 수 있다고 약속합니다. 위의 인용에 이어지는 구절들을 보겠습니다.

15 거짓 예언자들을 조심하여라. 그들은 양의 탈을 쓰고 너희에게 나타나지만, 속에는 사나운 이리가 들어 있다.

16 너희는 그들의 열매를 보고 그들을 알게 될 것이다. 가시나무에서 어떻게 포도를 딸 수 있으며 엉겅퀴에서 어떻게 무화과를 딸 수 있겠느냐?

20 그러므로 너희는 그 열매를 보아 그들이 어떤 사람인지 알게 된다.

21 나더러 '주님, 주님' 하고 부른다고 다 하늘나라에 들어가는 것이 아니다. 하늘에 계신 내 아버지의 뜻을 실천하는 사람이라야 들어간다.

22 그날에는 많은 사람이 나를 보고 '주님, 주님, 우리가 주님의 이름으로 예언을 하지 않았습니까? 주님의 이름으로 악마를 쫓아내지 않았습니까? 또 주님의 이름으로 많은 기적을 행하지 않았습니까?' 하고 말할 것이다.

23 그러나 그때 나는 분명히 그들에게 '악한 일을 일삼는 자들아, 나에게서 물러가라. 나는 너희를 도무지 알지 못한다.' 하고 말할 것이다. (마태 7장)

내가 왜 거짓된 길에 대해 그토록 상세하게 사람들에게 직접 경고할 필요가 있었을까요? 구원의 필요성을 깨닫게 된 많은 사람이, 구원에 이르지 못하는 거짓된 길을 따르도록 잘못 인도되고 있는 것을 내가 잘 알고 있었기 때문이 아니었을까요? 율법학자들과 바리새인들이 왜 그렇게 나를 반대했다고 생각하나요? 그들이 왜 나를 살아 있는 그리스도로 인지하지 못했다고 생각하나요? 왜냐하면, 그들은 자신이 구원받을 것이라고 완전히 확신하면서 거짓된 길을 따르고 있었기 때문입니다. 달리 말하면, 그들은 자신이 구원받아야 한다는 것을 인식하는 첫 번째 장애는 통과했지만, 진실로 살아 있는 그리스도를 전적으로 따르지 않고도, 자신의 우상들을 놓아버리지 않고도 구원받을 수 있다고 생각하게 만드는 거짓된 길로 빠졌습니다.

현대의 많은 그리스도교인이 내가 다음과 같은 말로 가리킨 바로 그 의식에 빠져 있습니다. "그날에는 많은 사람이 나를 보고 '주님, 주님, 우리가 주님의 이름으로 예언을 하지 않았습니까? 주님의 이름으로 악마를 쫓아내지 않았습니까? 또 주님의 이름으로 많은 기적을 행하지 않았습니까?' 하고 말할 것이다. 그러나 그때 나는 분명히 그들에게 '악한 일을 일삼는 자들아, 나에게서 물러가라. 나는 너희를 도무지 알지 못한다.' 하고 말할 것이다." 그들은 그리스도를 따른다고 주장하지만, 그리스도에 대한 우상에 근거한 거짓된 길, 외적인 길을 따르고 있을 뿐입니다. 그들은 사람들 앞에서 끊임없이 내 이름을 부르지만, 죽은 그리스도를 주장함으로써 실제로는 사람들 앞에서 살아 있는 그리스도를 부인하고 있으며, 따라서 나도 아버지(the Father) 앞에서 그들을 부인할 수밖에 없습니다.

여기서 내가 말하고자 하는 요점이 많은 사람에게 상당히 미묘하고 이해하기 어려울 수 있다는 것을 압니다. 이에 대한 가장 좋은 증거는 바로 내가 이 점을 강조해야 한다는 사실과, 지난 2,000년 동안 어떤 그리스도 교회도 이 점을 분명하게 전파하지 않았다는 사실입니다. 따라서 사람들이 이 중대한 요점을 이해하도록 돕기 위해서, 몇 가지 다른 관점에서 설명하겠습니다. 여러분은 어쩌면 내 요점을 이해했다고 생각할지도 모르지만, 나는 그렇게 생각하지 않도록 경고를 하고 싶습니다. 다양한 관점에서 이 주제를 설명할 테니 기꺼이 나를 따라오세요.

* * *

현대 사회에는, 무엇보다도 모든 사람을 포용하고 관대하고, 자애롭고, 친절하며, 동정심이 많은 존재로 묘사되는 나의 이미지를 받아들인 사람들이 많습니다. 이런 사람들은 많은 그리스도교 교파뿐만 아니라, 자기 계발(self-help)이나 개인의 성장을 지향하는 그룹, 또는 뉴에이지 운동에서도 발견됩니다. 내가 말했듯이, 나는 두 가지 다른 수준에서 가르쳤습니다. 하나는 대중을 위한, 비유에 의한 가르침이었고, 다른 하나는 제자들을 위한, 더 직접적인 가르침이었습니다. 그러므로 여러분이 부드럽고 온화한 예수의 이미지에 매달리고 싶다면 그 이미지를 간직해도 되지만, 그러면 여러분은 대중을 위한 내 가르침 너머로 올라갈 수 없으며, 내 직계 제자가 될 기회가 없다는 사실을 기꺼이 인정해야만 합니다.

이와는 달리, 여러분이 이 시대에 내 직계 제자가 되기를 원한다면, 살아 있는 그리스도의 제자가 되기 위한 요구 사항에 따라 살아야 합니다. 그런 요구 사항 중에는 공개적으로 알려지지 않은 것들도 분명 있으며, 이것에 관해서는 성서에서도 언급되어 있지 않습니다. 이 과정에서 이런 요구 사항들에 관해 설명하겠지만, 우선 공식적인 경전에 설명된 요구 사항을 살펴보겠습니다. 들을 귀가 있는 사람들은, 당시에나 오늘날에나 내가 매우 솔직하고 타협하지 않는 스승임을 깨달을 것입니다. 예를 들어 내가 제자들을 어떻게 불러 모았는지 설명해 보겠습니다.

> 18 예수께서 갈릴리 호숫가를 걸어가시다가 베드로라는 시몬과 안드레아 형제가 그물을 던지고 있는 것을 보셨다. 그들은 어부였다.
> 19 예수께서 그들에게 "나를 따라오너라. 내가 너희를 사람 낚는 어부로 만들겠다." 하시자
> 20 그들은 곧 그물을 버리고 예수를 따라갔다.
> 21 예수께서는 거기서 조금 더 가시다가 이번에는 제베대오의 아들 야고보와 요한 형제를 보셨는데 그들은 자기 아버지 제베대오와 함께 배에서 그물을 손질하고 있었다. 예수께서 그들을 부르시자
> 22 그들은 곧 배를 버리고 아버지를 떠나 예수를 따라갔다. (마태 4장)

위에 인용한 문장에서 핵심적인 구절은 무엇일까요? 대부분은 "내가 너희를 사람 낚는 어부로 만들겠다."라고 대답할 것입니다. 그러나 실제로 핵심이 되는 구절은 "그들은 곧바로 그물을 버리고 예수를 따라갔다."입니다. 많은 현대인은, 부름을 받은 제자들이 나를 따르기 전에 자기 일을 처리할 충분한 시간을 가졌을 것이라는 매우 낭만적인 견해를 가지고 있습니다. 하지만, 사실은 전혀 달랐습니다. 나는 문자 그대로 제자들에게 걸어가서, 나를 따르라고 부른 후, 곧바로 돌아서서 떠났습니다. 그들이 나를 따를지 아닐지를 결정해야 할 시간은, 내

가 길에서 다음 꺾어지는 곳을 돌 때까지 걸리는 시간이었습니다. 만일 그 시점에서 그들이 모든 것을 내려놓고 나를 따르지 않았다면, 그들의 기회는 사라졌을 것입니다. 성서는 주로 나를 따랐던 제자들만 소개합니다. 실제로는, 내가 불렀던 많은 사람이 이 세상 것들과 얽혀 있는 것의 상징인 그물을 내려놓지 않았고, 그 결과 그들은 그 그물에 갇힌 채 남아 있었습니다. 다음은, 부름을 받았지만 자신의 소유물을 남겨두고 떠나려 하지 않았던 사람의 한 예입니다.

20 그 젊은이가 "저는 그 모든 것을 지켰습니다. 그런데 아직도 무엇을 더 해야 하겠습니까?" 하고 다시 묻자

21 예수께서는 "네가 완전한 사람이 되려거든 가서 너의 재산을 다 팔아 가난한 사람들에게 나눠주어라. 그러면 하늘에서 보화를 얻게 될 것이다. 그러니 내가 시키는 대로 하고 나서 나를 따라오너라." 하셨다.

22 그러나 그 젊은이는 재산이 많았기 때문에 이 말씀을 듣고 풀이 죽어 떠나갔다.

23 예수께서는 제자들에게 이렇게 말씀하셨다. "나는 분명히 말한다. 부자는 하늘나라에 들어가기가 어렵다.

24 거듭 말하지만, 부자가 신의 나라에 들어가는 것보다는 낙타가 바늘귀로 빠져나가는 것이 더 쉬울 것이다."

25 제자들이 이 말씀을 듣고 깜짝 놀라서 "그러면 구원받을 사람이 어디 있겠습니까?" 하고 물었다. (마태 19장)

이 말이 정말로 가혹하게 들릴 수 있음을 알고 있지만, 나에게는

아주 특정한 사명이 있었으며, 그것을 달성하기 위한 짧은 시간밖에 없었습니다. 나는 타협하지 않고 나를 따를 제자들이 필요했습니다. 따라서 나에게는 그들이 다른 모든 것을 기꺼이 버릴 의지가 있는지 시험할 권리가 있었습니다. 오늘날의 상황은 약간 다릅니다. 여러분이 반드시 "곧바로" 나를 따를 필요는 없지만, 다른 한편으로, 여러분이 현생이 끝나기 전에 죽음의 의식을 극복하고자 한다면 주저하지 말 것을 권장합니다.

살아 있는 그리스도의 제자가 되기 위해 통과해야 할 필수적인 시험은 무엇일까요? 나는 구원의 열쇠가 죽음의 의식을 넘어서는 것이라고 말했습니다. 그것은 죽음의 의식에서 비롯된 모든 우상을 뒤로하고 떠나야 한다는 의미입니다. 따라서 내 직계 제자가 될 자격을 갖추려면, 여러분은 이 세상의 모든 것을 남겨두고 떠나겠다는 의지를 보여주어야 합니다. 내가 "모든 것"이라고 말했다는 것을 기억하나요? 그렇습니다. 정말 모든 것을 의미한다고 확실히 말할 수 있습니다! 그렇다고 여러분이 모든 것을 남겨두고 떠나야 한다는 말은 아닙니다. 나는 단지 모든 것을 남겨두고 떠날 의지가 있어야 한다고 말하고 있습니다. 다른 인용문을 반복함으로써 그것을 설명하겠습니다.

21 제자 중 한 사람이 와서 "주님, 먼저 집에 가서 아버지 장례를 치르게 해주십시오" 하고 청했다.
22 그러나 예수께서는 "죽은 자들의 장례는 죽은 자들에게 맡겨 두고 너는 나를 따르라." 하고 말씀하셨다. (마태 8장)

살아 있는 그리스도를 따를 수 있다고 느끼기에 앞서 절대적으로 해야만 하는 일이 있다면, 아무쪼록 그것을 하러 가세요. 그러나 이 세상의 지배자는, 대단히 교묘하고 정말로 노련하게, 여러분이 살아 있는 그리스도를 따를 수 있기 전에 절대적으로 해야 할 일을 생각해 낸다는 점에 유의하세요. 자칫하면 "하나 남은 마지막 일"을 하느라 남은 인생을 다 바칠 수도 있습니다. 사실상, 여러분이 마지막으로 해야 할 일이 있다고 생각하는 마음의 상태는, 이 마지막 일을 하지 않아도 된다고 결정하기 전까지는 멈추지 않을 것입니다. 그렇게 결정하면 죽은 자들의 장례는 죽은 자들에게 맡겨 둘 수 있습니다. 이제 마태복음 10장의 인용문을 살펴보겠습니다.

> 34 내가 세상에 평화를 주러 온 줄로 생각하지 마라. 평화가 아니라 검을 주러 왔다.
> 35 나는 아들은 아버지와 맞서고 딸은 어머니와 며느리는 시어머니와 서로 맞서게 하려고 왔다.

내가 말했듯이, 그리스도를 따르려면 여러분 자신의 가족을 포함하여, 이 세상의 규범과 기준에 따르도록 끌어당기는 힘을 극복해야 합니다. 그리스도의 모든 제자가 가족과 문제를 일으켜야 한다고 말하는 것이 아닙니다. 나는 단지, 그리스도 의식에 이르는 여정(the path of Christhood)에 필요한 것을 따르기보다 규범과 다른 사람들의 기대에 순응하는 것에 더 가치를 둔다면, 여러분은 내 제자가 될 준비가 되지 않았다고 말하고 있을 뿐입니다.

> 36 집안 식구가 바로 자기 원수다.

37 아버지나 어머니를 나보다 더 사랑하는 사람은 내 사람이 될 자
격이 없고 아들이나 딸을 나보다 더 사랑하는 사람도 내 사람이 될
자격이 없다.

어떤 사람은 이것을 보면서, 내가 마치 현대의 광신적인 종교집단
의 지도자처럼 제자들의 숭배를 받고자 했던 병적인 자기중심주의자
였다고 해석합니다. 그러나 실제로 제자의 길을 따르는 것보다 이 세
상의 어떤 것을 더 사랑한다면, 살아 있는 그리스도를 따르기 위해
이 세상의 것을 포기할 수 없기에 하는 말입니다. 참고로, 나는 실제
로 여러분이 다른 사람들을 사랑할 수 없다고 말하고 있지 않습니다.
나는 단지 그리스도 의식에 이르는 여정을 따르는 것보다 그들을 더
사랑할 수는 없다고 말하고 있는 것입니다. 그 여정을 따른다는 것은
실제로 무엇을 의미할까요?

38 또 자기 십자가를 지고 나를 따라오지 않는 사람도 내 사람이
될 자격이 없다.

자기 십자가를 진다는 것에는 두 가지 이상의 의미가 있으며, 나중
에 이것을 설명하겠습니다. 그러나 지금으로서는, 자기 십자가를 진다
는 것이 자기 눈 안에 있는 들보를 보고 제거하는 일에 대한 상징이
라고 말해 두겠습니다. 들보는 바로 죽음의 의식과 그로부터 비롯되
는 모든 환영, 즉 잘못 새겨진 이미지입니다. 십자가는 여러분을 마비
시키고 있는 어떤 것의 상징이며, 여러분은 마음속에 있는 죽음의 의
식의 요소들에 의해 문자 그대로 자신의 십자가에 못 박힙니다. 자기

십자가를 진다는 것은, 여러분이 나를 따르며 죽음의 의식에서 완전히 자유로워질 때까지 이 세상의 어떤 조건이나 변명도 여러분을 막을 수 없도록, 자신의 눈 안에 있는 들보를 기꺼이 드러내고 제거한다는 의미입니다. 자신의 눈에서 들보를 제거하는 어렵고 불편한 일을 할 마음이 없다면, 내가 제공하는 길을 시작할 수조차 없습니다. 그 여정을 가려면 진정 얼마나 단호해야 할까요? 그 길을 따르려면 진정 무엇까지 기꺼이 포기해야 할까요?

> 24 나를 따르려는 사람은 누구든지 자기를 버리고 제 십자가를 지고 따라야 한다.
> 25 누구든지 제 목숨을 살리려고 하는 사람은 잃을 것이며 나를 위하여 제 목숨을 잃는 사람은 얻을 것이다. (마태 16장)

나는 여기서 여러분에게 일종의 광신적인 자살 집단에 참여하라고 요청하는 것이 아닙니다. 더 깊은 의미는 대부분의 사람이 "목숨"이라고 부르는 것은 사실상 영적인 죽음의 의식에 기반해서 구축한 정체성(identity)이라는 뜻입니다. 그러한 의미의 "목숨"을 포기하려 하지 않는다면, 죽어야 하는 목숨을 구하려고 한다면, 그야말로 영원한 생명을 잃게 될 것입니다.

자기 십자가를 지고 살아 있는 그리스도를 따르려면, 여러분은 죽음의 의식에 근거한 자아감을 의미하는 자신의 "자아"를 부인해야 합니다. 그 죽어야 하는 목숨과 그것에 따르는 모든 것을 기꺼이 잃고자 할 때만, 그리스도의 마음을 입고 그리스도와 하나가 되기까지 곧고 좁은 그리스도의 여정을 따를 때만, 여러분은 참으로 영원한 생명을 얻을 것입니다.

* * *

그리스도 의식의 여정에는 왜 그렇게 타협이 없는 것일까요? 나는 구원에 이르는 길에는 세 단계가 있다고 말했습니다. 첫 번째 단계는 영적인 죽음의 상태로서, 그런 여정이 존재한다는 것조차 깨닫지 못합니다. 그 존재 안에는 죽음의 요소들만 있고 생명이 없으며, 그것은 자신의 존재 안에 그리스도의 진리를 나타내는 요소가 없다는 의미입니다. 두 번째 단계는 중간 상태로서, 그 존재 안에 죽음의 요소들과 생명의 요소들을 함께 가지고 있습니다. 이 단계에서는 놓아버리려고 하지 않는 죽음의 요소들, 다시 말해 우상들이 있다면, 그것들을 사용하여 거짓된 여정의 이미지를 만들어낼 수 있는 위험이 있습니다. 이것은 그야말로 교묘한 유혹이기 때문에, 나는 이 거짓된 여정에 대해 사람들에게 매우 강력하게 경고하려고 했습니다.

이 중간 단계를 통과하려면, 여러분은 모든 우상, 모든 죽음의 요소를 버려야만 합니다. 죽음의 의식과 생명의 의식은 절대로 함께할 수 없습니다. 여러분은 상호 배타적인 두 가지 의식 상태에 동시에 있을 수 없습니다. 이는 여러분이 모든 죽음의 요소를 놓아버리고 떠나지 않는 한, 그리스도 의식 안에 온전히 있을 수 없다는 뜻입니다. 다음의 인용문이 이에 관해 설명하고 있습니다.

아무도 두 주인을 섬길 수는 없다. 한 편을 미워하고 다른 편을 사랑하거나 한 편을 존중하고 다른 편을 업신여기게 된다. 너희는 신

과 재물(맘몬)을 아울러 섬길 수 없다. (마태 6:24)

너무나 많은 사람이 "맘몬"은 단지 돈을 의미한다고 생각합니다. 사실 맘몬은, 여러분이 그리스도 의식을 얻는 것보다 더 가치 있게 여기는 이 세상의 모든 것을 가리키는 또 다른 상징입니다. 그것은 이 세상의 어떤 것에 대한 집착을 말합니다. 집착이란 무엇인가요? 여러분에게 어린 시절의 기억이나 삶에서 중요한 사건을 떠올리게 하는 기념품과 같은, 정서적으로 가치가 있는 물건들이 있을지도 모릅니다. 그것들은 금전적인 가치나 실용적인 가치가 없음에도 불구하고 놓아버리기가 어렵게 느껴집니다. 바로 그렇게 놓아버리기를 꺼리는 경우가, 단순하고도 상대적으로 무해한 감정적인 집착의 한 예입니다.

하지만, 이러한 집착은 무수히 다양하고 미묘한 형태로 옵니다. 예를 들면, 많은 사람이 특정한 믿음이나 신념 체계에 집착합니다. 그들은 삶을 보는 특정한 방식과 자신을 보는 특정한 방식에 집착합니다. 많은 그리스도인이, 내가 그들을 구원해 줄 것이라는 믿음을 놓아버릴 수 없으며, 아마도 그들은 이 과정을 거부할 것입니다. 많은 사람이, 자신이 선한 사람이라는 이미지에 집착하며, 자신에게 고쳐야 할 결점이 있다는 생각을 하지 않으려고 합니다. 이러한 집착들이 자신의 눈 안에 있는 들보를 보지 못하게 완전히 가로막고 있습니다. 그러면 그들이 어떻게 들보를 제거할 수 있겠습니까? 따라서 집착은, 이 세상 너머의 것을 얻기 위해 이 세상의 것을 놓아버리는 일을 꺼리게 만듭니다.

그 역학은 매우 간단합니다. 여러분의 집착은 여러분의 주의를 특정한 방향으로 이끌게 되고, 어디에 주의를 집중하든 정신적인 에너지(mental energy)가 그곳으로 따라가게 됩니다. 현대 세계에서는 여러분도 알다시피, 모든 것이 에너지라는 사실이 과학에 의해 입증되었습니다. 생각이나 감정도 또한 에너지의 형태입니다. 어떤 주제에 주의를 집중할수록 더 많은 정신적인 에너지가 그리로 향하게 되어 그곳에 축적됩니다.

에너지가 임계 수준에 도달하면, 그 에너지가 여러분의 주의를 끌기 시작하고, 따라서 그 방향으로 훨씬 더 많은 에너지를 집중하게 됩니다. 이것은 그리스도 의식으로 가는 여정에서 하나의 자동 강화 나선을 형성하여 여러분의 주의를 다른 곳으로 돌리게 만듭니다. 여러분은 때로 과다한 감정 에너지가 생각들을 다시 증폭시키며, 한 주제에 대해 계속 다시 생각하게 만드는 그런 힘든 상황에 처한 경험이 있을 것입니다. 이 때문에 여러분의 마음은 그 주제에서 벗어나지 못하도록 끌어당겨지며, 이것은 스트레스로 이어집니다. 따라서 여러분은 이제 내가 2,000년 전에 다음과 같이 표현했던 진리에 대해 더욱 현대적인 설명을 알 수 있습니다.

> 19 재물을 땅에 쌓아 두지 마라. 땅에서는 좀먹거나 녹이 슬어 못 쓰게 되며 도둑이 뚫고 들어와 훔쳐 간다.
> 20 그러므로 재물을 하늘에 쌓아 두어라. 거기서는 좀먹거나 녹슬어 못쓰게 되는 일도 없고 도둑이 뚫고 들어와 훔쳐 가지도 못한다.
> 21 너희의 재물이 있는 곳에 너희의 마음도 있다. (마태 6장)

여러분이 이 세상의 어떤 것에 주의를 더 집중하고 감정적으로 더 집착할수록 이 세상에 더 많은 정신적 에너지를 집중하게 됩니다. 그러면 분명히 이 에너지들은 여러분을 끌어당겨 영적인 여정에 집중하지 못하게 만듭니다. 여러분이 가질 수 있는 주의력과 정신적인 에너지에는 한계가 있으므로, 투자 자본인 여러분의 재능을 어떻게 사용할지 선택해야 합니다. 현명한 투자자라면 자본을 이 세상을 상징하는 땅속에 묻어두기보다는, 가장 좋은 이익을 얻을 수 있는 곳에 투자해야 합니다. 그리스도의 여정은 여러분에게 이 세상 어느 것보다 훨씬 더 많은 이익을 돌려줄 것입니다. 평화의 왕자는 이 세상의 지배자보다 제공할 수 있는 것이 무한히 더 많습니다.

> 너희와 이야기를 나눌 시간도 얼마 남지 않았다. 이 세상의 지배자
> 가 가까이 오고 있다. 그가 나를 어떻게 할 수는 없지만. (요한
> 14:30)

문자적으로만 보면 내가 단지 나 자신에 대해 말하고 있다고 생각하겠지만, 나는 그리스도 의식에 이르는 여정의 후기 단계 중 하나를 설명하고 있습니다. 이 세상의 어떤 것에 여전히 집착하고 있을 때, 이 세상의 지배자는 여러분 내면에서 반응하게 할 뭔가를 가지고 있으며, 그것을 통해 여러분이 거짓된 길을 따르도록 유혹할 수 있습니다. 거짓된 길의 실체는 무엇일까요? 그것은 이 세상에서 어떤 것들을 놓아버리지 않고도 신의 나라에 들어갈 수 있다는 믿음입니다. 이 것에 대해서는 나중에 더 설명하겠습니다.

여러분은 이제 내가 광야에서 단식한 후 왜 악마의 유혹을 받았는지 알 수 있을 것입니다. 나는 죽음의 의식에서 오는 모든 유혹을 어떻게 넘어설 수 있는지 입증해야 했습니다. 영원한 생명에 이르는 나

의 길을 따르려면, 여러분 역시 이 세상 지배자의 모든 유혹을 극복해야 합니다. 그리고 그 지배자가 여러분을 유혹하고 조종할 수 있는 그 어떤 집착도 찾을 수 없을 때만, 여러분이 그렇게 할 수 있습니다. 모든 집착을 극복하려면, 여러분은 당연히 이 세상의 어떤 것도 기꺼이 놓아버려야 합니다. 이것은 내 제자가 되기 위해서는 피할 수 없는 요건 중의 하나입니다. 다음 이야기를 다시 살펴봅시다.

20 그 젊은이가 "저는 그 모든 것을 지켰습니다. 그런데 아직도 무엇을 더 해야 하겠습니까?" 하고 다시 묻자

21 예수께서는 "네가 완전한 사람이 되려거든 가서 너의 재산을 다 팔아 가난한 사람들에게 나눠주어라. 그러면 하늘에서 보화를 얻게 될 것이다. 그러니 내가 시키는 대로 하고 나서 나를 따라오너라." 하셨다.

22 그러나 그 젊은이는 재산이 많았기 때문에 이 말씀을 듣고 풀이 죽어 떠나갔다.

23 예수께서는 제자들에게 이렇게 말씀하셨다. "나는 분명히 말한다. 부자는 하늘나라에 들어가기가 어렵다.

24 거듭 말하지만, 부자가 신의 나라에 들어가는 것보다는 낙타가 바늘귀로 빠져나가는 것이 더 쉬울 것이다."

25 제자들이 이 말씀을 듣고 깜짝 놀라서 "그러면 구원받을 사람이 어디 있겠습니까?" 하고 물었다.

26 예수께서는 그들을 똑바로 보시며 "그것은 사람의 힘으로 할 수 없는 일이다. 그러나 신은 무슨 일이든 하실 수 있다." 하고 말씀하셨다. (마태 19장)

이제 문자적인 해석 너머의 더욱 깊은 의미가 보입니까? 나는 단지 돈을 가진 사람들에 대해서만 말했던 것이 아닙니다. 나는 이 세상의 무언가를 가진 사람, 그리스도를 따르기 위해서 포기하지 못하는 세상의 무언가를 가진 사람들에 대해 말하고 있었습니다. 낙타가 바늘 구멍을 빠져나갈 수 없듯이, 지구상의 그 어떤 것에라도 집착하고 있는 사람은 하늘나라에 들어갈 수 없습니다. "부자"는 이 세상에 있는 것들에 많은 집착을 쌓아온 사람이므로, 그리스도를 따르기 위해 그것들을 포기할 의향이 없습니다.

　내 제자들조차도 이를 완전히 이해하지 못했으며, 내가 그들에게 했던 대답은 진리의 또 다른 층을 보여줍니다. 내가 사람의 힘으로는 구원받을 수 없다고 말했을 때, 그것은 이 세상의 어떤 것도 여러분의 구원을 가져올 수 없다는 의미였습니다. 죽음의 의식에는 우상을 비롯한 수많은 환영이 포함되어 있습니다. 사람들이 그 환영들을 받아들일 때, 이 세상에서 무언가를 함으로써 하늘나라로 들어가는 길을 사거나 강제로 들어갈 수 있다고 생각하게 됩니다. 율법학자들과 바리새인들은 자신들이 외부 종교의 규율을 따랐기 때문에 구원받을 것이라고 확신했습니다. 하지만 진실은, 그들이 죽음의 의식에 의해 눈이 멀어 있기 때문에 그들이 구원받아야 할 필요가 있다는 것입니다. 따라서 여러분은 죽음의 의식에서 나온 모든 요소를 놓아버려야만 구원받을 수 있습니다. 죽음의 의식에서 자신을 구하기 위해 죽음의 의식을 사용할 수는 없습니다. 문제를 일으킨 것과 똑같은 의식 상태를 통해서는 문제를 극복할 수 없습니다. 여러분은 죽음의 의식의 영적인 실명 상태에서 행동함으로써 하늘나라 밖으로 벗어났기 때문에, 여러분을 다시 하늘나라로 돌아가게 하는 데 있어 그 의식으로 할 수 있는 일은 아무것도 없습니다.

필멸의 삶을 완전히 포기하고 더 높은 의식 상태로 기꺼이 다시 태어나고자 해야만 구원받을 수 있습니다. 인간의 의식 상태를 놓아버리고 그리스도 의식으로 다시 태어나야만 구원받을 수 있습니다. 여러분은 "사람의 힘으로" 하는 모든 것을 놓아버리고 "신과 함께하는" 것을 완전히 신뢰해야 합니다.

* * *

이제 우리는 이 장에서 내가 말하고자 하는 핵심에 도달했습니다. 그것을 설명하기 위해, 다음 사건을 살펴보겠습니다.

> 13 예수께서 필립보의 가이사리아 지방에 이르렀을 때 제자들에게 "사람의 아들을 누구라고 하더냐?" 하고 물으셨다.
> 14 "어떤 사람은 세례자 요한이라 하고 어떤 사람은 엘리야라 하고 또 예레미야나 예언자 가운데 한 분이라고 하는 사람들도 있습니다." 제자들이 이렇게 대답하자
> 15 예수께서 이번에는 "그러면 너희는 나를 누구라고 생각하느냐?" 하고 물으셨다.
> 16 "선생님은 살아 계신 신의 아들 그리스도이십니다." 시몬 베드로가 이렇게 대답하자
> 17 예수께서는 "바요나 시몬아, 너에게 그것을 알려주신 분은 사람이 아니라 하늘에 계신 내 아버지시니 너는 복이 있다.
> 18 잘 들어라. 너는 베드로이다. 내가 이 반석 위에 내 교회를 세울

터인즉 죽음의 힘도 감히 그것을 누르지 못할 것이다. (마태 16장)

많은 그리스도교인, 특히 가톨릭 신자들은 이 말을 인용하여 내가 베드로라는 개인과 그의 모범 위에 나의 교회를 세우려 했다는 증거로 사용하기를 아주 좋아합니다. 하지만, 지금쯤이면 경전의 모든 것은 최소한 두 수준에서 해석될 수 있음을 깨달았을 것입니다. 모든 것을 문자 그대로 해석하는 표면적인 수준이 있습니다. 그리고 내가 제자들에게 주었던 더 깊은 수준이 있습니다. 현대에 기꺼이 나의 제자가 되려는 사람들을 위해서 이 상황에 대해 모든 것을 설명해 주겠습니다.

베드로는 역사적인 인물이지만, 사실 그는 특정한 의식 수준에 있는 많은 세상 사람을 나타내는 상징이었습니다. 이것은 내가 앞에서 설명한 상태로서, 그는 이 세상 너머에 뭔가가 있다는 것을 알고, 살아 있는 그리스도를 알아보는 데 열려 있었습니다. 여러분은 신의 모습과 형상을 따라 창조되었으므로, 이 세상에서 살아 있는 그리스도를 인지할 수 있는 선천적인 능력을 가지고 있습니다. 여러분은 내면에서 그리스도가 뭔가를 불러일으킨다는 것을 깨달음으로써 그리스도를 인지합니다. 여러분이 살아 있는 그리스도를 마주칠 때, 그리스도가 발산하는 빛은 문자 그대로 여러분 존재의 핵심에 있는 뭔가를 다시 활성화하며, 여러분이 인간 존재 이상임을 깨닫게 해줍니다. 그러면 여전히 그리스도를 여러분 밖에 있는 존재로 볼지라도, 여러분은 살아 있는 그리스도를 알아보고 그 또는 그녀를 따르겠다고 결정할 수 있습니다.

따라서 내가 당시에 내 교회의 반석으로 삼으려 했던 것은, 살아 있는 그리스도를 인식하는 사람들의 능력과, 이 세상의 지배자가 제공하는 것 이상을 추구하려는 그들의 의지였습니다. 내적인 의미에서 지옥의 문은 이것을 이길 수 없습니다. 왜냐하면 여러분은 그리스도를 알아볼 수 있는 잠재력이나 이 세상 너머에 있는 뭔가에 대한 열망을, 베드로가 보여주었던 그 열망을 완전히 잃을 수는 없기 때문입니다. 하지만 죽음의 의식에 의해 일시적으로 눈이 멀 수는 있습니다. 그러면 율법학자들과 바리새인들이 그랬듯이, 이 능력을 사용할 수 없거나 사용하지 않게 됩니다.

그러므로 실질적인 의미에서 지옥의 문이 외적인 기관으로서의 내 교회를 이길 수 없다는 말이 결코 아닙니다. 지구상의 어떤 기관에서 무오류를 주장한다면 그것은 우상입니다. 실제로 이 세상의 모든 것이 사람들의 자유의지에 달려 있습니다. 사람들에게 자유의지가 없다면, 살아 있는 그리스도가 이 세상으로 들어와서 사람들이 받아들이거나 거부할 수 있는 인간의 형태를 취할 필요가 없을 것입니다.

나는 사람들에게 그리스도와 반-그리스도 사이에서 선택하도록 선택권을 주기 위해서 왔습니다. 이것은 신께서 사람들에게 자유의지를 주셨다는 것을 보여주며, 그리스도 교회의 운명도 사람들의 선택에 달려 있다는 의미입니다. 따라서 내 교회의 운명은 사람들이 계속해서 살아 있는 그리스도를 따를 의지가 있는지, 아니면 그리스도를 따르는 것을 멈추고 그 대신 반-그리스도가 만든 우상 중의 하나를 따를지에 달려 있습니다. 이것을 설명하기 위해, 대부분의 그리스도교 설교자가 베드로에 대해 말할 때 편의대로 "잊어버리는" 다음 구절을 살펴보겠습니다.

21 그때부터 예수께서는 제자들에게 자신이 반드시 예루살렘에 올라가 원로들과 대사제들과 율법학자들에게 많은 고난을 받고 그들의 손에 죽었다가 사흘 만에 다시 살아날 것을 알려주셨다.

22 베드로는 예수를 붙잡고 "주님, 안됩니다. 결코 그런 일이 있어서는 안됩니다." 하고 말렸다.

23 그러나 예수께서는 베드로를 돌아다보시고 "사탄아, 물러가라. 너는 나에게 장애물이다. 너는 신의 일을 생각하지 않고 사람의 일만을 생각하는구나" 하고 꾸짖으셨다. (마태 16장)

현대의 어떤 심리학자들은 이 구절과 앞에서 인용했던 구절을 살펴보고는 내가 틀림없이 양극성 인격장애나 조현병 장애를 가지고 있었을 것이라고 결론지었습니다. 한 상황에서는 내가 베드로에게 그가 바로 내 교회를 세울 반석이며 지옥의 문이 그것을 이길 수 없을 것이라고 말했다가, 다음 상황에서는 베드로에게 사탄이라고 말했기 때문입니다. 이제 우리는 실제로 무슨 일이 일어났는지 이해할 수 있습니다.

베드로는 내가 앞에서 말한 중간 상태에 있는 사람이었습니다. 이 단계에서는 의식 안에 생명의 요소와 죽음의 요소를 모두 가지고 있습니다. 이는 그리스도와 정렬하는 상태와 반-그리스도와 정렬하는 상태 사이를 왔다 갔다 할 수 있다는 의미입니다. 첫 번째 상황에서 베드로는 그리스도와 정렬되어 있었으며, 이러한 일치 위에 나의 교회가 세워질 수 있었습니다. 그가 그런 정렬 상태에 있는 한, 즉 이 세상 너머에 있는 뭔가를 추구하는 한, 지옥의 문은 나의 교회를 이길 수 없을 것입니다.

두 번째 상황에서 베드로는 그리스도와의 정렬을 놓쳤습니다. 그 인용 구절은 베드로가, 그리스도가 이 세상에 오게 된 의미와 그 결과 어떤 일이 일어나야 하는지에 대한 우상을 가지고 있었음을 드러냅니다. 고대 이스라엘의 대다수 사람처럼 베드로도, 메시아가 로마를 전복하고 이스라엘에 신의 나라를 복원하는 승리의 왕으로 올 것이고, 이로써 유대인은 다른 모든 민족 위로 높여져 신의 선민 널리 알려질 것이라고 생각했습니다. 당시의 대다수 유대인과 오늘날의 대다수 그리스도교인처럼, 베드로는 감정적으로 이 우상에 매우 집착했습니다. 그래서 내가 어쩌면 의도적으로 그의 이미지에 도전하기 시작했을 때, 그는 나에게 화가 났으며 나를 침묵시키고자 했습니다.

베드로가 그리스도의 첫 번째 도전은 통과했지만 두 번째 도전에 실패했다는 것이 실제로 일어난 일의 경위입니다. 내가 설명했듯이, 첫 번째 도전은 살아 있는 그리스도를 인식하고 그를 따라 이 세상 너머에 있는 무언가에 도달하겠다는 소망을 키우는 일입니다. 두 번째 도전은 중간 단계를 완전히 극복할 때까지, 즉 이 세상의 모든 우상에서 여러분의 마음이 자유로워질 때까지 계속해서 살아 있는 그리스도를 따르는 일입니다. 이것은 살아 있는 그리스도가 어떤 타협도 없이 체계적으로 여러분의 모든 우상을 드러내도록 허용할 것을 요구합니다. 그러면 여러분은 자신의 눈 안에 있는 들보를 볼 수 있고, 그 모든 것을 놓아버릴 수 있습니다.

이 십자가를 지려고 하지 않는다면, 여러분은 그리스도의 곧고 좁은 길을 떠나 반-그리스도의 넓은 길로 들어설 것입니다. 이것은, 그리스도가 여러분의 우상에 도전하도록 허용하는 대신, 여러분의 정신적 이미지에 집착하고 심지어 살아 있는 그리스도 위에 그것을 덮어

씌우려는 길입니다. 그리스도가 여러분의 우상에 도전하도록 허용하는 대신, 그리스도가 그런 우상들을 따르도록 강요하려는 것입니다. 그리스도가 여러분을 멘탈 박스 너머로 데려가게 하는 대신 그리스도가 그 틀에 적응해서 그 안에 맞춰지기를 바랍니다. 이 세상 너머에 있는 무언가에 도달하려고 하기보다는 이제 이 세상의 어떤 것에 매달립니다.

근본적으로 여러분은 살아 있는 그리스도에게 거짓된 신을 새긴 여러분의 우상을 숭배하도록 강요할 수 있다고 생각합니다. 하지만 살아 있는 그리스도의 역할은 참된 신의 실재와 직접적인 연결을 항상 유지하는 것입니다. 그러므로 사람들에게 모든 우상 위로 올라서서, 신을 직접 경험하기 위해 어떤 우상도 필요 없는 내면의 나라, 즉 여러분 안에 있는 신의 나라를 발견하라고 요청하는 것입니다. 따라서 살아 있는 그리스도의 역할은 사람들이 가지고 있는 모든 우상에 도전하는 것입니다.

살아 있는 그리스도 위에 우상을 씌우려는 것은 악마와 사탄에 의해 구현된 반-그리스도 의식의 본질입니다. 따라서 베드로가 승리의 왕이라는 자신의 그리스도 이미지를 나에게 덮어씌우려 했을 때, 그는 반-그리스도 의식에 빠진 상태였으며, 실제로 악마의 확장체로서의 역할을 하면서 한 번 더 나를 유혹한 것입니다.

내가 이 세상의 우상 중 하나에 나 자신을 맞추어야 했나요? 아니면 반-그리스도 의식에서 비롯된 어떤 것에도 제한되기를 거부해야 했나요? 그러므로 내 꾸짖음이 엄중했던 이유는, 그때 내가 수천 년 동안 인류를 영적인 죽음의 상태에 가둬 놓은 그 의식을, 행성의 반-그리스도 의식 전체를 꾸짖고 있었기 때문이었습니다. 나는 또한 그리스도의 참된 길을 따르는 사람들이 간혹 예상치 못한 사람들로부터 우상에 순응하라는 교묘한 유혹을 받을 때 깨어 있는 것이 얼마나 필요한지, 분명한 모범을 보여주고자 했습니다. 따라서 여러분은 그런 의식을 맞닥뜨릴 때마다 그것을 꾸짖고 그것에 도전할 필요가 있습니다.

* * *

여러분은 여전히 내가 베드로에게 불필요하게 가혹했다고 생각할지 모르지만, 나는 베드로의 높은 잠재력과 낮은 잠재력을 모두 알고 있었습니다. 대부분의 사람이 그렇듯이, 베드로가 높은 길과 낮은 길을 택하는 것은 종이 한 장 차이와 같았습니다. 또한 그리스도교의 설교자들이 자주 무시하는 다음 인용 구절이 증명하듯이, 불행하게도 베드로는 정말로 낮은 길을 택했습니다.

> 69 그동안 베드로는 바깥 뜰에 앉아 있었는데 여종 하나가 그에게 다가와 "당신도 저 갈릴리아 사람 예수와 함께 다니던 사람이군요." 하고 말했다.
> 70 베드로는 여러 사람 앞에서 "무슨 소린지 나는 모르겠소" 하고 부인했다.
> 71 그리고 베드로가 대문께로 나가자 다른 여종이 그를 보고는 거기 있는 사람들에게 "이 사람은 나사렛의 예수와 함께 다니던 사람이오" 하고 말했다.
> 72 베드로는 맹세까지 하면서 "나는 그 사람을 알지 못하오" 하고

다시 부인했다.

73 조금 뒤에 거기 섰던 사람들이 베드로에게 다가오며 "틀림없이 당신도 그들과 한패요. 당신의 말씨만 들어도 알 수 있소" 하고 말했다.

74 그러자 베드로는 거짓말이라면 천벌이라도 받겠다고 맹세하면서 "나는 그 사람을 알지 못하오" 하고 잡아떼었다. 바로 그때 닭이 울었다.

75 베드로는 "닭이 울기 전에 세 번이나 나를 모른다고 할 것이다." 하신 예수의 말씀이 떠올랐다. 그는 밖으로 나가 몹시 울었다. (마태 26장)

이제 베드로의 이러한 행동을 내가 앞에서 인용했던 내용과 비교해 봅시다.

32 누구든지 사람들 앞에서 나를 안다고 증언하면 나도 하늘에 계신 내 아버지 앞에서 그를 안다고 증언하겠다.

33 그러나 누구든지 사람들 앞에서 나를 모른다고 하면 나도 하늘에 계신 내 아버지 앞에서 그를 모른다고 하겠다. (마태 10장)

사람들 앞에서 나를 부인함으로써, 베드로는 그리스도의 두 번째 도전에 실패했으며, 따라서 그는 지상에서 나를 대변할 수 없다는 것이 냉엄한 현실입니다. 그러므로 가톨릭교회가 그들을 후원하는 성인으로 베드로를 채택한 것은 아주 불행한 일입니다. 이 교회의 시작 자체가, 살아 있는 그리스도를 부인하고 내 위에 우상화된 이미지를 덮어씌우려 했던 베드로에게 기초를 두고 있기 때문입니다. 요컨대, 지구에서 나를 대변한다고 주장하는 바로 그 교회가 첫 시작부터 사람들을 구원으로 이끌 수 없는 그리스도에 대한 우상을 내세웠습니다. 그리고 가톨릭교회는 그 뒤로 이어진 대부분의 그리스도 교회에 영향을 주었기 때문에, 오늘날까지 전체 그리스도교가 그리스도에 대한 우상에 기반을 두고 있습니다. 그러므로 그 종교는, 그리스도가 여러분을 죽음의 의식 너머로 이끌도록 하는 대신, 구원에 대한 거짓된 이미지를 조장하면서 파멸로 이끄는 넓은 길, 그리스도 위에 우상을 씌우는 길로 이끌고 있습니다.

이로부터 그리스도교를 완전히 개혁해야 할 필요성이 절실하다고 결론지을지 모릅니다. 나는 이것에 이의를 제기하지 않습니다. 그렇지만 지금으로서는, 여러분이 다른 사람의 눈에 있는 티끌에 초점을 맞추려는 유혹에 빠지지 않을까 걱정이 됩니다. 왜냐하면, 여러분이 개인적인 승리를 거두려면 먼저 자신의 눈 안에 있는 들보를 드러내고 제거해야 하기 때문입니다. 다음 장에서 우리는 그 들보를 매우 솔직하게 살펴볼 것입니다. 현대 사회의 여러분은 2,000년 전에 비해 그것을 이해할 수 있는 훨씬 더 나은 기반을 갖추고 있기 때문입니다.

* * *

베드로와 그가 상징하는 것에 대한 주제를 마치기에 앞서서, 한 가지 요점을 더 말하고자 합니다. 실제로 베드로는 왜 나를 따르기로 결정했을까요? 어떻든, 일부는 신의 명분을 위해 일하겠다는 순수한 동기에서 우러난 것이고, 다른 일부는 이기적인 동기에 근거했습니다.

다음에 인용하는 구절이 후자를 잘 나타냅니다.

> 27 그때 베드로가 나서서 "보시다시피 저희는 모든 것을 버리고 주님을 따랐습니다. 그러니 저희는 무엇을 받게 되겠습니까?" 하고 물었다.
> 28 예수께서는 이렇게 대답하셨다. "나는 분명히 말한다. 너희는 나를 따랐으니 새 세상이 와서 사람의 아들이 영광스러운 옥좌에 앉을 때 너희도 열두 옥좌에 앉아 이스라엘 열두 지파를 심판하게 될 것이다.
> 29 나를 따르려고 제 집이나 형제나 자매나 부모나 자식이나 토지를 버린 사람은 백 배의 상을 받을 것이며, 또 영원한 생명을 얻을 것이다.
> 30 그러나 첫째였다가 꼴찌가 되고 꼴찌였다가 첫째가 되는 사람들이 많을 것이다."(마태 19장)

베드로의 요청 배후에 무엇이 있는지 보입니까? 그는 나를 따르기 위해 이 세상의 뭔가를 포기했다고 느낍니다. 그는 무언가를 잃었으며, 이제 그 보상으로 무엇을 받을지 궁금해합니다. 사실, 이것은 그리스도의 두 번째 도전을 통과하는 데 근본적으로 실패한 것에서 비롯됩니다. 만일 베드로가 자신의 우상을 기꺼이 놓아버렸다면, 상실감을 극복했을 것이기 때문입니다. 오직 우상만이, 이 세상의 덧없는 것에 어떤 가치가 있으며 그것을 포기하는 일이 상실인 것처럼 생각하도록 만듭니다. 오직 우상만이, 살아 있는 그리스도를 따름으로써 죽음이 아니라 생명(LIFE)을 얻는다는 사실을 보지 못하게 막을 수 있습니다.

그럼에도 불구하고, 베드로는 그리스도를 보았으나 여전히 영적인 실명 상태에 영향을 받는 중간 단계의 사람을 나타냅니다. 그래서 나는 베드로에게 이 세상의 것을 포기함으로써 다음 세상에서 더 가치 있는 것을 받을 것이라는 비전을 주고자 했습니다. 이것이 근거가 없지는 않지만, 실제로 베드로에게 여전히 많은 우상이 남아 있었다는 사실의 결과이며, 그래서 나는 그의 제한된 의식 상태에 맞춰 비전을 조정했습니다. 그러나 여기서 내가 말하려는 요점은, 중간 단계에 있는 사람들은 종종 자기중심적인 동기를 인지하지 못한 채 영성과 종교에 접근한다는 사실입니다. 그들은 이 세상에서든 다음 세상에서든 자신을 위해 뭔가를 얻으려고 노력합니다.

이에 대해 나중에 더 이야기하겠지만, 지금으로서는 단지 여러분이 중간 단계를 거쳐 죽음의 의식을 완전히 극복하려면 더 높은 동기를 가져야 한다는 씨앗을 여러분의 마음속에 심어두고 싶습니다. 여러분은 영성과 종교에 관여할 때, 자기중심적이지 않고, "여러분의 자아", 여러분의 분리된, 필멸의 자아를 위해 뭔가 얻는 것을 목표로 하지 않는 지점에 도달해야 합니다. 그 대신 여러분은 다음 인용문에 숨겨진 진리를 이해하고 통합할 필요가 있습니다.

34 예수께서 사두개인들의 말문을 막아버리셨다는 소문을 듣고 바리새인들이 몰려왔다.

35 그들 중 한 율법 교사가 예수의 속을 떠보려고

36 "선생님, 율법서에서 어느 계명이 가장 큰 계명입니까?" 하고 물었다.

37 예수께서 이렇게 대답하셨다. "네 마음을 다하고 목숨을 다하고

뜻을 다하여 주님이신 너희 신을 사랑하여라.

38 이것이 가장 크고 첫째가는 계명이고,

39 '네 이웃을 너 자신같이 사랑하여라.' 한 둘째 계명도 이에 못지

않게 중요하다. (마태 22장)

오직 신에 대한 사랑, 다른 사람들에 대한 사랑 그리고 여러분의
진정한 자아에 대한 참된 사랑이 동기가 될 때만, 이 세상에서든 다
음 세상에서든 자신을 위해 뭔가를 소유할 수 있다고 생각하는 죽음
의 의식을 벗어날 수 있습니다.

4

자신의 눈 안에 있는 들보

처음 몇 장에서 나는 그리스도의 사명과 가르침에 대한 새로운 견해를 밝혔습니다. 나는 대부분의 사람에게 이것이 혁명적인 견해라는 것을 알고 있습니다. 대부분의 그리스도교 설교자가 그것을 읽게 된다면 신성모독적인 견해라고 말할 것이며, 공식적인 성서를 문자적으로 해석하여 내 말을 비난하리라는 것도 잘 알고 있습니다. 그들은, 예수라면 절대 성서에 위배되거나 그들의 성서 해석에 반하는 말을 하지 않을 것이므로, 내가 정말 예수 그리스도일 가능성은 전혀 없다고 말할 것입니다. 그럼으로써 그들은, 유대 경전에 대한 해석과 상반되는 일을 하고 상반되는 말을 했다는 이유로 살아 있는 그리스도를 부인했던 율법학자들이나 바리새인들과 똑같은 마음 상태에 있다는 것을 보여줍니다.

그러나 열린 마음과 가슴을 가진 사람들은, 내가 지금 왜 2,000년 전에 했던 말을 훨씬 넘어서는 말을 하려고 하는지, 매우 논리적이고 실용적인 이유를 볼 수 있습니다. 그 이유는 영적인 측면이나 물질세계에 대한 지식의 측면에서 인류의 의식이 높아졌기 때문입니다. 그러므로 2,000년 전에 사람들이 "감당할" 수 없었던 내용, 받아들이거나 이해할 수 없었던 내용을 오늘날에는 말할 수 있습니다. 분명한 하나의 예로, 오늘날의 사람들은 인간 심리에 관해 훨씬 더 많은 지식을 가지고 있으므로, 나는 진실로 여러분에게 구원을 가로막는 중심 요인에 대해 훨씬 더 나은 이해를 제공할 수 있습니다. 2,000년 전에는 사람들의 의식이 낮았기 때문에 나는 단지 비유로만 그 요인을 묘사하고 그 속성에 대한 힌트만을 줄 수 있었습니다. 예를 들어, 나는 이런 방식으로 묘사했습니다.

> 1 남을 판단하지 말라. 그러면 너희도 판단받지 않을 것이다.
> 2 남을 판단하는 대로 너희도 신의 심판을 받을 것이고 남을 저울질하는 대로 너희도 저울질을 당할 것이다.
> 3 어찌하여 너는 형제의 눈 속에 있는 티는 보면서 제 눈 속에 있는 들보는 깨닫지 못하느냐?
> 4 제 눈 속에 있는 들보도 보지 못하면서 어떻게 형제에게 '네 눈의 티를 빼내어 주겠다.' 하겠느냐?
> 5 이 위선자야, 먼저 네 눈에 있는 들보를 제거해라. 그래야 눈이 잘 보여 형제의 눈에서 티를 빼낼 수 있지 않겠느냐? (마태 7장)

이 말이 자신들에게는 적용되지 않는다고 생각하기 때문에, 이 말의 더 깊은 의미를 진지하게 생각하는 그리스도교인은 거의 없습니다. 그들은 자신이 "선한 그리스도교인"이기 때문에 자신의 눈에서 들보를 찾을 필요가 없다고 생각합니다. 그들은 단지 그들 종교의 외적인 규칙만 따르면 되고 내가 그들을 위해 모든 일을 할 것이라 생각합니다. 하지만, 신은 사람을 차별하지 않으시며 (사도 10:34), 내 말은 실제로 모든 사람에게 적용됩니다. 그렇지 않다면 "다만 신의 나라에 들어가기를 원하는 사람들 외에는, 모든 사람이 자신의 눈 안에 있는 들보를 찾을 필요는 없습니다."라고 말할 수도 있습니다.

따라서 자신을 그리스도의 제자라고 생각하고 싶은 사람들은 먼저 "자신의 눈 안에 있는 들보"라는 표현 뒤에 숨은 뜻이 정확히 무엇인지 더 깊이 이해하려고 해야 합니다. 들보란 정확히 무엇이며 그것이 어떻게 여러분이 구원을 얻지 못하게 방해할까요? 지금까지 내가 한 말은 다음과 같습니다.

- 살아 있는 그리스도를 진정으로 따르기 위한 첫걸음은 자신이 제한된 의식 상태, 곧 내가 영적인 죽음이라고 부르는 그 상태에 빠져 있음을 알아차리는 것입니다.
- 살아 있는 그리스도가 몸으로 나타날 수 있음을 인정함으로써, 여러분은 여기 지구에 있는 동안에도 죽음의 의식 상태를 극복할 수 있음을 깨닫게 됩니다.
- 그러나 이것은 자동적인 과정이 아닙니다. 영적인 죽음이 닫힌 멘탈 박스를 형성하여 그것을 구성하는 우상들 너머를 볼 수 없도록 가로막기 때문입니다.
- 따라서 자신의 눈 안에 있는 들보가, 자신이 극복해야 할 것을 보지 못하게 막게 됩니다. 내가 말한 대로 "먼저 자신의 눈 안에 있는 들보를 빼내세요. 그래야 명확히 볼 것입니다." 다시 말해, 여러분이 그 들보를 제거하기 전에는 살아 있는 그리스도의 가르침을

명확하게 이해할 수 없습니다.

- 여러분 눈 안에 있는 들보는 진리를 이해하기 어렵게 만드는 정신적 이미지, 수많은 환영으로 이루어져 있습니다. 많은 사람, 심지어 많은 종교가 이 이미지들을 절대적이고 오류가 없는 것으로 여깁니다. 그리고 정신적 이미지 너머를 보기 싫어하는 마음이 그것들을 우상으로, 즉 여러분과 살아 있는 신 사이를 가로막는 고정된 이미지로 만듭니다.

- 살아 있는 그리스도를 알아본 후에 여러분은 중간 단계로 들어가게 되는데, 그 과정에서 이 우상들로부터 여러분의 의식을 체계적으로 정화해야 합니다.

- 이 중간 단계에서 가장 큰 도전은, 그리스도가 여러분을 멘탈 박스 밖으로 끌어내지 못하도록, 살아 있는 그리스도와 그의 가르침 위에 여러분의 정신적인 이미지들을 부여하게 만드려는 아주 교묘한 유혹을 극복하는 것입니다. 그리스도교인들이 2,000년 동안 그리고 오늘날에도 계속 그렇듯이, 여러분은 그리스도의 외적인 가르침을 사용하여 자신의 멘탈 박스를 강화할 수도 있습니다.

- 이 유혹에 빠지게 되면, 곧고 좁은 그리스도의 여정을 더 이상 따르지 않게 됩니다. 그 대신 반-그리스도의 넓은 길을 따르게 되며, 그렇게 함으로써 여러분의 멘탈 박스를 사용하여 구원을 보장받았다는 믿음을 만들어낼 것입니다.

- 진정한 도전 과제는, 살아 있는 그리스도가 여러분의 우상을 모두 드러내도록 허용할지, 아니면 일부 우상 이미지와 그것에 기반한 정체감(sense of identity)을 고수할지의 여부입니다.

- 여러분은 기꺼이 지구상의 모든 것에 대한 집착과 우상을 다 내려

놓고 떠나겠습니까? 여러분은 필멸(必滅)의 정체감을 살리겠습니까? 아니면 그리스도를 따르기 위해 기꺼이 "목숨"을 잃겠습니까?

· 여러분은 그리스도의 참된 길을 따르겠습니까? 아니면 반-그리스도의 교묘한 유혹의 희생자가 되겠습니까? 여러분은 특정한 이원성 이미지들을 고집하면서, 어떤 교묘하고 지적인 이유를 근거로 신의 나라에 들어갈 수 있다고 생각하나요? 자신의 눈 안에 있는 들보를 제거하지 않아도 외적인 일을 행함으로써 구원받을 수 있다는 거짓말을 믿나요?

결론적으로, 그리스도를 진정으로 따르는 사람들에게 필수적인 요소는 자신이 볼 수 없는 것을 기꺼이 보겠다는 의지, 즉 자신이 스스로 볼 수 없는 것을 살아 있는 그리스도가 드러내도록 허용하겠다는 의지입니다. 이제 우리는 여기에 사람들이 보고 싶어하지 않는 것들이 있다는 사실을 덧붙여 말할 필요가 있습니다. 자신들의 종교적 세계관과 개인적인 심리의 결점을 보기를 거부한 율법학자들과 바리새인들이 이 사실을 가장 분명하게 보여줍니다. 그들은 그리스도를 따르기 위해 필멸의 삶을 포기하지 않을 것입니다.

그러나 모든 사람의 심리 속에는 그리스도를 따르지 못하게 막는 요소가 있습니다. 이것은 여러분이 보지 않는 들보 뒤에 숨어 있는 교묘한 힘이라는 점에 주목하세요. 따라서, 살아 있는 그리스도를 부인하면서도 그리스도 교회나 그에 관한 어떤 영성 단체의 일원이 되어, 그 규칙과 교리를 다 준수하는 일이 충분히 가능합니다. 모든 우상을 뛰어넘어 살아 있는 그리스도를 찾는 대신, 그리스도에 대한 우상인 황금 송아지 주위를 돌며 춤추는 그리스도교 율법학자와 바리새인이 될 수 있습니다.

내가 지구에서 육신으로 임무를 행하는 동안, 여러분의 자유에 저항하는 힘을 묘사할 수 있는 방법에는 한계가 있었습니다. 따라서 나는 그것을 비유로, 베일에 싸인 상징적인 언어로 묘사해야 했습니다. 예를 들면, 자신의 눈 안에 있는 들보, 밀 가운데 있는 가라지, 모래 위에 지은 집, 맘몬(mammon) 등 그와 비슷한 간접적인 표현을 사용했습니다. 그렇지만 오늘날 세계에서는 대부분의 사람이 이 힘에 대한 현대적인 이름을 알고 있으며, 일반적으로 그것을 에고(ego)라고 부릅니다.

물론 에고에 대한 다양한 정의가 있지만, 이 과정에서는 에고를, 영적인 죽음의 의식을 초월해서 살아 있는 그리스도를 따라 영원한 생명의 의식으로 들어가려는 노력에 저항하는, 여러분 심리 안의 힘을 지칭하는 데 사용하겠습니다. 이 정의가 너무 일반적이라고 생각할지도 모르지만, 이 시점에서는 더 구체적인 정의를 내리고 싶지 않습니다. 그 이유는 우선, 에고가 그리스도의 실재를 보지 못하게 가로막는 영적 실명 상태의 주된 원인이라는 점을 더 말하고 싶기 때문입니다.

* * *

지각이 있는 사람은, 내가 앞 장에서 제시한 구원에 대한 설명이 대부분의 그리스도 교회에서 설명하는 것과 완전히 대비된다는 것을 알아차릴 것입니다. 일반적으로 그리스도교는 즉각적이거나 보장된 구원을 말하면서, 내가 사람들에게 구원을 주는 것으로 묘사합니다. 그것은 동시에 수동적인 구원으로, 내가 여러분을 위해 모든 일을 하고, 여러분이 특정한 외적 요구 조건에 따르기만 하면 나는 그저 여러분을 구원해야만 한다고 말합니다.

하지만 나는 지금 즉각적이지도 않고, 보장되지도 않으며, 수동적이지도 않은 형태의 구원에 대해 말하고 있습니다. 그것은 의식적으로 그리고 능동적으로 자신의 의식 안에서 모든 우상을 정화할 것을 요구하는 과정입니다. 물론, 내가 지구에서 걸으며 돌아다녔을 때, 구원에 이르는 이 내면의 여정을 이미 설명했었다는 사실을 여러분이 알기 시작했으리라 믿습니다. 후대에 와서 공식적인 교회가 사람들을 통제하는 방법으로, 외적이고 즉각적이며 자동적인 구원을 만들었습니다. 그것은 유대교 사제들이 사람들과 구원 사이에 외부 종교를 놓아둔 것과 마찬가지입니다.

내가 항상 진정한 구원을 설파했다는 것은 분명한 사실입니다. 그것은 그야말로 점진적인 과정으로, 여러분은 능동적으로 그리고 의식적으로 자신의 눈 안에 있는 들보를 드러내고 제거해야 합니다. 그렇다고 여러분 스스로의 힘으로 자신을 전적으로 구원할 수 있다고 말하는 것은 아닙니다. 왜냐하면, 내가 이미 설명했듯이, 구원은 여기 아래에 있는 여러분과 위에 있는 나 또는 다른 상승한 존재 사이의 상호 작용의 과정이기 때문입니다. 이 과정에서 내가 줄 수 있는 것은 내 그리스도 의식 한 조각입니다. 나는 그것을 종종 신의 나라 또는 하늘나라라고 언급했습니다. 이것이 점진적인 상호 작용 과정이라는 것을 사람들에게 이해시키기 위해 내가 얼마나 거듭 노력했는지 염두에 두세요.

31 예수께서 또 다른 비유를 그들에게 말씀하셨다. "하늘나라는 겨

자씨에 비길 수 있다. 어떤 사람이 밭에 겨자씨를 뿌렸다.

32 겨자씨는 모든 씨앗 중에서 가장 작지만, 싹이 트고 자라나면 어느 푸성귀보다도 커져서 공중의 새들이 날아와 그 가지에 깃들 만큼 큰 나무가 된다."

33 예수께서 또 다른 비유를 그들에게 말씀하셨다. "어떤 여자가 누룩을 밀가루 서 말 속에 집어넣었더니 온통 부풀어 올랐다. 하늘 나라는 이런 누룩에 비길 수 있다."(마태 13장)

그리스도 의식을 얻는 것에 대한 상징으로서, 하늘나라에 들어가는 것이 점진적인 과정임을 내가 어떻게 분명하게 밝혔는지 볼 수 있나 요? 겨자씨가 자라나려면 시간이 걸리고, 누룩이 밀가루를 충분히 부풀어 오르게 하려면 역시 시간이 필요합니다. 여러분이 죽음의 의식 으로 내려오면, 스스로의 힘만으로는 자신을 끌어올릴 수 없습니다. 영적인 죽음에서 벗어나는 절대적이고 유일한 방법은 오직 그리스도 의식에서만 나올 수 있는 영적인 생명 한 조각을 받는 것입니다. 그 러므로 여러분에게는 이 세상에 내려온 살아 있는 그리스도이자 육화 한 말씀인, 그리스도 의식을 대리하는 외면의 구원자가 필요합니다.

살아 있는 그리스도가 여러분에게 한 조각의 영적인 생명, 한 조각 의 진리를 제공하더라도 이것이 여러분을 자동으로 구원하지는 못합 니다. 여러분은 그 진리를 받아들여야 하며, 그것을 여러분의 의식으 로 받아들인 후, 그 받은 재능을 증식해야 합니다. 오직 겨자씨에 물 을 주어야만, 진리의 누룩이 여러분의 의식을 부풀어 오르게 해야만, 여러분의 우상에 도전해야만, 여러분은 중간 단계를 통과하고 죽음의 의식을 극복할 수 있습니다.

그러나 이 한 조각의 진리는 지구상의 모든 사람에게 주어집니다. 육화한 나를 만난 사람들은 그것을 나로부터 직접 받았지만, 내가 지상에서 살아 있는 그리스도가 되는 육신의 승리를 얻었기 때문에, 여러분은 살아 있는 그리스도를 물리적으로 만날 필요는 없습니다. 이제 여러분은 협조자(Comforter, 성령)를 통해서 그리스도 의식의 한 조각을 받을 수 있습니다. 하지만 이를 위해서는, 그를 찾을 수 있는 유일한 곳인 여러분 내면에 있는 신의 나라에서 협조자를 찾아야 합니다.

* * *

일단 여러분이 그리스도 의식의 한 조각을 받아들이면, 그것이 촉매 역할을 한다는 사실을 깨닫는 일이 중요합니다. 여러분이 그것을 허락한다면, 그리스도 의식은 여러분 존재의 모든 부분에 영향을 끼치는 연쇄 반응을 일으킵니다. 살아 있는 그리스도의 여정을 따르는 일은 편안한 과정이 아닙니다. 왜냐하면, 지금까지 여러분에게 안전한 느낌, 정체감, 소속감, 편안함을 주었던 필멸의 자아감을 포함하여 여러분이 가진 우상을 다 놓아버려야 하기 때문입니다. 나의 길은 온 힘을 다해야 하는 과정이기 때문에, 살아 있는 그리스도에게는 안락한 의자에 앉아 있는 제자가 없습니다.

누군가는 실제로 '모르는 것이 약'이라는 옛말을 떠올릴지도 모릅니다. 죽음의 의식으로 완전히 눈이 멀어 있으면 자기 "삶"의 상태에 대안이 있다는 것을 알지 못하므로, 어떤 만족스러운 상태를 경험할 수도 있습니다. 그러나 일단 그리스도 의식을 한 조각 받아들이면, 그 환영을 유지할 수 없습니다. 자신의 존재 안에 그리스도와 반-그리스도의 요소를 함께 지닌 중간 단계는 다소 분열적인 단계인데, 살아 있는 그리스도는 여러분을 위로 잡아당기지만, 여러분의 에고와 이 세상의 지배자는 여러분을 아래로 잡아당기기 때문입니다.

　여러분은 그리스도의 반석과 단단한 이 세상 사이의 중간지대에 꼼짝없이 잡혀 있으며, 안전을 갈망하지만 이 세상 어느 것에도 온전히 만족할 수 없습니다. 이 상태는 편안하지 않지만, 영원히 지속되지는 않습니다. 그리고 그것을 극복했을 때 경험하게 될 자유는, 여러분이 얻으려고 노력할 가치가 충분히 있습니다. 중간 단계는 유한한 기간만 지속되며, 얼마나 오래 지속될지는 대체로 여러분이 환영을 놓아 버릴 의지가 얼마나 있는지에 달려 있습니다. 그리고 그것을 통과한 후에는, 여러분은 영원한 여정을 계속 가게 됩니다. 도마 복음의 인용구를 보겠습니다.

> 예수께서 말했습니다. "구하는 자들은 찾을 때까지 구하기를 멈춰서는 안 된다. 그것을 찾으면 그들은 혼란스러울 것이다. 혼란스러울 때, 그들은 경탄할 것이며, 모든 것을 지배하게 될 것이다."(도마 1:2)

　일단 그리스도의 여정을 따르는 것이 정말로 무엇을 의미하는지 깨닫게 되면, 자신이 구원되었다는 외적인 감각, 안전과 정체성의 감각은 그야말로 혼란스러워질 것입니다. 살아 있는 그리스도가 여러분의 모든 믿음과 가정(假定)에 도전하도록 해야 할 필요성을 알게 되기 때문입니다. 그야말로 무엇을 믿어야 할지 알 수 없는 기간을 거쳐야 하겠지만, 찾을 때까지 구하기를 멈추지 않고 기꺼이 견딘다면, 여러분은 반-그리스도의 마음에서 비롯된 "진리"의 변화무쌍한 모래가 아니라 그리스도 진리의 반석 위에 기초한 안정된 기반을 점차 찾게 될 것입니다. 죽음의 의식을 극복할 때, 여러분은 그야말로 신의 실재의 아름다움과 광대함에 경탄할 것입니다. 여러분이 이 실재에 대해 알게 되면 자신의 마음과 세상에 통달할 수 있게 될 것입니다.

이 과정에서 여러분은 모든 집착을 놓아버려야 합니다. 자신의 우상에 얼마나 집착하는가에 따라 그것을 내려놓는 일이 어렵고도 고통스러울 수 있습니다. 그러면 영적인 여정이 고난의 길(Via Dolorosa)로 바뀔 수 있으며, 이로 인해 많은 그리스도교인은 고통을 신에 이르는 유일한 길로 미화시켰습니다. 그렇지만 내가 "생명을 얻고 더 얻어 풍성하게 하려고 왔다."라고 말하지 않았나요? 따라서 나는 이 과정을 통해, 참된 그리스도의 여정을 따르는 것이 결코 고난의 길이 아님을 여러분이 알게 되기를 바랍니다. 사실상, 그것은 영적으로 풍요로운 삶의 여정입니다. 그 여정에서 여러분은 더욱더 큰 자유를 향해 걸어가며, 걸음을 뗄 때마다 끝없는 기쁨을 느끼게 됩니다. 왜냐하면, 나는 진실로 세상에 기쁨을 주러 왔기 때문입니다.

여러분은 이 곧고 좁은 길에 올라설 수 있기 전에, 파멸로 이끄는 넓은 길로 여러분을 끌어당기는 힘인 에고를 알고 이해할 필요가 있습니다. 이것이 이 과정의 주요 목적 중 하나입니다. 그러나 일단 지금은, 외적인 어떤 일을 행했기 때문에 이제 여러분은 구원되었고 더 이상 자신의 눈 안에 있는 들보를 찾을 필요가 없다는 환영에 빠지지 않는 것이 중요하다는 점을 강조하겠습니다.

그리스도의 여정은 지속적인 과정이며, 영원한 자기 초월의 과정입니다. 그리고 자기 점검 없이는 자기 초월이 있을 수 없습니다. 만일 자신을 점검하지 않는다면, 총체적인 자아가 더 높은 자아감으로 재탄생하기 위해서 자아의 어떤 측면이 죽어야 하는지를 어떻게 결정할 수 있을까요? 따라서 여러분이 이 지구에 있는 한, 이 과정은 멈추지 않는다는 사실을 인식하는 것이 현명합니다. 이미 성취한 것에 안주한다는 개념은 살아 있는 그리스도의 참된 제자들에게는 전혀 적용되지 않습니다.

그리스도의 여정을 따르는 핵심 열쇠는 항상 자신을 초월하고, 결코 자기 초월을 멈추지 않으며, 자신의 눈 속에서 들보와 심지어 티끌까지 찾는 일을 절대 멈추지 않는 것입니다. 내가 설명했듯이, 그리스도의 두 번째 도전은 이 세상의 어느 것도 여러분의 초월을 결코 막지 못하게 하는 것입니다. 여러분은 살아 있는 그리스도가 여러분의 믿음과 정신적 이미지에 도전하도록 언제나 허용해야 합니다. 만일 여러분 안에 의문을 제기하려 하지 않은 정신적 이미지가 남아 있다면, 그 이미지는 우상이 되어 여러분과 참된 신 사이를 가로막을 것입니다.

여러분이 진정으로 아버지의 나라에 도달하기를 원한다면, 지구상의 어떤 것도, 사람이 만든 어떤 이미지도, 결코 여러분과 살아 있는 그리스도 사이를 가로막게 두어서는 안 됩니다. 그리스도를 발견할 뿐만 아니라 그리스도와 하나 되어 여러분이 살아 있는 그리스도가 될 때까지, 여러분의 내면에 있는 살아 있는 그리스도를 찾고 계속해서 구하세요. 베드로는 우상을 붙잡고 놓아버리지 않은 사람의 한 예입니다. 이것이 그가 사람들 앞에서 나를 시인하지 못하고 세 번이나 부인한 이유입니다. 나는 베드로의 길이 아니라 나의 참된 길을 따르라고 여러분을 부르고 있습니다.

* * *

이 시점에서, 우리는 논리적인 질문에 대해 생각해 볼 필요가 있습니다. 내가 정말로 점진적인 구원에 이르는 길을 설교했다면, 공식적인 그리스도 교회들은 왜 그 참된 가르침을 지속하지 못하고 즉각적인 구원을 설교하기 시작했을까요? 그리고 어떻게 해서 대부분의 그리스도교인은 오늘날까지도 이 즉각적인 구원을 믿고 있을까요? 그 이유는, 에고 자체가 결코 구원에 이르는 참된 길을 가늠할 수 없으며, 따라서 에고는 구원에 이르는 거짓된 길을 만들어 내기 때문입니다. 즉 에고는 여러분 자신의 눈 안에 있는 들보를 제거하고 에고를 죽게 하라고 요구하지 않는 길을 만들어냅니다. 이렇게 위조된 길이 바로 내가 파멸로 이끄는 넓은 길이라고 불렀던 그 길입니다. 비록 많은 그리스도교인은 내가 그들의 특정한 그리스도교 종파가 아닌 다른 종교에 대해 말했던 것이라고 생각하지만 말입니다.

이 길은 사람들을 자신이 구원에 이르는 유일한 참된 길을 가고 있다고 완전히 확신하게 만들지만, 실제로는 내면의 참된 하늘나라를 찾는 데 조금도 더 가까이 가지 못하게 합니다. 자신의 눈 안에 있는 들보를 제거하지 않았는데, 대체 어떻게 내면에 있는 신의 나라를 찾을 수 있겠습니까? 에고와 그것이 만들어 내는 영적인 실명 상태는, 사람들이 거짓된 길을 따르게 하고 참된 내면의 여정을 부정하거나 간과하게 만듭니다. 하지만 이것을 충분히 깨닫기 위해서는, 여러분 자신의 존재와 에고의 기원에 대해 더 깊이 이해할 필요가 있습니다.

나는 죽음의 의식이 그 너머를 보지 못하게 하는 닫힌 상자를 형성한다고 말했는데, 앞으로는 그 죽음의 의식을 에고라고 부르겠습니다. 여러분은 영적으로 죽어 있지만, 자신에게 무엇이 부족한지를 알지 못합니다. 일단 여러분이 이 닫힌 상자에 갇히게 되면 탈출구가 없는 것 같이 보입니다. 일단 눈이 멀게 되면, 여러분은 살아 있는 그리스도를 알아볼 수 없고 그의 참된 가르침을 이해할 수 없습니다.

그러나 나는 또한, 살아 있는 그리스도가 사람들에게 더 높은 형태의 삶, 더 풍요로운 삶의 형태가 있음을 보여주기 위해 지구에 온다고도 말했습니다. 그러면 에고가 정말로 닫힌 상자이고 사람들이 살아 있는 그리스도를 알아볼 방법이 없다면, 살아 있는 그리스도가 지구에 온다고 한들 무슨 의미가 있을까요? 그러므로 사람들이 에고의 닫힌 상자를 벗어날 수 있게 해주는 어떤 메커니즘이 분명히 있으며, 여러분이 그 메커니즘을 이해하는 것이 중요합니다.

그 메커니즘을 보여주기 위해, 여러분이 지금 무엇을 하고 있는지 깊이 생각해 보라고 요청합니다. 여러분은 현재 상황에서 정신적으로 한 걸음 물러나서, 이 책을 읽고 있다는 것을 자각할 수 있습니다. 내가 이렇게 하라고 요청하기 전까지 여러분은 아마도 책을 읽는 일에 빠져 있었을 것입니다. 그러나 여러분은 이제 이 책을 읽고 있는 "여러분"이 있다는 것을 자각합니다. 거기에는 주체인 여러분과 객체인 책이 있으며, 주체는 객체를 지각하고 경험하고 있습니다.

이것은 너무나 단순하여 주목할 만한 것이 없어 보일 수도 있고, 실제로 대부분의 사람은 이것에 대해 두 번 다시 생각해 보지 않을 것입니다. 그러나 방금 여러분이 한 일이야말로 이 행성의 다른 어떤 종류의 생명체도 할 수 없는 일입니다. 들에서 풀을 뜯는 소는, 풀을 먹고 있는 소로서의 자신을 보지 못하며, 새도 공중을 날고 있는 자신을 의식하지 못합니다. 어떤 동물도 방금 여러분이 실행한 능력, 스스로를 자각하는(self-awareness) 능력을 가지고 있지 않습니다. 이것이 동물과 사람의 근본적인 차이입니다. 여담이지만, 이 자체가 인간이 단순히 고도로 진화한 동물이 아님을 증명하고 있습니다. 과학자들이 인류가 동물 이상의 존재임을 부정할 수 있다는 사실 자체가, 인류가 동물 이상의 존재임을 증명해 줍니다.

왜 여러분은 스스로를 자각하는 자기의식(self-awareness)을 가지고 있을까요? 왜냐하면, 신이 그렇게 창조했기 때문입니다! 이것은 인류에게 창세기가 주어졌던 먼 옛날에 사용되었던 제한된 언어로도 설명되어 있습니다.

> 신은 "우리 모습을 닮은 사람을 만들자"라고 하셨다. (창세기 1:26)

여러분은 그야말로 창조주의 형상과 모습대로 창조되었습니다. 내가 지금 문자 그대로를 뜻하는 것은 아닙니다. 그래서 신이 육체를 가지고 있으며, 길고 흰 수염이 있는 노인을 닮았다고 말하는 것이 아닙니다. 왜냐하면, 참된 신은 이 세상에 있는 어떤 이미지도 초월하기 때문입니다. 나는 여러분의 마음, 즉 창조주의 의식과 동일한 기본 능력을 갖추고 있는 여러분의 의식에 대해 말하고 있습니다. 이것이 무엇을 의미하는지는 나중에 더 깊이 탐구하겠지만, 지금은 여러분이 신과 공유할 수 있는 능력인 자기의식만 다루겠습니다. 신이 자신의 이미지대로 인간을 창조하기로 결정할 수 있다는 사실 자체가 신이 자신의 존재를 의식했다는 것을 보여줍니다. 다음 인용 구절을 보겠습니다.

> 3 신께서 "빛이 있으라." 하시자 빛이 생겨났다.
>
> 4 그 빛이 신께서 보시기에 좋았다. 신은 빛과 어둠을 나누시고.
>
> (창세기 1장)

창조주는 그 자신의 존재를 의식하고 있었고, 뭔가를 의식적으로 창조하고 자신이 창조한 것을 평가하는 의식을 지니고 있었습니다. 이것은 (스스로에 대해 깨어 있는) 자기의식을 분명하게 보여줍니다. 자신이 존재한다는 것을 자각하지 못한다면, 어떻게 자신이 무언가를 창조했다는 것을 알 수 있을까요? 그리고 자신이 존재한다는 것을 알지 못한다면, 어떻게 자신이 방금 창조한 피조물을 평가할 수 있을까요? 이것은, 지금 무엇을 하는지 의식하고 있지 않더라도 여러분이 매일 사용하고 있는 능력입니다.

이제 우리는 에고의 영적인 실명에서 벗어날 수 있는 능력의 핵심이 여러분이 가지고 있는 자기의식(self-awareness)임을 알 수 있습니다. 대부분의 사람은 스스로를 의식한다는 사실을 깨닫지 못하고 있습니다. 사실 영적인 죽음의 상태란, 사람들이 자신의 자기의식 능력을 사용하지 않는 상태, 심지어 자신이 이러한 자각 능력을 지니고 있다는 것을 완전히 망각한 상태라고 말할 수 있습니다.

그러나 여러분이 어떤 능력을 갖추고 있다는 것을 잊었다는 사실이, 여러분이 실제로 그 능력을 잃어버렸다는 의미는 아닙니다. 차 열쇠를 어디 놓아두었는지 잊었더라도 그 열쇠는 여전히 존재합니다. 그러므로 지금 단지 그 능력을 사용하고 있지 않을 뿐, 여러분의 능력은 여전히 잠재적으로 존재합니다. 여러분이 자신의 자기의식 능력에 대해 완전히 무의식적이라면, 실제로 그 능력은 상실되었다고 말하는 사람도 있을 것입니다. 하지만 근본적인 차이는, 단지 여러분에게 자각 능력이 있음을 깨닫고 의식적으로 그것을 사용하기만 하면, 그 능력을 회복할 수 있다는 점입니다. 인간은 자기의식을 회복할 수 있는 반면, 동물은 자기의식을 가질 수 없습니다.

* * *

이제 살아 있는 그리스도가 지구에 온 이유가 일부 보이기 시작하나요? 그리스도는 다른 무엇보다도 우선 사람들에게 자기의식이 있다는 사실을 일깨워 주려고 옵니다. 그럼으로써 그들이 이 능력을 의식적으로 사용할 수 있고, 자신의 눈 안에 있는 들보를 찾기 시작할 수 있습니다. 여러분은 또한 이것이 세례를 받거나 외부의 조직에 가입한다고 해서 자동으로 이루어지는 일이 아님을 볼 수 있나요? 내가 다음과 같이 말한 이유가 무엇일까요?

이 위선자야, 먼저 자신의 눈 안에 있는 들보를 제거하라 (마태 7:5)

수백만 명의 사람이 자신을 그리스도의 진정한 구도자라고 생각하지만, 그들은 살아 있는 그리스도의 제자가 되기 위해 충족해야 할 첫 번째 조건조차 깨닫지 못하고 있습니다. 그들은 자신이 자기의식을 가지고 있으며 그것을 사용해 자신의 눈 안에 있는 들보를 발견할 수 있다는 것을 알지 못합니다. 그리고 그 눈 안의 들보는 바로, 그들이 내면에 있는 신의 나라를 찾기 위해 극복해야 할 그 조건을 뜻합니다. 여전히 그들은 외적인 규칙과 외부 교회의 눈먼 지도자들을 맹목적으로 따르면, 스스로를 들여다보는 자각 없이도 하늘나라에 이를 것이라고 생각합니다. 그들은 자기의식을 사용하여 자기자신과 자신의 의식 상태를 점검하는 책임을 지겠다는 결정을 하지 않았습니다. 내 말을 다시 한번 살펴보겠습니다.

> 너는 형제의 눈 속에 있는 티는 보면서. (마태 7:3)

형제의 눈에서 티끌을 찾는다는 말은 자신의 바깥에 있는 이 세상의 겉모습에 주의를 집중하고 있다는 의미라는 것을 알 수 있나요? 그리고 여러분이 항상 자신의 외면만 본다면, 어떻게 내면에 있는 신의 나라를 발견할 수 있을까요? 주의력의 방향을 바꾸기 전에는 여러분은 결코 하늘나라를 찾을 수 없습니다. 여러분이 자신의 환영을 보고 해체해야만, 내면에 있는 하늘나라의 실재를 점차 발견할 것입니다. 따라서 자기의식은, 여러분이 내면의 나라에 들어가지 못하게 막는 들보를 발견하기 위한 기반입니다. 그것은, 신의 나라에 들어가는 것이 자기의식을 사용하여 더 높은 자아감, 여러분의 참된 정체성과 기원(origin)에 대한 더 높은 의식을 얻는 과정이라는 의미입니다.

누군가는 신의 나라가 자신의 내면에 있으므로, 자신의 내면을 보기만 하면 그것을 찾을 수 있다고 말할지도 모르겠습니다. 그러나 여러분이 자기의식을 사용하기 시작할 때, 여러분의 시력은 자신의 눈 안에 있는 들보로 인해 방해를 받게 됩니다. 즉 여러분의 심리 속에 있는 조건들은 여러분과 내면의 하늘나라 사이를 가로막습니다. 그러므로 여러분은 더 높은 의식 상태로 가지 못하게 방해하는 것이 없어질 때까지, 즉 여러분 안에서 자신을 분열시키고 그 나라로부터 여러분을 분리시키는 것이 전혀 없는 지점에 이르기까지, 그러한 조건들을 제거하는 어렵고도 미묘한 과정을 통과해야 합니다. 확실히, 이 과정을 완수하는 열쇠는 자기의식을 사용하여 여러분 자신을 살펴보고, 놓아버려야 할 무언가가 있음을 깨닫는 능력입니다. 왜냐하면 그것들은 실재가 아니며, 여러분이 근원에서 분리되어 있다는 환영에 근거한 마음, 즉 반-그리스도의 마음에서 나오는 환영들이기 때문입니다.

파멸로 이끄는 넓은 길은, 외적인 규칙을 따르면 구원받을 수 있고 자기의식을 사용할 필요가 없다고 생각하는 길입니다. 곧고 좁은 길은, 여러분의 자기의식을 사용하여 끊임없이 자신을 점검함으로써 자신의 눈 안에 있는 들보를 제거하는 평생에 걸쳐 이어지는 과정입니다. 살아 있는 그리스도의 참된 제자가 된다는 것은 기꺼이 자신을 살펴보겠다는 뜻입니다. 이제 그것이 정확히 무엇을 의미하는지 계속 생각해 보기로 하겠습니다.

* * *

자기의식(self-awareness)이란 개념에는 의식(awareness)과 자아(self)라는 두 요소가 있습니다. 여러분에게는 어떤 순수한 의식 상태(a pure state of awareness)가 있으며, 이것은 여러분에게 자신이 존재하고 있음을 인지하는 능력, "내가 존재한다(I am)"라고 말할 수 있는 능력을 줍니다. 그래서 여러분은, 자신이 자아이고 그것에 몇 가지 특성이 있음을 인식하게 됩니다. 우리는 "의식"을 빈 용기(容器)에, "자아"

를 그 용기 안에 담긴 내용물에 비유할 수 있습니다. 이 내용물은 여러분에게 자신이 무엇이고 누구인지에 대한 감각을 주지만, 이런 감각은 여러분에게 순수한 의식 상태, 존재에 대한 어떤 감각(a sense of being)이 없다면 가능하지 않습니다.

이것이 처음에는 파악하기 어려운 미묘한 요점이라는 것을 알고 있으므로, 한 예를 들어 설명해 보겠습니다. 눈을 감았다가 다시 떠보세요. 눈을 감았을 때 여러분은 아무것도 볼 수 없었습니다. 그리고 이제 눈을 뜨고 여러분은 이 책을 보고 있습니다. 그렇지만 여러분의 보는 능력은 이 책에 국한되지 않습니다. 여러분은 자신의 눈이 다른 많은 것을 볼 수 있는 능력을 가지고 있음을 압니다. 그러므로 우리는 '여러분의 보는 능력'과 '여러분이 보는 대상' 사이에는 차이가 있다고 말할 수 있습니다. 여러분의 눈은, 그것이 바로 지금 실제로 보고 있는 대상 그 이상입니다. 왜냐하면, 여러분의 눈은 이 책 외에 다른 대상들도 볼 수 있기 때문입니다. 마찬가지로, '여러분의 자아감'과 '여러분의 존재를 자각하는 순수의식' 사이에는 차이가 있습니다. 여러분의 순수의식은, 바로 지금 의식의 초점이 된 자아감 이상입니다. 이 책에서 눈을 돌려 다른 것을 볼 수 있듯이, 여러분은 현재의 자아감에서 여러분의 순수의식을 이동할 수 있고 그 자아 너머의 뭔가를 경험할 수 있습니다.

또 하나의 예를 들어보겠습니다. 여러분의 순수의식은 영사기의 전구에서 나오는 백색광과도 같습니다. 여러분의 자아감은 그 빛이 통과되는 필름과도 같습니다. 빛이 투사된 화면은 여러분의 의식하는 마음(conscious mind)을 나타냅니다. 여러분이 화면에서 보는 이미지는 분명히 필름에 있는 이미지에 의해 표현되지만, 백색광이 없다면 영화도 없을 것입니다. 뿐만 아니라 백색광은 필름 이상이며, 여러분이 영사기 안에 있는 필름을 바꾸면, 근본적으로 영화를 바꿀 수 있습니다. 달리 말하면, 백색광은 필름과 상관없이 존재하며, 어떤 필름도 다 비춰줄 수 있습니다.

따라서 살아 있는 그리스도는, 여러분의 삶이 공포 영화와 같거나 혹은 계속 되풀이되는 동일한 영화처럼 보인다면, 여러분의 자아감을 바꿈으로써 영화를 바꿀 수 있다고 알려주러 왔다고 말할 수 있습니다. 여러분이 자신의 삶을 변화시키려면, 외부에서 누군가나 무언가를 찾는 대신, 자아라는 용기에 들어 있는 내용물을 바꾸는 체계적인 과정을 시작할 수 있습니다. 그 과정은 필연적으로 여러분의 외적인 삶도 변화시킬 것입니다. 이것은 결과를 바꾸려 애쓰는 대신에 원인을 찾아가는 문제입니다. 나는 2,000년 전에 이것을 이렇게 설명했습니다.

너희는 먼저 신의 나라와 신께서 의롭게 여기시는 것을 구하여라.
그러면 이 모든 것도 곁들여 받게 될 것이다. (마태 6:33)

여기서 내가 의미하는 것을 파악하기 시작했나요? 지금 여러분은 특정한 자아감, 특별한 정체감을 가지고 있습니다. 그러나 이 자아감의 기반 자체가 바로 여러분의 순수의식입니다. 이 순수의식은 여러분이 지금 가지고 있는 자아, 즉 주로 여러분의 환경과 양육의 산물인 자아 그 이상(more)입니다. 여러분에게 세속적인 정체감, 필멸의 자아 이상(more)이 있다는 사실은, 여러분이 자신의 눈 안에 있는 들보를 인식하고 그 들보를 꺼냄으로써 영적인 죽음의 의식을 넘어설 수 있는 능력을 갖게 해줍니다. 다시 말해서, 여러분은 의식적으로 그리고 의도적으로 여러분의 자아를 지금의 자아 이상(more)으로 만들 수 있습니다. 여러분은 현재의 자아 밖으로 나가서 그것을 객관적으로 보고, 그것이 여러분이 영원히 지니고 싶어하는 자아가 아니라고 결정한 다음, 의식적으로 그리고 의도적으로 여러분의 자아를 확장할 수 있습니다. 이것이 그리스도의 여정입니다!

여러분이 지금 내가 여기서 말하는 것을 아는 사람이 거의 없는 세상에서 성장했다는 것을 잘 압니다. 사람들은 성장하면서 특정한 정체감을 구축하는데, 이는 가족이나 사회 등 외적인 요인에 의해서 결정되는 경우가 많습니다. 말하자면, 여러분은 자신이 누구인지에 대한 말을 듣고, 들은 것을 믿기 시작합니다. 여러분은 사회의 규범을 따르도록 프로그램되고 있습니다. 그리고 대부분의 사람이 그렇게 미리 규정된 역할을 더 생각해 보지도 않은 채 바로 받아들이며, 눈먼 지도자들을 맹목적으로 따릅니다. 그러므로 사람들은 남들에게서 자신이라고 들은 것이 바로 자신이라 생각하면서, 자기에게 이 세속적인 정체성 이상(more)이 있다는 사실을 전혀 깨닫지 못한 채 평생을 보낼 수도 있습니다. 이것이 바로 전체 행성을 죽음의 의식의 주문에 빠져들게 만드는 요인이며, 그래서 결국 모든 사람이 자신은 단지 인간일 뿐이며, 인간이 피할 수 없는 한계라고 배워온 것을 결코 뛰어넘을 수 없다고 믿게 됩니다.

이제 살아 있는 그리스도가 왜 지구에 오는지 알겠나요? 살아 있는 그리스도는 사람들에게 그들이 현재의 정체감을 넘어서는 존재이며, 그 자아감을 뛰어넘을 수 있는 잠재력이 있다는 사실을 일깨워 주러 옵니다. 하지만 이 깨달음을 가능하게 하는 능력은 바로 여러분 존재의 핵심이 현재의 정체감에 제한되지 않는 순수의식의 상태라는 것입니다. 이 행성의 어디에서 자랐든 상관없이, 여러분은 매우 제한된 정체감을 받아들이도록 프로그램되었을 것이라는 사실을 생각해 보세요. 만일 여러분이 주류 그리스도 교회에서 자랐다면, 여러분은 죄인이며, 아마도 죄를 짓는 일 외에는 아무것도 할 수 없으며, 스스로는 이 조건을 벗어날 수 없는 비참한 죄인이라고 받아들이도록 양육되었을 것입니다. 과학적으로 생각하는 환경에서 양육되었다면, 여러분은 자신이 고도로 진화한 원숭이에 지나지 않으며, 여러분의 모든 생각이나 희망, 꿈은 뇌라는 기계 안에 있는 뉴런들의 작용에 불과하다고 생각하도록 프로그램되었을 것입니다.

이 두 정체성은, 여러분이 신의 형상과 모습대로 창조되었다는 진실에 비해 놀라울 정도로 제한적이라는 것을 알 수 있나요? 여러분의 신은 죄인이 아니며, 고도로 진화한 원숭이도 아닙니다. 따라서 신은 여러분을 죄인이나 원숭이로 창조하지 않았습니다. 신은 여러분을 물리적인 몸을 훨씬 뛰어넘는, 지금 지구에 있는 대부분의 사람이 지닌 제한된 정체감보다 훨씬 더 영적인 존재로 창조했습니다.

이제 그리스도의 첫 번째 임무는, 사람들이 자신이 인간 존재 이상이라는 사실을 깨닫도록 해주는 것임을 알 수 있습니다. 내가 왜, 소위 기적을 포함하여 나의 말과 행위로, 실재에 대한 사람들의 개념에 도전했다고 생각하나요? 나에 대한 전통적인 그리스도교의 우상을 생각해 본다면, 여러분은 내가 병적으로 자기중심적이어서 다른 모든 사람보다 우위에 서고 싶었기 때문이라고 생각할지도 모릅니다. 확실히, 주류 그리스도교는 내가 신이라고 주장함으로써 나를 모든 사람 위로 격상시켰습니다. 내가 그 말을 부정하는 것은 아니며, 나중에 설명하겠지만 그것은 정확하게 이해되어야 합니다. 여기에서 요점은, 내가 자신을 다른 사람들 위에 올려놓기 위해서 지구에 오지 않았다는 것입니다. 나는 인간의 한계를 넘어설 수 있다는 것을 보여줌으로써 사람들의 제한된 정체감을 산산조각 내려고 왔습니다. 나는 모든 사람이 단순한 인간을 넘어서는 잠재력을 가졌다는 것을 보여주려고 왔습니다. 그것이 바로 내가 이렇게 말한 이유입니다.

> 내가 진실로 진실로 너희에게 말한다. 나를 믿는 사람은 내가 하는 일을 할 뿐만 아니라 그보다 더 큰 일도 하게 될 것이다. (요한 14:12)

살아 있는 그리스도의 첫 번째 과제가, 한계로 인해 사람들의 존재감이 그것을 넘어서는 것을 상상할 수도 없을 정도로 심하게 틀에 갇힌 상황에 도전하는 것임을 알겠나요? 그리고 여러분의 정체감에 도전할 수 있는 이유는, 여러분에게 현재 정체감을 초월하는 순수한 의식 상태가 있기 때문입니다. 따라서 여러분의 순수의식, 순수한 자아는 여러분의 현재 정체감에서 스스로를 분리하고 그 이상의 것에 도달할 수 있습니다.

여러분은 자신의 순수의식을 사용하여 현재의 자아감을 의식하게 됨으로써, 그것이 얼마나 한정된 것인지를 알아차릴 수 있습니다. 그러면 여러분은 자신의 눈 안에 있는 들보를 빼내고 더 높은 자아감을 구축하기로 결정할 수 있습니다. 여러분의 순수한 자아는 실제로 자신이 누구인지를 망각한 잠자는 미녀와도 같습니다. 살아 있는 그리스도는 그녀를 깨우러 온다고 말할 수도 있습니다. 그리스도는 입맞

춤이나 필요한 그 무엇이든 사용해서 여러분을 깨울 것입니다. 심지어는 필요하다면 사람들이 그를 나무 십자가에 못 박도록 허용할 수도 있습니다.

* * *

이제 여러분은, 자신의 눈 안에 있는 들보에 대해 내가 했던 말이 대다수 그리스도교인이 생각하는 것보다 더 깊은 의미가 있음을 보기 시작했습니다. 그 말은 행간에 많은 의미를 담고 있으며, 여러분이 신의 나라에 들어갈지 아니면 바깥에서 이를 갈고 통곡하며 남아 있을지를 결정할 두 구성 요소에 대해 말해 줍니다. 그 두 구성 요소는 무엇일까요? 하나는 내가 인간의 에고라고 부른 들보임이 분명합니다. 다른 하나는 "여러분"이며, 여러분은 들보를 찾을지 아니면 외부에 주의를 두면서 들보를 무시할지, 선택할 수 있습니다. 우리가 더 나은 기반을 구축함에 따라 나는 더 깊은 이해의 층을 드러내 줄 것이며, 두 구성 요소에 대해서는 나중에 더 말하게 될 것입니다. 그러나 이 단계에서 중요한 점은 여러분이 이 둘 사이의 역학을 이해하는 일입니다.

물론 2,000년 전에는 "에고"라는 용어가 알려지지 않았지만, 나는 바울에게 영감을 주어서 다른 용어로 같은 현상을 설명하도록 했습니다. 다음 인용 구절을 보겠습니다.

> 5 육체를 따라 사는 사람들은 육체적인 것에 마음을 쓰고 성령을 따라 사는 사람들은 영적인 것에 마음을 씁니다.

6 육체적인 것에 마음을 쓰면 죽음이 오고 영적인 것에 마음을 쓰면 생명과 평화가 옵니다.

7 육체적인 것에 마음을 쓰는 사람은 신의 율법에 복종하지도 않고 또 복종할 수도 없으므로 신의 원수가 되고 맙니다.

8 육체를 따라 사는 사람들은 신을 기쁘게 해드릴 수가 없습니다.

9 사실 신의 성령께서 여러분 안에 계신다면 여러분은 육체를 따라 사는 사람이 아니라 성령을 따라 사는 사람입니다. 그러나 그리스도의 성령을 모시지 못한 사람은 그리스도의 사람이 아닙니다. (로마 8장)

이 말에서 많은 것을 배울 수 있지만, 지금 말하고 있는 요점에 집중해 보겠습니다. "육적인 마음(carnal mind)"은 에고의 또 다른 용어이며, 바울은 이 마음이 여러분을 죽음의 의식에 가둔다고 분명하게 말합니다. 왜냐하면, 육적인 마음인 에고는 신의 법칙에 복종하지 않으며 결코 그럴 수 없기 때문입니다. 하지만, 그것이 정확하게 무슨 의미일까요? 에고는 신이 창조하지 않았고 따라서 신의 나라에 결코 들어갈 수 없다는 의미입니다.

이것이 핵심입니다. 왜냐하면 그 말은 에고는 결코 구원될 수 없다는 의미이기 때문입니다. 에고를 신의 눈에 들게 할 수 있는 일은 말 그대로 아무것도 없습니다. 그러나 나중에 보게 되겠지만, 에고는 이 진리를 짐작할 수조차 없습니다(에고가 이 진리를 인정한다면, 스스로 실재가 아니라는 것을 깨닫게 되고, 따라서 즉각 사라지게 될 것입니다. 따라서 생존 메커니즘에 의해 에고는 항상 이 실재를 부정할 수밖에 없으며, 이것이 바로 에고가 외적인 구원을 확신하는 세계관에 집착하는 이유를 설명해 줍니다). 에고는 자신이 신의 눈에 받아들여질 수 있으며, 따라서 하늘나라에 들어갈 수 있다고 믿습니다. 따라서 에고는 이 세상 지배자의 도움을 받아서 이제 자신(에고)이 신에게 받아들여질 수 있게 되었다는 겉모습을 꾸며내는 것을 목표로 하는, 전적으로 거짓된 길을 마련합니다. 에고는 외적인 모든 일을 바르게 하는 한, 여러분이 즉 에고나 필멸의 자아가 구원받을 것이라는 인상을 만들어냄으로써 그렇게 합니다. 이것은 외적인 길, 파멸로 이끄는 넓은 길이며, 결코 효과를 거둘 수 없습니다.

많은 사람이 이것을 이해하거나 받아들이기 어렵다는 점을 알고 있으므로, 나는 나중에 더 자세히 설명할 것입니다. 하지만 지금은 "너희가 율법학자들이나 바리새인보다 옳지 못하면 결코 왕국에 들어가지 못한다."라고 말했던 앞의 인용을 다시 살펴보겠습니다. 율법학자들이나 바리새인들은 그들의 에고에 의해 너무나 눈이 멀어서 외적인 길, 육체의 것에 근거한 길의 환영을 정말로 믿었습니다. 그러므로 그들은 육체적이었고, 육적인 마음의 논리를 사용하여 강제로 하늘나라로 들어가려고 시도했습니다. 그러나 육적인 마음은 절대 신의 법칙에 복종할 수 없으므로, 결코 하늘나라에 들어갈 수도, 결혼식에 참석할 수도 없습니다.

11 임금이 손님들을 보러 들어갔더니 예복을 입지 않은 사람이 하나 있었다.
12 임금이 그를 보고 '예복도 입지 않고 어떻게 여기 들어왔는가?' 하고 물었다. 그는 할 말이 없었다.
13 그러자 임금이 하인들에게 '이 사람의 손발을 묶어 바깥 어두운

곳에 내쫓아라. 거기서 이를 갈며 통곡할 것이다.' 하고 말했다.

14 부름을 받은 사람은 많지만 선택받은 사람은 적다. (마태 22장)

이 인용문에서 타협의 여지가 전혀 없다는 것이 보입니까? 결혼 예복을 입지 않은 사람은 잔치에 들어가지 못한다는 사실을 아주 분명하게 알 수 있습니다. 그렇다면 결혼 예복이란 정확하게 무엇을 말할까요? 이미 말했지만, 그것은 육적인 마음인 인간의 에고를 넘어선 그리스도 의식입니다. 여러분은 물과 성령으로 다시 태어났으며, 따라서 여러분은 이제 그리스도 안에서 새로운 사람이 되었습니다.

누구든지 그리스도를 믿으면 새사람이 됩니다. 낡은 것은 사라지고
새것이 나타났습니다. (고린도후서 5:17)

이 과정에서, 여러분이 지금 가지고 있는 자아, 육적인 마음에 근거한 낡은 자아는 죽음을 받아들이게 됩니다.

누구든지 제 목숨을 살리려고 하는 사람은 잃을 것이며 나를 위하
여 제 목숨을 잃는 사람은 얻을 것이다. (마태 16:25)

내가 사람들에게 육체적으로 자살하라고, 심지어는 영적으로 자살하라고 말했던 것이 아닙니다. 필멸의 자아가 죽는다고 해서 여러분이 사라지지는 않을 것이라는 의미입니다. 그렇다면 필멸의 "여러분"이 죽으면 무엇이 남게 될까요? 이제 자신의 존재와 진정한 정체성을 의식하게 된 영적인 여러분, 의식하는 자아가 남게 됩니다.

그러면 그 정체는 무엇일까요? 여러분 존재의 핵심인 의식하는 자아는, 반드시 죽어야 하는, 인간적이거나 육체적인 존재가 아니라, 즉 몸에 속한 존재가 아니라 영적인 존재라는 것입니다. 여러분은 영적인 관심을 가진 사람이므로, 이미 "여러분"이 육체 이상의 존재임을 알고 있을 것입니다. 그뿐만 아니라 여러분은 많은 사람이 '영혼'이라 부르는 필멸의 자아 이상의 존재이기도 합니다. 여러분은 창조주의 모습을 닮도록 창조되었기 때문에, 진정한 여러분은 신의 자녀입니다.

* * *

여러분 존재의 이 영적인 부분은 분명히 신의 법칙을 따릅니다. 즉 죽음의 법칙을 따르지 않는다는 의미입니다. 그러므로 진정한 여러분은, 단지 일시적으로만 육체와 외면의 마음과 정체성이라는 매개체를 통해서 자신을 표현하는 영적인 존재라는 사실을 깨달을 수 있습니다. 그러나 이 외적인 것들 너머에는, 자신의 참된 기원을 잊어버렸지만 "만일 신의 성령이 여러분 안에 계신다면 여러분은 육체를 따라 사는 사람이 아니라 성령을 따라 사는 사람입니다(로마 8:9)"라는 요구를 충족함으로써 다시 깨어날 수 있는 영적인 자아가 있습니다. 진정한 여러분은 신의 모습을 닮도록 창조되었으므로, "신의 성령이 여러분 안에 있게" 할 잠재력을 가지고 있습니다. 그렇게 할 때, 여러분은 죽음의 의식이 지닌 하향 인력을 극복할 것입니다.

그러나 이 지점에 도달하려면 무엇이 필요할까요? 예수 그리스도를 여러분의 주님이자 구원자라고 고백하거나 어떤 성직자가 여러분에게 물을 뿌리게 하는 등의 단순한 행위 이상이 필요합니다. 완전히 삶을 변화시키는 과정이 필요할 것이고, 그에 따라 많은 개별적인 환영으로 구성된 여러분 자신의 눈 안에 있는 들보를 체계적으로 볼 수 있게 될 것입니다. 여러분은 기꺼이 이 환영들을 본 다음 그것들이 그리스도 마음에서 나온 것이 아님을 의식적으로 깨달아야 합니다. 그리고 이것을 볼 때, 여러분은 이 환영들에 기반한 자아감을 기꺼이 죽게 하고, 의식하는 자아(Conscious You)가 그리스도 안에서 새로운 존재로 다시 태어날 수 있도록 그리스도의 실재를 선택해야 합니다.

현대의 소비자 문화가 원하는 믿음과는 반대로, 이것은 즉각적인 과정이 아니며, 즉각적인 구원이란 없습니다. 즉각적인 구원의 꿈은 전형적인 에고의 꿈입니다. 바울은 이 과정을 이해했으므로, "나는 매일 죽는다."(고린도전서 15:31)라고 말했습니다. 이것은 그가 또 다른 환영을 포기함에 따라 그의 인간적인 자아의 일부가 매일 죽었다는 의미입니다.

우리는 이제 여러분이 신의 나라에 들어갈지 아닐지를 결정하는 핵심 역학을 볼 수 있습니다. 여러분이 자신을, 죽음의 의식에서 나온 환영의 상징인 육체에 기반한 필멸의 인간과 동일시하는 한, 여러분 안에 있는 신의 나라를 결코 찾을 수 없습니다. 여러분은 자신의 외면에 주의를 집중할 것이며, 외적인 길을 따름으로써 구원을 얻을 수 있다는 거짓말을 믿게 될 것입니다. 여러분은 주의를 내면으로 돌릴 때만 구원에 이르는 참된 길을 걸을 수 있습니다. 그 길은 즉각적이고 쉬운 길이 아니며, 자신을 살펴보고 자신의 믿음과 행동이 그리스도의 실재와 얼마나 어긋나는지 알아차려야 하는, 어렵고 고통스러운 일을 하도록 요구합니다.

이것이 구원에 이르는 진정한 길이며, 위선자들은 완수할 수 없는 길입니다. 그들은 자신이 틀릴 수 있다거나 그리스도의 실재와 어긋날 수 있다고 생각하지 않을 것이기 때문입니다. 그들은 외적인 길을 계속 믿고 싶어하므로, 자기 눈 안의 들보를 보지 않는 것을 정당화하기 위해 외적인 성취를 이용할 수 있습니다. 이제 나는 참된 길의 핵심 요소를 설명할 수 있는 지점에 도달했습니다.

* * *

내가 이미 설명했듯이, 여러분의 의식하는 자아의 중요한 특징은 자기의식이며, 이것은 여러분에게 정신적으로 여러분의 현재 상황과 심지어 현재의 정체감 밖으로 나갈 수 있는 능력을 부여합니다. 즉 여러분은 밖에서 자신을 바라볼 수 있으므로, 내면에서 볼 때보다 자신에 대해 더 중립적이고 객관적인 관점을 얻을 수 있습니다. 내가 사람들에게 자신의 눈 안에 있는 들보를 찾아보라고 말했던 이유는, 의식하는 자아가 인간적인 자아감 밖으로 나가 그 들보를 볼 수 있다는 것을 알았기 때문입니다.

달리 말하면, 여러분의 의식하는 자아는 자기를 점검할 수 있는 능력이 있습니다. 그러므로 살아 있는 그리스도의 참된 제자의 중요한 특징은, 자기자신을 점검하고 대부분의 사람이 보지 않으려는 것을 기꺼이 보려는 의지입니다. 이것은 사실상 종교적이거나 영적인 특징이 아니라 상식이라 할 수 있습니다. 대부분의 심리학자와 자기 계발 전문가는, 어떤 문제든 먼저 제대로 살펴보아야만 비로소 문제를 해결할 수 있음을 알고 있습니다. 문제가 있다는 것을 부정하거나 문제를 이해하기를 거부하면, 문제를 해결하는 데 한 걸음도 나아가지 못합니다.

하지만 너무나 많은 그리스도교인이, 자기를 점검하는 목적이 지금까지의 모든 잘못에 죄책감을 느껴야 하는 죄인임을 인정하는 것이라고 믿도록 프로그램되었다는 의미에서, 우리는 커다란 문제에 봉착합니다. 이것은 죽음의 의식에서 나온 것으로 그리스도의 실재와는 완전히 동떨어진 사고방식의 완벽한 예입니다. 내가 이렇게 말하지 않았나요?

47 어떤 사람이 내 말을 듣고 지키지 않는다고 하더라도 나는 그를 단죄하지 않을 것이다. 나는 이 세상을 단죄하러 온 것이 아니라 구원하러 왔기 때문이다.
48 그러나 나를 배척하고 내 말을 받아들이지 않는 사람을 단죄하는 것이 따로 있다. 내가 한 바로 그 말이 세상 마지막 날에 그를 단죄할 것이다. (요한 12장)

내가 여기 하늘에 앉아서 여러분이 행한 모든 사소한 실수를 일일이 판단하고 있지 않다는 것을 알 수 있나요? 나는 여러분이 죄책감을 느끼게 하는 데 아무런 관심이 없다는 것을 볼 수 있나요? 오히려, 나는 단지 한 가지, 여러분을 구원하는 것에만 관심이 있습니다. 하지만 구원을 받으려면, 여러분에게 변화할 의지가 있어야 합니다. 그리고 변화하려면, 여러분의 심리 안에 있는 들보를 기꺼이 보아야만 합니다. 따라서 나는 여러분이 자신을 점검하기를 바라지만, 죄책감이라는 막다른 골목으로 들어가기를 바라지는 않습니다. 죄책감은 단지 사람들을 마비시킬 뿐이기 때문입니다.

여러분을 구원한다는 것은 진실로 여러분을 자유롭게 한다는 뜻입니다. 곧 여러분을 죽음의 의식에 갇혀 있게 하는 환영에서 여러분을 해방한다는 의미입니다. 따라서 나는, 여러분이 죽어야 할 죄인이 아니라 불멸의 영적인 존재라는 것을 발견하기 위한 목적으로 여러분이 자신을 점검하기를 원합니다. 이처럼 여러분은 인간적인 자아감을 죽게 함으로써 모든 죄를 극복할 수 있고, 그 결과 의식하는 자아가 영적으로 다시 태어날 수 있습니다. 다시 말하면, 자기를 점검하는 진정한 목적은 여러분 자신을 끌어내리는 것이 아니라 들어올리는 것입니다. 여러분이 자유로워지는 것이 진정한 목적입니다.

내 말의 요점이 보이나요? 어떤 사람들은 거짓된 길에 너무나 눈이 멀어서 정말로 자신이 이미 구원을 받았다고 믿습니다. 이 사람들은 정말 깨어날 필요가 있으며, 자신이 부족하다는 것을 알아차려야 합니다. 그들은 자신의 눈 안에 있는 들보를 제거하지 않았기 때문입니다. 그러나 이 깨어남의 목적은, 사람들이 자신의 눈 안에 있는 들보에 집중하게 하는 것이 아니라 들보 너머를 보고 참된 영적 잠재성을 발견하도록 돕는 것입니다. 이렇게 할 때, 그들이 구원에 이르는 거짓된 길, 즉 에고와 이 세상의 지배자가 제공하는 넓은 길을 넘어설 수 있고, 그 대신 살아 있는 그리스도가 제공하는 참되고 좁은 길을 따를 수 있게 됩니다.

* * *

그러면 여러분이 자유로워지기 위해 무엇이 필요할까요? 여러분은 과거에 했던 것보다 더 나은 선택을 해야 합니다! 또 하나의 문제는,

신은 전능하시므로 지구에서 일어나는 모든 일이 신의 계획 일부라고 믿는 많은 그리스도교인이 또 다른 딜레마에 빠지게 된다는 점입니다. 그리고 이 믿음 때문에 대부분의 그리스도교인이 자유의지의 중요성을 깎아내리거나 무시하는 경향이 있습니다.

나는 여러분이 영적으로 더 깨어난 사람이기 때문에, 자유의지를 가지고 있다는 사실에 열려 있다고 생각합니다. 이것은 여러분의 구원이 저 하늘에 멀리 있는 존재가 세워둔 어떤 계획에 따라 미리 정해져 있지 않다는 의미입니다. 여러분의 선택이 여러분의 구원을 결정합니다!

나는 에고에 의해 완전히 눈먼 사람들은 이 사실을 부정하리라는 것을 충분히 알고 있습니다. 그리고 그들이 왜 그렇게 생각하는지는 나중에 설명하겠습니다. 하지만 지금은 일단 자유의지에 관한 세 가지 사항을 강조하고 싶습니다.

- 아무도 여러분에게 이 과정을 읽으라고 강요하지 않습니다. 여러분은 언제라도 읽기를 멈출 수 있으며, 내가 말하는 것을 받아들일 수 있고 거부할 수도 있습니다.
- 모든 것이 신의 계획에 의해 결정된다면 홀로코스트나 연쇄 살인 같은 모든 악한 일도 신이 예정한 것이 될 것이고, 이것은, 여러분이 악을 경험하기를 신이 원한다는 의미가 됩니다.
- 여러분에게 자유의지가 없고 여러분의 구원이 여러분의 선택에 달려 있지 않다면, 신이 왜 그리스도를 지구에 보냈을까요? 모든 것이 신의 계획에 의해 예정되어 있다면, 여러분이 구원되어야 한다는 사실도 틀림없이 신의 계획에 있는 조건일 것입니다. 그렇다면

왜 신은 여러분이 구원을 받도록 그냥 그 조건을 바꾸지 않을까요? 왜 굳이 나를 인간의 형상으로 지구에 보내는 수고를 해서, 사람들이 그리스도를 받아들일지 거부할지 선택하도록 할까요? 사람들이 그리스도를 거부할 수 있다는 사실 자체가 여러분에게 자유의지가 있다는 것을 증명합니다. 그렇지 않다면 여러분에게는 선택권이 없을 것입니다.

자유의지를 부정하는 것이 그리스도의 처음 두 도전 과제에 대한 오해에 근거함을 볼 수 있나요? 앞에서 설명했듯이, 이 두 도전은 먼저 그리스도가 지구에 나타날 수 있다는 것을 받아들이고, 그런 다음 살아 있는 그리스도가 여러분을 에고가 만든 환영 너머로 데려가도록 허용할 것을 요구합니다. 둘 다 여러분에게 선택을 요구하며, 이것이야말로 신이 여러분에게 자유의지를 주었다는 사실을 증명합니다.

이제 우리는 대부분의 그리스도교인이 이해하지 못한 사실을 알게 되었는데, 그것은 여러분의 구원이 자신의 선택에 달려 있다는 것입니다! 나는 여기서 외적인 방법으로 그리스도교인이 되는 단 한 번의 선택에 관해 이야기하는 것이 아니라, 그리스도의 진리에 기초해서 선택하는 것을 배우는 평생에 걸친 과정에 관해 말하고 있습니다. 어떤 선택은 여러분을 구원에 더 가까이 가게 하지만, 어떤 선택은 여러분을 구원에서 더 멀리 떼어놓습니다. 전통적인 언어로, 이를 옳고 그른 선택이라고도 말할 수 있겠지만, 그것은 정말 무엇을 의미할까요?

이 주제는 많은 종교인에게 혼란을 일으켰습니다. 흔히 종교의 권위자에 의해 공식적인 교회의 교리와 일치하는 것은 "옳은" 선택으로,

그것을 넘어서는 것은 "그른" 선택으로 정의되었습니다. 그러나 이제 우리는 그 진정한 차이를 볼 수 있습니다.

지금까지 우리가 논의한 것이 중요한 결론에 이르렀습니다. 실재가 있지만, 여러분은 항상 아버지와 하나된 그리스도의 마음을 통해서만 실재를 알 수 있습니다. 바로 그런 이유로 나는 다음과 같이 말했습니다.

> 아버지께서는 모든 것을 저에게 맡겨 주셨습니다. 아들이 누구인지 는 아버지만이 아시고, 아버지가 누구신지는 아들과 또 아들이 아 버지를 계시하려고 택한 사람만이 알 수 있습니다. (누가 10:22)

여기에서 도전할 점은 나 개인에 대한 공식적인 우상 너머를 보면 서 "아들"이 보편적인 그리스도 마음임을 깨닫는 것입니다. 나는 그 그리스도 마음과 완전한 하나됨을 이루었으며, 바로 이것이 그리스도 의 참된 제자의 궁극적인 목표입니다. 이것이 왜 그렇게 중요한 깨달 음일까요? 왜냐하면, 죽음의 의식에서 비롯된 환영이 아닌 그리스도 의 실재에 기초한 선택만이 여러분을 신의 나라에 더 가까이 데려가 기 때문입니다. 그러므로 여러분이 구원받을 수 있는 절대적이고 유 일한 길은, 그리스도의 실재에 기반한 결정을 내리는 방법을 배우는 것뿐입니다.

나는 많은 사람이 이 사실에 대해 감정적인 반응을 보인다는 것을 알고 있으며, 그 주된 이유는 이러한 진실이 그들을 마비시킨다고 느 끼기 때문입니다. 그리스도의 마음에 어떻게 접근해야 할지 모르겠다 는 느낌이 드는 이유는 두 가지입니다.

- 에고는 결코 그리스도 마음에 접근할 수 없습니다.
- 세속적인 기관과 종교적인 기관은, 여러분이 자신 안에 있는 그리스도 마음에 직접 접근할 수 없다고 생각하도록 여러분을 프로그램했습니다.

내가 지금 다른 관점에서 설명했듯이, 내 임무의 주요한 목적은 모든 사람이 직접 그리스도 마음에 접근할 수 있으며, 따라서 어떤 외부의 종교적, 정치적, 과학적 기관이나 권위도 거칠 필요가 없음을 보여주는 것이었습니다. 다시 말해, 신의 모습을 닮게 창조되었다는 사실은, 여러분이 허용하지 않는 한 그 어떤 것도 여러분과 신 사이를 가로막을 수 없다는 의미입니다. 그리스도를 경험할 수 있는 여러분의 잠재력은 바로 여러분의 자기의식입니다. 사실, 그리스도 의식은 궁극적인 자기의식이며, 신으로서의 진아(Self)에 대한 인식이라고 할 수 있습니다.

비록 지금은 여러분과 신 사이에 어떤 것이 놓여 있다고 해도, 실제로 그것은 여러분이 과거에 내린 선택의 결과로써 그 자리를 차지한 것입니다. 이 사실을 인정하는 것은 여러분에게 대단히 큰 효력이 있습니다. 왜냐하면, 여러분이 이 사실을 부정하는 기관의 지도자들을 맹목적으로 따르지만 않는다면, 이제 여러분은 자신의 영적인 성장과 구원이 외부의 어떤 기관에도 달려 있지 않다는 사실을 알게 될 것이기 때문입니다. 이와 반대로, 여러분은 자유의지를 사용하여 과거의 제한된 선택을 무효로 할 수 있고, 그럼으로써 지구상의 어떤 폭압으로부터도 자유로워질 수 있습니다. 진실로 여러분은 그리스도 마음을 통해서 신의 진리를 알 수 있는 선택권이 있으며, 그 진리가 여러분을 자유롭게 할 것입니다.

* * *

궁극적으로 여러분은 그리스도 마음과 완전한 합일을 이루어야 합니다. 이것이 내가 한 일을 여러분도 하리라는 나의 약속을 실현할 수 있는 유일한 방법입니다. 그러나 그런 합일을 이루기 전에도 여러분은 그리스도의 실재를 알 수 있는데, 여러분의 의식하는 자아야말로 창조주 존재의 확장체이기 때문입니다. 하지만 여러분 안에서 그리스도 마음을 찾는 데 상당한 시간이 걸릴 수 있으므로, 내가 여러분에게 중재자가 되겠다고 나서는 것입니다. 내가 인류에게 준 선물을 이용함으로써, 여러분은 그리스도 의식에 이르는 여정을 지금 당장 시작할 수 있습니다.

> 16 내가 아버지께 구하면 다른 협조자(Comforter)를 보내주셔서 너희와 영원히 함께 계시도록 하실 것이다.
> 17 그분은 곧 진리의 성령이시다. 세상은 그분을 보지도 못하고 알지도 못하기 때문에 그분을 받아들일 수 없지만, 너희는 그분을 알고 있다. 그분이 너희와 함께 사시며 너희 안에 계시기 때문이다.
> (요한 14장)

이 협조자, 곧 진리의 성령은 여러분에게 그리스도의 실재를 보여줄 수 있으며, 따라서 여러분은 바른 결정을 내릴 수 있는 최상의 기반을 가지게 됩니다. 나는 다음과 같이 말했습니다.

> 이제 아버지께서 내 이름으로 보내주실 성령, 곧 그 협조자
> (Comforter)는 모든 것을 너희에게 가르쳐 주실 뿐만 아니라 내가
> 너희에게 한 말을 모두 생각나게 할 것이다. (요한 14:26)

그러나 여기에는 대가가 따릅니다. 진리의 성령이 "여러분 안에 있도록", 즉 여러분은 진리의 영이 자신의 눈 안에 있는 들보, 여러분의 인간적인 에고를 드러내도록 허락해야 합니다. 알다시피, 에고는 언제나 보이지 않게 남아 있으며, 그림자 속에 숨어 있습니다. 하지만 여러분이 협조자를 여러분의 의식 안에 들어오게 하면, 협조자는 빛을 밝히기 시작합니다. 협조자가 점차 빛을 밝히도록 허락한다면, 그는 그림자를 제거하고 거기에 숨어 있던 모든 것을 드러낼 것입니다. 그러므로 여러분은 기꺼이 자신을 점검하고 여러분의 존재 안에 있는 모든 비실재를 극복하려고 해야 합니다. 이것은 결코 쉽거나 편안한 과제가 아닙니다. 스스로를 선한 그리스도교인이라고 생각하는 수백만 명이, 그리스도 의식을 향한 여정의 첫 요구 사항조차 충족하지 못하고 있는 사실이 이것을 보여줍니다. 그들은 여전히 자신의 눈 안에 있는 들보를 찾기보다는 자신의 외면에 주의를 집중하고 있습니다.

이제 핵심적인 깨달음으로 들어갑니다. 여러분의 에고는 죽음의 환영 너머를 결코 볼 수 없지만, 오직 여러분의 의식하는 자아는 진리의 성령을 경험할 수 있는 능력을 가지고 있습니다. 따라서, 여러분의 에고는 엄청난 힘과 교묘함으로, 여러분을 영생에 이르는 곧고 좁은 길에서 벗어나게 하고 파멸로 이끄는 넓은 길로 이끌려고 애를 쓸 것

입니다. 여러분의 의식하는 자아(the Conscious You)만이 진리의 성령을 따를 수 있지만, 현실적인 질문은 의식하는 자아가 기꺼이 성령을 따르려고 할지, 아니면 훨씬 쉬운 외적인 구원을 약속하는 눈먼 지도자들을 계속 따르려고 할지의 여부입니다. 의식하는 자아가 기꺼이 스스로 결정을 내리려 할까요? 아니면 그리스도가 어떻게든 여러분을 선택해서 여러분을 하늘나라에 들어갈 수 있는 사람으로 바꾸어 줄 것이라는 우상에 매달려서, 자신의 구원에 대해 완전히 책임지기를 거부할까요?

요점이 보입니까? 사실, 전적으로 여러분의 의식하는 자아의 선택에 따라 여러분의 구원이 결정될 것입니다. 여러분이 그리스도의 실재에 근거한 선택을 한다면, 여러분 안에서 신의 나라를 찾을 것입니다. 만일 죽음의 의식의 환영에 기반을 둔 선택을 한다면, 여러분은 계속해서 자신의 밖에서 그 나라를 찾는 것입니다. 이것은 여러분을 계속 외부의 어둠 속에 가두고 여러분은 거기에서 슬피 울며 이를 갈 것입니다(마태 25:30; 8:12 24:51).

앞에서 나는 여러분의 존재 안에 그리스도 요소와 반-그리스도 요소를 함께 가지고 있는 중간 시기가 있다고 말했습니다. 이것은 오디세이의 집으로 돌아가는 여정과 같은, 많은 신화에서 언급되는 "고난"의 시기입니다. 이 시기의 도전 과제는 어떤 선택을 내릴지 속삭이는 내면의 음성들을 어떻게 분별해야 하는지 배우는 것입니다. 여러분의 에고, 이 세상의 지배자, 심지어 다른 사람들로 대표되는 수많은 목소리가, 죽음의 환영에 근거해서 무엇을 할지를 여러분에게 말해 줍니다. 하지만, 그 안에는 또한 그리스도의 실재가 무엇인지 말해 주는 고요하고 작은 음성도 있습니다.

여러분의 도전 과제, 즉 의식하는 자아의 도전 과제는 하나의 참된 음성과 수많은 거짓된 음성들을 분별하는 법을 배우는 일입니다. 이것은 쉽지 않으며, 실수를 하지 않을 수가 없습니다. 하지만 모든 경험을 통해서 기꺼이 배우고자 한다면, 여러분은 하나이신 진리의 영(the One Spirit of Truth)과 수많은 거짓 영체들(spirits) 사이의 차이를 분별하는 것을 배울 수 있습니다. 그리고 이 분별력을 계발해야만 여러분은 개인적인 그리스도 의식을 달성할 수 있고, 내면의 나라를 찾을 수 있습니다. 의식하는 자아는 오직 그리스도의 분별력을 통해서만 온전히 의식적인 선택, 즉 실재인 것과 비실재인 것을 구별하는 선택을 할 수 있습니다.

이제 우리는 이 길의 중심적인 질문에 다다랐습니다. 여러분은 의식하는 자아가 실재와 비실재를 분별하는 방법을 배우는 어려운 길로 들어서겠다고 결정하겠습니까? 아니면 분별력을 요구하지 않기 때문에 훨씬 따르기 쉬운 넓은 길로 계속해서 가겠습니까? 반-그리스도의 환영을 오류 없는 진리의 지위에 올려놓음으로써, 마치 외부에 있는 진리를 이미 알고 있는 것처럼 여기기 때문에, 여러분은 진리의 영과 거짓 영체들(spirits)을 구분하는 법을 배우는 미묘한 과정을 통과할 필요가 없다고 생각합니다. 여러분은 의식하는 자아가 마침내 내면의 여정을 따르기로 결정하겠습니까? 아니면 맹목적으로 여러분과 그들 자신을 내면의 나라에서 멀어지게 이끄는 외부의 지도자들을 계속 따르겠습니까?

자신을 그리스도의 제자로 여기는 많은 그리스도교인이 있지만, 그들은 참된 길로 들어서는 첫걸음조차 내딛지 않았습니다. 또한, 한동안 영적인 여정을 걸었고 스스로 진전을 이루었다고 생각하는 비(非)

그리스도교인들도 많습니다. 그러나 내가 이 과정에서 모두에게 제공하는 것은 살아 있는 그리스도를 따르는 진정한 제자의 길입니다. 궁극적으로 그 여정은, 여러분이 상승한 예수 그리스도인 나와 개인적인 관계를 직접 맺을 것을 요구합니다. 그러므로 이 과정이 그 직접적이고 내적인 관계를 결코 대체할 수는 없습니다. 그러나 이 과정은 지금까지 이 행성에 제공된 길 중 가장 명료하게 그 여정을 서술하고 있습니다. 그러므로 여러분이 가슴에서 나를 직접 만날 때까지 여러분을 항상 더 높은 곳으로 이끄는 탄탄한 추진력을 쌓는 데 도움을 줄 수 있습니다. 내가 다음과 같이 약속했기 때문입니다.

> 나를 사랑하는 사람은 내 말을 잘 지킬 것이다. 그러면 나의 아버지께서도 그를 사랑하겠고 아버지와 나는 그를 찾아가 그와 함께 살 것이다. (요한 14:23)

다음 절에서는 여러분이 그리스도 의식에 이르는 길에 정착하도록 도울 수 있는 일련의 열쇠를 제공할 것입니다. 우리는 많은 사람에게 가장 어려운 단계부터 시작할 것입니다. 그것은 파멸로 이끄는 넓은 길이 아니라 진정한 길을 따르기로 결정하는 것입니다.

* * *

이 과정의 나머지 부분에 대한 나의 목적이 무엇인지 명확히 밝히겠습니다. 그리스도 의식의 여정에 대해 여러분에게 무언가를 가르치고, 지식과 지적인 이해를 주는 것은 나의 목적이 아닙니다. 여러분이 그 길을 따르는 데 필요한 실제적인 단계들을 밟게 함으로써, 그리스도 의식의 여정을 따르는 데 굳건하게 닻을 내리도록 돕는 것이 나의 목표입니다. 다른 말로 하자면, 이것은 배움에 관한 것이 아니라, 그것은 행하는 것, 되어 가는 것, 존재에 관한 것입니다!

영적인 여정에 대한 여러분의 견해를 바꾸는 것이 내 목표가 아닙니다. (마태 7장).

이 완전한 변형, 영적인 재탄생의 과정은 마음이 약한 사람들이 할 수 있는 것이 아님을 분명히 해두겠습니다. 이것은 편안하기를 원하거나 언제나 통제할 수 있기를 좋아하는 사람들을 위한 과정이 아닙니다. 내가 여기서 제공하는 것은, 상승 호스트가 죽음의 의식에 빠진 사람들을 일으켜 세우는 데 가장 효과적인 수단으로 설계한 가장 오래된 제도에 참여하는 것입니다. 그 제도는 스승과 제자, 혹은 구루와 제자의 관계입니다.

영적인 공적 직무의 연장으로서, 즉 행성 지구에서 그리스도 의식에 이르는 여정을 가르치는 담임 스승으로서, 나는 여러분에게 외적인 과정을 제공하고 있습니다. 여러분이 이 과정이 그 자체로 목적이 아니고 결코 그래서도 안 된다는 것을 알면서 이 외적인 과정에 전적으로 참여한다면, 외적인 교사들과 그 가르침을 넘어서 나 또는 여러분의 개인적인 마스터인 또 다른 상승한 존재와 직접적이며 개인적이고 내적인 관계를 맺을 수 있는 다음 단계로 나아갈 자격을 얻을 수 있습니다.

인류의 상승한 스승들은 학생이 우리와 함께 일할 자격을 갖추기 전까지는 학생을 받지 않습니다. 대학교수가 아직도 유치원에 다니는 학생을 받아들이는 것이 무슨 의미가 있을까요? 우리는 학생들이 영적인 여정의 중심 메커니즘을 이해하고 적용할 수 있을 때까지, 즉 여러분 자신의 눈 안에 있는 들보를 드러내고 제거하는 데 자기의식을 사용할 수 있을 때까지 외적인 스승과 가르침을 따르도록 놓아둡니다. 학생이 자신의 에고를 넘어설 의지가 높아지기 전까지, 우리 상승 호스트는 그 학생과 개인적으로 일하지 않습니다.

상승한 스승의 직계 제자가 되는 준비를 하려면 무엇이 필요한지 간단히 설명하겠습니다. 나는 앞에서 반-그리스도 의식이 본질적으로 이원적이며, 그것은 선과 악, 옳고 그름 등과 같이 항상 상반되는 극성으로 작용한다는 의미라는 것을 간단히 설명했습니다. 그리고 이에 대해 나중에 더 자세히 설명할 것입니다. 이 이원성은 종교든 전체 문명이든, 반-그리스도 의식에 근거한 어떤 체제 안에서든 필연적으로 내적인 모순과 불일치를 일으킬 것입니다. 이 내적인 모순은 실제로 그 체계를 점차 자멸하도록 만드는데, 이것이 인류 역사를 통해서 봐왔던 모든 문제의 배후에 있는 원인입니다. 사실 붓다가 묘사한 것처럼, 대부분의 사람이 삶을 끝없는 투쟁과 고통으로 경험하게 되는 상황을 만드는 것이 바로 이 내적인 모순입니다.

어떤 사람은 이러한 내적 긴장이 팽배한 사회를 살아가는 경험을 하면서, 마침내 뭔가가 제대로 작동하지 않는다는 것을 알아차리고, "뭔가 더 나은 방법이 있을 거야. 삶에는 틀림없이 그 이상(more)이 있을 거야"라고 울부짖게 됩니다. 그 시점에서, 신의 법칙은 그 사람을 더 높은 의식 상태로 이끌 수 있는 스승과 가르침을 그에게 제공하라고 명합니다. "학생이 준비되면 스승이 나타난다."라는 말에 이러한 신의 법칙이 표현되어 있습니다. 여러분이 자신의 삶을 살펴본다면, 아마도 전 생애에 걸쳐 무언가 결핍되고, 옳지 않으며, 잘못되었다는 내면의 감각이 있었음을 알게 될 것입니다.

지금 여러분이 해야 할 일은, 이 감각이 삶에 완전히 새롭게 접근하는 발판이 될 수 있음을 알아차리는 것입니다. 하지만 이렇게 하려면 여러분은 이 물질세계와 무언가 잘못되었다는 감각에서 벗어나야 합니다. 그 대신 긍정적인 관점을 취하고, 세상이나 개인적인 상황에서 무엇이 잘못되었든 상관없이, 여러분에게 그리스도 의식을 향한 여정을 따를 잠재력이 있다는 것을 알아차려야 합니다. 이것이, 이 세상에서 어떤 경험을 하든 여러분을 신과 함께 있는 상태로 인도할 것입니다. 다시 말해서, 다른 사람들과 사회 또는 세상의 눈에 있는 티끌에 집중하는 것을 멈추고, 여러분 자신의 의식 안에 있는 장애를 극복하는 데 집중하기 시작하세요.

여러분이 이미 그리스도 의식의 여정으로 필요한 걸음을 내디디고 있다는 것은 의심할 여지가 없습니다. 그렇지 않다면 여러분은 이 과정에 마음을 열지 않았을 것입니다. 여러분이 다음으로 취할 단계는 여정에 굳건하게 닻을 내리고, 여정에 필요한 것이 무엇이며 그것이 여러분에게 어떻게 작용을 할 수 있는지 충분히 이해하는 것입니다. 이것은 점진적인 과정입니다. 나는 학생들이 여정에 어떻게 반응하는지 오랫동안 보아온 내 경험을 바탕으로 여러분을 이끌고 필요한 단계들을 밟아 나갈 것입니다.

* * *

상승 마스터와 직접적인 관계를 맺을 수 있는 의식의 변화를 촉진하기 위해, 이 과정의 나머지 부분은 수행서로 설계되었습니다. 나는 앞의 장들에서 이 여정의 핵심에 대한 기본적인 이해를 주었습니다. 이 과정의 나머지 부분은 여러분이 그 첫걸음을 출발함으로써 여정을 걸을 수 있도록 도움을 주는 데 중점을 두고 있습니다. 여러분은 자신이 얼마 동안 특정한 외적인 가르침과 기법들을 실천해 왔기 때문에 시작 단계를 넘어섰다고 생각할지도 모릅니다. 하지만, 내가 제시한 길을 따르고 싶지 않다면 그냥 다른 곳으로 가면 됩니다. 여러분이 마침내 에고의 거짓된 길을 걷는 데 싫증이 날 때, 나는 열린 가슴으로 여러분을 환영할 것입니다.

여기서 내 요점은, 여러분이 자신이 앞서 있다고 생각하든 그렇지 않다고 생각하든, 다음의 단계들은 그리스도 의식을 향한 여정에서 모든 학생이 극복해야 할 장애를 극복하도록 돕기 위해 설계되었다는 것입니다. 여러분이 자신을 누구라고 생각하든, 여러분은 이 과정을 따를 잠재력이 있습니다. 다만 필요한 것은 열린 마음과 기꺼이 시도하겠다는 의지입니다. 극복해야 할 두 가지 주된 장애가 있는데, 바로 열등 콤플렉스와 우월 콤플렉스입니다. 어떤 사람들은 열등감에 영향을 받아서, 자신이 그리스도 의식에 이르는 길을 따를 자격이 없다고 생각합니다. 그런 생각을 버리세요. 왜냐하면, 여러분이 이 과정을 발견했다면, 여러분이야말로 자격이 있으며 준비가 되어 있는 것입니다! 다른 사람들은 자신의 수준이 너무나 앞서 있어서 어떤 외적인 가르침도 따를 필요가 없거나 초기 단계를 밟을 필요가 없다고 생각합니다. 그런 생각을 버리세요. 왜냐하면, 여러분이 이 과정을 발견했다면, 그것은 여러분이 배워야 할 것이 있다는 것을 증명하기 때문입니다. 그 문제에 대해 말하자면, 여러분이 아직 지구에 있다는 사실이 여러분은 배울 것이 있다는 것을 증명하는 것입니다.

다시 말하지만, 공식적인 그리스도교는 대부분의 사람이 내가 완전한 그리스도 의식을 가지고 태어났다고 생각할 정도로, 그렇게 나라는 역사적 인물에 대해 우상 숭배를 하도록 만들었습니다. 그것은 환상입니다. 나는 이 과정에서 내가 제시하는 모든 단계를 거쳐야 했다고 확실히 말할 수 있습니다. 내가 이 모든 단계를 거쳤다는 공식적인 기록은 없지만, 여러분이 행간을 읽을 수 있다면 이 입문들을 거치는 내 모습에 대한 기록들이 있습니다. 내 요점은, 만일 내가 이 단계들을 따랐다면 여러분 역시 그 단계들을 따르는 것에 만족해야 한다는 것입니다. 신은 진정으로 사람을 차별하지 않으며, 인간의 에고는 이 진리를 결코 가늠하거나 받아들일 수 없을 것입니다.

자, 여러분이 여정과 모든 단계에 대한 개요를 알고 싶다면, 이 과정의 나머지 부분을 처음부터 끝까지 읽는 것은 문제가 되지 않습니다. 단계마다 배울 내용이 많습니다. 그리고 실제로 이것은 여러분의 이해를 높이는 데 도움이 될 것입니다. 그러나 열쇠 1부터 시작하여 첫 번째 열쇠에 설명된 가르침을 공부하고 연습을 실천한 후에, 다음 열쇠로 옮겨 가는 것 역시 문제가 없습니다.

다시 말하자면, 내가 절대적으로 요구하는 것은 각 열쇠에 설명된 연습을 반드시 실천하라는 것입니다. 이 과정의 나머지 부분을 모두 읽은 다음 열쇠 1로 돌아와서 연습을 시작할 수도 있습니다. 아니면 나머지를 읽지 않고 지금 당장 열쇠 1을 시작할 수도 있습니다. 특별히 강조하자면, 열쇠를 한 번 읽어 보고 충분하다는 유혹에 빠지면 절대로 안됩니다. 나는 여러분에게 지적인 이해를 주려고 하는 것이 아닙니다. 나는 여러분이 교훈을 진정으로 내면화하는 것을 도우려는 것입니다. 그러므로 여러분은 한 열쇠를 공부하면서 그 열쇠를 위한 연습을 실천해야 합니다.

각 열쇠를 위한 연습은 열쇠 끝부분에 설명되어 있습니다. 한 열쇠를 위한 본문이 상당히 길어서, 분명히 한 번에 다 읽지는 못할 것입니다. 따라서 열쇠를 공부해 가면서 연습을 실천할 것을 권장합니다. 즉 매일 각 열쇠의 한 부분을 공부한 후에, 연습을 실천하기 바랍니다. 공부를 많이 하고 연습을 적게 하는 방식보다는, 조금만 공부를 하고 연습을 늘리는 방식이 더 낫습니다. 공부만으로는 그리스도 의식에 이를 수 없습니다.

공부와 실천은 병행되어야 합니다. 여러분이 둘 모두를 수행하지 않으면 최대의 효과를 얻을 수 없습니다. 한 연습을 얼마나 오래 연습해야 하는지에 대해 절대적인 제한을 두지 않겠지만, 33일을 추천합니다. 33일 동안 매일 한 차례 실천하고, 매일 일정 시간 그에 상응하는 열쇠를 공부하세요. 공부를 할 때, 한 번에 전체 본문을 다 읽으라는 것은 아닙니다. 피상적이거나 지적인 수준에서 모든 것을 읽기보다는 오히려 한 문단을 읽고 그것을 소화하기를 바랍니다. 한 열쇠에 33일 이상을 투자할 필요를 느낀다면, 정말로 그렇게 하기 바랍니다. 때로는 상황이 너무나 빨리 진행되어 정체성의 연속감에 위협을 느끼는 학생들도 있습니다. 그러면 잠시 물러서서 특정한 열쇠에 좀 더 긴 시간을 머물러도 됩니다.

하지만 연습을 중단하거나 과정을 완전히 내려놓지 않도록 주의해야 합니다. 짧게라도 매일 연습을 하고 조금씩 공부해 나감으로써 성장 과정을 계속 유지해야 합니다. 에고는 항상 여러분이 자신의 현 수준을 넘어가지 못하게 하려고 하고, 여러분을 무기한 거기에 머물게 하려고 한다는 사실을 명심하세요. 그러나 생명의 강은 계속 흐르기 때문에 정지 상태란 없으며, 따라가지 못하는 사람들은 필연적으로 뒤처질 것입니다.

나의 다른 요구 사항은, 한 열쇠 또는 그 열쇠에 따른 연습을 건너뛰지 말라는 것입니다. 먼저 앞으로 갔다가 "나중에 돌아오는" 방식도 안됩니다. 가르침과 연습은 서로를 기반으로 하여, 균형 잡힌 방식으로 그리스도 의식의 여정에서 여러분을 점차 더 높이 이끌도록 설계되었습니다. 내가 말한 대로, 이것은 점진적인 과정입니다. 현명한 학생은 에고가 어떤 이유를 들어 유혹하더라도 성급하게 달려가지 않습니다. 나는 다음과 같이 말했습니다.

> 너희의 인내로써 생명을 얻을 것이다. (누가 21:19)

나는 또한 이렇게 말했습니다.

> 세례자 요한 때부터 지금까지 하늘나라는 폭행을 당해 왔다. 그리고 폭력을 쓰는 사람들이 하늘나라를 빼앗으려고 한다. (마태 11:12)

살아 있는 그리스도의 참된 제자가 되고자 한다면, 여러분이 제자이고 내가 스승임을 인정해야 합니다. 그래서 내가 여러분을 가르치는 나의 역할을 수행하도록 허용하는 한편, 가르침을 받는 여러분의 역할을 에고가 방해하지 못하게 해야 합니다. 왜냐하면 내가 요한에게 세례를 받는 이야기에 설명된 것처럼, 우리 자신에게 각 단계를 통과하도록 허락함으로써, 우리는 진실로 진전을 이룰 수 있기 때문입니다.

13 그 즈음에 예수께서 세례를 받으시려고 갈릴리아를 떠나 요르단 강으로 요한을 찾아오셨다.

14 그러나 요한은 "제가 선생님께 세례를 받아야 할 터인데 어떻게 선생님께서 제게 오십니까?" 하며 굳이 사양했다.

15 예수께서 요한에게 "지금은 내가 하자는 대로 하여라. 우리가 이렇게 해야 신께서 원하시는 모든 일이 이루어진다." 하고 대답하셨다. 그제야 요한은 예수께서 하자고 하시는 대로 했다. (마태 3장)

이 길의 핵심은 여러분이 현재는 볼 수 없는 것을 보게 된다는 것과 이것이 지속적인 과정이라는 것을 알아야 합니다. 나는 상승했고 인간의 에고와 반-그리스도 마음으로부터 자유로우므로 여러분이 보지 못하는 것을 볼 수 있습니다. 그러므로 내가 더 높은 나의 비전에 기반을 두어 프로그램을 구성하도록 허락하고, 에고가 여러분에게 에고가 스승보다 더 잘 안다고 믿게 하지 마세요. 이것은 교묘한 유혹으로, 특히 경험이 많은 학생의 주의가 필요합니다. 그들은 그리스도 의식에 가장 가까이 있으나 인지되지 않은 환영의 세계에 여전히 머물러 있을 수 있습니다.

그러므로 기꺼이 가르치려는 스승과 기꺼이 배우려는 학생으로서, 우리 함께 우주적인 춤을 춥시다. 우리 모두를 들어올리고 확장해서, 신 의식이라는 무한한 사다리의 더 높은 곳에 이르게 해줄 우주적인 춤을 추어 봅시다.

파트 2

열쇠 1
가르침을 받겠다고 결정하세요!

그리스도 의식에 이르는 여정의 핵심을 요약해 보겠습니다. 지금 여러분은 자신의 본래 잠재력에 미치지 못하는 자기 이미지나 정체감을 가지고 있습니다. 의식하는 자아(Conscious You)는 신의 형상대로 신을 닮게 창조되었으며, 여러분에게는 그야말로 아무런 조건 없이, 자신이 되고자 생각하는 어떤 존재라도 될 잠재력이 있습니다. 시공간 안의 지금 여기에서 여러분은 스스로 자신이라고 생각하는 바로 그 존재입니다. 따라서 영적인 성장의 핵심은 물질 우주를 기반으로 정의된 인간의 정체성을 넘어서서 생각하고, 구상하고, 상상하고, 알고, 받아들이고, 존재하는 능력을 키우며 비전을 높이는 일입니다.

지금 여러분의 정체감은, 크든 작든 어느 정도 물질 우주의 조건과 실재가 아닌 아이디어에 근거합니다. 그 아이디어들은 신의 실재와 어긋나거나 일치하지 않는 의식 상태에서 생겨나기 때문에 실재가 아닙니다. 나는 그러한 의식 상태를 "죽음"이라고 불렀지만, 이를 반-그리스도(anti-christ) 의식 또는 이원성(duality) 의식이라고 부를 수도 있습니다.

과도하게 열성적인 그리스도교인들이 내 가르침의 다른 부분들을 실제로 오용한 것처럼 반-그리스도라는 말을 오용해 왔는데, 내가 왜 굳이 반-그리스도라는 말을 사용할까요? 앞에서도 설명했듯이, 그리스도 의식은 창조주와 피조물 사이의 하나됨(oneness)을 유지하기 위해 설계되었기 때문입니다. 그러므로 반-그리스도는 하나됨에 반하는 것, 곧 분리와 분열을 나타냅니다. 반-그리스도 의식은 창조주와 피조물 사이에, 신과 인간 사이에, 그 자신과 멀리 떨어진 신 사이에 차이와 거리와 틈과 분열이 있다고 봅니다. 그러므로 이 의식이 나를 지구상에서 신으로 높이고 다른 모든 사람을 더 낮은 피조물로 전락시켰습니다. 물론 그 목적은, 누군가가 내 발자취를 따라 신과 하나됨을 선언하면서 내가 했던 것과 같은 일을 하지 못하게 막기 위해서였습니다.

따라서 인간 존재의 핵심 문제는 지금 부분적으로 반-그리스도 의식에 근거한 정체감을 가지고 있다는 것입니다. 이것은 자신을 근원인 창조주와는 다른, 분리된 존재로 보게 합니다. 이 필멸의 정체감이 생겨난 이유는 의식하는 자아가 반-그리스도 마음에서 생겨난 특정한 환영들을 받아들였기 때문입니다. 따라서 그리스도 의식에 이르는 여정의 핵심은 여러분이 이 환영들을 체계적으로 밝혀내고 도전하고 놓아버리면서, 그에 상응하는 그리스도의 진리로 대체하는 것입니다.

정통 그리스도교인들이 반-그리스도와 악마라는 개념을 주로 위협 전술로 너무 오용해 왔기 때문에, 대부분의 사람이 내가 지금 말하는 내용을 아주 피상적으로만 이해할 수 있습니다. 사람들은 악마가 항상 발굽이 박힌 발과 꼬리, 그리고 뿔이 달린 사악한 형상으로 나타 난다고 생각하게 되었습니다. 이것은 물론 의도적으로 고안된 거짓말 입니다. 이것은 한편으로는 사람들에게 겁을 주고 다른 한편으로는 다음에 인용한 바울의 말에 담긴 심오한 진리를 깨닫지 못하게 하려 는 목적이 있었습니다.

13 그런 자들은 거짓 제자이며 사람을 속여 먹는 일꾼이며 그리스 도의 제자로 가장하는 자들입니다.
14 그러나 그것은 조금도 놀라운 일이 아닙니다. 사탄도 빛의 천사 라는 탈을 쓰고 나타나지 않습니까?
15 이렇게 사탄의 일꾼들이 정의의 일꾼으로 가장하고 나선다 해도 조금도 놀라울 것이 없습니다. 그들의 행실에 따라 그들의 최후가 결정될 것입니다.

그러나 반-그리스도를 대변하는 사람들을 식별하는 일이 그렇게 간 단한 문제가 아니라는 것이 냉엄한 현실입니다. 오늘날 많은 그리스 도 교회에서도 볼 수 있듯이, 그들은 자신들이 그리스도의 대변자인 것처럼 위장하는 기술이 뛰어납니다. 여기서 말하고자 하는 요점은, 반-그리스도의 환영을 식별하는 것도 마찬가지로 간단하지 않다는 것 입니다. 왜냐하면 그것들은 항상 진리처럼 보이는 방식으로 나타나기 때문입니다.

다시 말해서 그리스도 의식의 여정을 걷는 일은 여러분의 마음에서 분명하게 악이나 어둠을 식별해 내는 그런 간단한 문제가 아닙니다. 그것은, 전적으로 온화하고 진실해 보이는 반-그리스도의 교묘한 거짓말과, 세상의 규범과는 너무 달라서 처음에는 진리가 아닌 것처럼 보일 수 있는 그리스도 실재 사이의 아주 미세한 차이를 식별해야 하는, 훨씬 복잡한 문제입니다.

여기에서 내가 말하는 것에 주목하세요. 이 과정에 열려 있다면, 여러분은 변화하겠다는 의지를 어느 정도 가지고 있는 것입니다. 따라서 자신이 반-그리스도 마음에서 나온 생각을 믿었다는 것을 알게 된다면, 기꺼이 그 생각을 놓아버리려고 할 것입니다. 그러므로 여러분이 반-그리스도 마음에서 나온 생각을 내려놓지 못했다면, 아직 그 생각이 무엇인지 보지 못했기 때문입니다. 그것을 보지 못한 이유는 여러분이 어리석거나 부족해서가 아니라, 이 생각들이 실제로 매우 교묘해서 그것들이 정말로 무엇인지 정체를 파악하기가 어렵기 때문입니다. 그것들은 온화하고 유익하고 진실한 것처럼 보입니다. 이 생각들은 대개 사회와 문화의 전통에 부합하고, 어떤 경우에는 여러분이 살면서 겪은 경험으로 확인되는 것처럼 보일 수도 있습니다. 그러나 겉보기와 달리 그 생각들은 환영이며 거짓입니다. 그것들은 여러분이 내면에 있는 하늘나라에 들어가지 못하도록 끝까지 막을 것입니다.

* * *

그리스도 의식에 이르는 여정의 핵심은, 전혀 환영처럼 보이지 않기 때문에 지금 여러분이 그것을 환영이라 깨닫지 못하고 있는 그 환영을 보고 식별할 수 있게 되는 것입니다. 영적인 스승으로서 내 역할의 핵심은, 여러분을 도와서 의식하는 자아가 지금은 보지 못하고 있는 것을 볼 수 있게 해주는 일입니다. 그러나 에고는 그것을 결코 볼 수 없을 것이며, 그렇기 때문에 자신이 볼 수 없는 것을, 의식하는 자아도 보지 못하기를 원합니다. 따라서 내 역할은, 여러분의 기존의 신념 체계인 멘탈 박스에 도전함으로써 여러분이 지금은 볼 수 없는 것을, 필요한 어떤 방법을 써서라도 볼 수 있게 해주는 일이라 할 수 있습니다.

분명히 내가 이전에도 이런 말을 했으므로, 여러분은 내가 같은 말을 반복한다고 생각할 수도 있습니다. 하지만 여러분은 내가 한 말을 진정으로 이해하고 내면화했나요? 여전히 여러분이 반-그리스도 마음에서 비롯된 환영에 매달리고 있다는 것은 의심할 여지가 없습니다. 어떻게 이렇게 말할 수 있을까요? 만일 그러한 환영을 모두 놓아버렸다면, 여러분은 더 이상 지구에 있지 않을 것이기 때문입니다. 여러분은 영적인 영역으로 상승했거나, 이 과정을 필요로 하지 않고 나와 직접 소통할 수 있었을 것입니다!

현재 이 행성은, 인간이 행하는 일의 모든 측면이 반-그리스도 마음에 의해 채색되는, 매우 밀도 높은 환경을 지니고 있습니다. 심지어 물질 자체도 원래 설계된 방식보다 더 밀도가 높아서, 여러분이 신으로부터 분리되었다는 기본 환영을 공고히 해주는 것처럼 보입니다. 또한 물질의 밀도 때문에 어떤 사람들은 물질 너머에는 아무것도 없다고 믿을 정도까지 이르렀습니다.

내 말의 요점은, 여러분이 지구에 있는 한 항상 깨어 있는 상태를 유지해야 하며, 더 이상 배울 것이 없다는 생각이나 더 이상 성장이 필요하지도 가능하지도 않은 궁극적인 의식 상태에 도달했다는 생각을 절대 허용하지 않는 것이 현명한 태도라는 것입니다. 흔히 말하듯이, "계속해서 자신을 점검하고 초월하겠다는 의지, 끊임없이 깨어 있는 자세를 지니는 것이 제자들이 해야 할 몫입니다."

여러분은 자신이 생각하는 바 그대로의 존재입니다. 그러므로 여러분이 더 이상 성장이 필요 없다고 생각한다면 어떻게 더 성장하는 것에 마음을 열 수 있겠습니까? 그러나 그리스도 의식은 절대 변하지 않는 완벽한 상태가 아닙니다. 그리스도 의식이란, 항상 흐르고 있는 생명의 과정 그 자체와 하나되어 존재하는 상태입니다.

붓다에게 그가 어떤 존재인지를 물었을 때, 그는 이와 같이 지극히 심오하고 강력한 대답을 주었습니다. "나는 깨어 있다(I AM awake)!" 전적으로 완전하게 깨어 있는 것이 영적인 학생의 궁극적인 목표이지만, 물질 우주의 밀도에서는 그 상태에 도달하기가 정말 어렵습니다. 따라서 영적인 스승의 역할은, 먼저 학생을 높은 수준의 "깨어 있는" 상태로 데려간 다음, 자신도 모르는 사이에 덜 깨어 있거나 깨어 있지 못한 상태로 되돌아가지 않게 해주는 일입니다. 그리고 이와 같은 후퇴는 자신을 진보한 학생이나 심지어 스승이라고 생각했던 많은 사람에게 일어났습니다.

지금 내가 하는 말을 이해하겠습니까? 내 일은 항상 여러분을 더 높은 의식 상태에 도달하게 하고 현재의 믿음과 정체성을 넘어서도록 촉구하는 것입니다. 내 일은 항상 여러분의 편안한 느낌, 균형 상태에 있다는 느낌, 현상을 유지하려는 느낌에 도전을 제기하는 것입니다.

변화를 원하지 않고 도전을 받지 않으려는 것이 에고입니다. 그것이 바로 에고가 살아 있는 그리스도를 죽여서라도 침묵시키려고 하는 이유입니다. 에고는 안전을 필요로 하기 때문입니다. 에고는 신성을 가지고 있지 않으므로 통제를 통해서 안전을 얻으려고 합니다. 에고는 끊임없이 균형 감각을 유지하려고 합니다. 따라서 진지한 학생이라면 스승이 모든 편안한 느낌과 심지어 외적인 안전까지도 도전하도록 허용할 의지가 있어야 합니다. 다음 인용구를 다시 한번 보겠습니다.

> 25 누구든지 제 목숨을 살리려고 하는 사람은 잃을 것이며 나를 위하여 제 목숨을 잃는 사람은 얻을 것이다.
> 26 사람이 온 세상을 얻는다고 해도 제 목숨을 잃으면 무슨 소용이 있겠느냐? 사람의 목숨을 무엇과 바꾸겠느냐? (마태 16장)

자신의 목숨을 기꺼이 잃는다는 것은, 살아 있는 그리스도를 따르기 위해 이 세상에 기반을 둔 어떤 편안함이나 안전도 기꺼이 포기한다는 의미입니다. 새로운 학생들에게는 안전을 포기하는 것이 매우 어려울 수 있습니다. 그런데 역설적으로, 이제는 도전받을 필요가 없다고 생각하는 오래된 학생에게는 더욱 미묘한 방식으로 훨씬 더 어려울 수 있습니다. 하지만 만일 진정한 스승과 사제 관계로 있기를 바란다면, 지구에 있는 그 누구도 도전받는 것으로부터 자유롭지 않습니다. 마음은 습관을 형성하는 경향이 있습니다. 그래서 낯선 진리보다는 익숙한 환영이 더 매력적으로 보이며, 사람들은 단지 친숙한 편안함과 안도감을 제공한다는 이유로 거짓에 매달리게 됩니다.

에고는 언제나 도전에 저항하지만, 의식하는 자아조차 성장과 배움에 저항할 수 있음을 이해하는 일이 매우 중요합니다. 이 저항은 매우 교묘해서 그것이 무엇인지 아는 학생이 거의 없습니다. 그러므로 이전보다 더 분명하게 설명해 보겠습니다.

* * *

에고의 첫 번째 방어선을 들여다봅시다. 영적인 스승에게 가장 큰 난제 중 하나는 복잡성이라는 문제입니다. 이 행성에서 대부분의 사람은 자신과 삶을 지나치게 단순하게 이해하면서 자랐습니다. 전통적인 그리스도교 환경에서 자라났다면, 여러분이 잉태될 때 신이 여러분의 영혼을 창조했으며 그 이전에는 어디에도 존재한 적이 없었다고 믿도록 배웠을 것입니다. 물질주의 환경에서 자라났다면, 여러분의 자아감은 뇌의 산물이며 유전적 특성과 환경적 요인에 의해 영향을 받는다고 배웠을 것입니다. 결국, "여러분"은 이전에 존재한 적이 없으며 탄생과 동시에 나타났을 뿐이라는 것입니다.

실제로는 상황이 훨씬 더 복잡하지만, 문제는 대부분의 학생이 자신이 어디에서 왔는지에 대한 전체적인 이야기를 들으면 완전히 압도당하는 느낌이 들 수 있다는 점입니다. 영적인 스승이 겪게 되는 가장 흔한 반응 중 하나는, 그리고 내가 지상에서 걸어 다녔을 때 흔히 마주친 반응은, 성서에도 기록되었듯이, 학생이 자신의 기존 신념을 훨씬 넘어서는 아이디어를 접하게 되면, 그것을 받아들이지 않고 스승과 스승이 가르치는 모든 것을 거부하는 것입니다

실제로 심리학에서 이런 반응을 매우 잘 설명하고 있는데, 흔히 "투쟁-도피 반응"이라고 불립니다. 위험에 맞닥뜨린 사람의 전형적인 반응은 싸우거나 도망침으로써 그 위험을 회피하는 것입니다. 대부분의 사람은 기본적으로 달아나는 반응을 보이지만, 어떤 사람들은 오히려 위험과 싸우는 것을 기본 반응으로 취합니다.

그렇다면 학생이, 기존 신념 체계를 훨씬 뛰어넘는 아이디어, 자신

의 신념 체계를 넘어 현상 유지의 감각까지 위태롭게 하기 때문에 위협으로 보이는 아이디어를 접할 때 어떤 일이 일어날까요? 글쎄요, 성숙하지 못한 학생은 투쟁-도피 반응을 겪게 됩니다. 그들은 대개 자신들의 기존 세계관에 근거해 아이디어를 거부함으로써, 늘 하던 대로 그것에 대해 생각하기를 피하려고 할 것입니다. 그 아이디어를 무시하는 것을 정당화할 수 없다면, 그들은 흔히 그것에 반하는 주장을 펼치거나 심지어 그것을 제시한 사람을 공격함으로써 그 아이디어와 싸우는 방향으로 선회할 것입니다. 경전을 보면, 내가 도전적인 아이디어를 제시했을 때 율법학자들과 바리새인들, 심지어 가끔은 내 제자들까지도 그렇게 반응했음을 알 수 있습니다.

여러분이 가르침을 받을 수 있는지에 대해 말하는 열쇠에서 이 반응을 설명하고 있는 이유가 무엇일까요? 여러분이 거부하는 반응을 하거나 단지 새로운 아이디어에 투쟁-도피 반응을 보이는 한, 가르침을 받을 수 없다는 것이 분명하지 않나요? 이 과정은 다양한 배경을 가진 모든 사람이 읽을 수 있습니다. 이 과정에서 내가 어떻게 그 누구에게도 도전적이지 않고 새롭지 않은 것을 말할 수 있을까요? 생각해 본다면, 여러분이 이 과정을 읽고 있는 이유가, 그것이 여러분의 삶을 개선하는 데 도움이 되기를 바라기 때문임을 알게 될 것입니다. 따라서 삶을 개선할 방법을 이미 알았다면 여러분은 그렇게 했을 것이고, 이 과정이 필요 없었을 것입니다. 그렇다면 어떻게 하면 내가 여러분의 삶을 개선하도록 도울 수 있을까요? 나는, 여러분이 이미 알고 있는 것이 아닌 무언가를 말해야 합니다. 하지만 여러분이 이미 알고 있는 것을 뛰어넘는 것은 무엇이든 다 거부하려는 기본 반응을 보인다면, 여러분을 가르칠 수 있는 내 능력은 심각하게 제한을 받게 될 것입니다.

그러므로 내게는 두 가지 선택권이 있습니다. 나는 그저 내가 말하고 싶은 것을 말하고, 내 아이디어가 너무 도전적이고 그들의 기존 믿음을 너무 크게 벗어나 있으므로, 학생 중 일부가 걸러진다는 사실을 받아들일 수 있습니다. 아니면 사람들이 새로운 아이디어를 받아들이지 못하게 방해하는 가장 흔한 메커니즘을 인식하도록 해줄 수 있습니다. 전자의 선택은 지구에 살았을 때의 나를 포함해서 과거에 다수의 영적 마스터가 취했던 방식입니다. 그러나 시대가 변했고 인류의 의식도 상승했으므로, 신의 법칙은 그리스도 의식의 여정에 대해 이전에 행해졌던 것보다 더 직접적인 방식으로 설명해 주기를 요구합니다. 그래서 나는 이 과정에서는 후자를 선택했습니다.

내가 이미 여러 각도에서 설명했듯이, 그리스도 의식에 이르는 여정의 핵심은 자신의 눈 안에 있는 들보를 볼 수 있게 되는 것입니다. 그 들보는 에고이며 이면에 숨어 있는 환영의 복합체입니다. 나는 지금까지 그리스도 의식에 이르는 여정의 드라마에 등장하는 두 선수, 즉 의식하는 자아와 에고에 관해 이야기했습니다. 에고는 의식하는 자아가 반-그리스도 마음에서 비롯된 환영을 받아들임으로써 창조되었습니다. 이 여정의 핵심은 여러분이 이 환영을 알아채고 놓아버리는 일이며, 그럼으로써 에고가 마치 전혀 존재하지 않았던 것처럼 죽게 하는 일입니다. 이 과정에서 의식하는 자아, 좀 더 정확히 말하면 의식하는 자아에 기반을 둔 정체감이 부활합니다.

어떻게 하면 현재 여러분이 붙잡고 있는 환영을 꿰뚫어 볼 수 있을까요? 오로지 그리스도의 진리가 그 환영들에 도전하도록 허락함으로써 가능합니다! 그렇다면 강한 생존 본능을 가진 에고는 이런 일이 일어나기를 원하지 않는다는 것이 분명하지 않을까요? 따라서 에고는, 여러분이 환영에 질문을 던지거나 그리스도의 진리를 받아들이는 것을 막기 위해서, 생각할 수 있는 무엇이든 다 할 것입니다. 에고의 첫 번째 방어책은 새로운 아이디어를 진지하게 고려하지 않고 거부하게 하는 투쟁-도피 반응입니다. 붓다께서 이것을 매우 설득력 있게 말씀하셨습니다. "합리적이지 않은 어떤 것도 받아들이지 말라. 적절한 검토 없이 어떤 것이든 불합리하다고 거절하지 말라."

살아 있는 그리스도의 진실한 학생의 특징은, 절대적인 진리라고 생각하는 기존의 믿음이든 새롭게 접한 아이디어든, 어떤 아이디어라도 기꺼이 적절하게 검토할 수 있다는 것입니다. 이런 태도를 지녀야만 비로소 가르침을 받을 수 있습니다.

종교적이거나 영적인 관심을 가진 사람들을 솔직하게 살펴볼 때, 대부분은 가르침을 받아들일 자세가 되어 있지 않다는 것을 알 수 있습니다. 그들의 에고는 투쟁-도피 반응에 기반을 두어 새로운 아이디어를 거절하도록 그들을 조종하며, 그들은 성장을 거부하면서 평생을 보냅니다. 예를 들어 근본주의 그리스도교인은, 소위 성서에 대한 문자적인 해석을 위협한다는 이유로 이미 오래전에 이 과정을 거부했을 것입니다. 그럼으로써 그 자신은, 내가 육신으로 그들 앞에 섰을 때 나를 거부했던 바리새인처럼 되는 것입니다.

이제 나는 대부분의 독자가 바리새인들보다 더 성숙하다는 것을 잘 알고 있습니다. 여러분은 아마도 도전적인 아이디어에 대해 생각하고 자신의 세계관을 기꺼이 수정하면서, 이미 투쟁-도피 반응을 극복하기 시작했을 것입니다. 여러분은 아마도 어린 시절의 믿음을 이미 넘어서서 삶에 대한 더 정교한 견해를 받아들였을 것입니다. 그러나 아직은 이 과정을 읽으면서 자신의 투쟁-도피 반응에 깨어 있을 필요가 있습니다. 여러분이 가장 깊이 간직한 믿음 중 하나가 도전받는 때가 올 것이기 때문입니다.

따라서 가르침을 온전히 받을 수 있으려면 새로운 접근법을 채택하고 습관이 되도록 해야 합니다. 여러분은 내가 이 과정에서 제시하는 아이디어에 대한 자신의 반응과 여러분 자신을 기꺼이 관찰하고 점검해야 합니다. 아무리 미묘한 것이라도 투쟁-도피 반응을 느낄 때마다, 그것은 여러분이 환영을 놓아버리는 것을 에고가 막으려 하기 때문임을 알아야 합니다. 지속적이고, 진중하며, 타협하지 않는 '자기 점검'은 살아 있는 그리스도의 제자라는 자격을 위해 지불해야 하는 대가입니다. 그리스도 의식의 여정에서 이루는 진전은, 여러분 자신을 기꺼이 살펴보려는 의지, 특히 모든 것을 통제하고 있다는 에고의 감각에 도전하는 아이디어에 자신이 어떻게 반응하는지 살펴보려는 의지와 직결됩니다.

또한 그 어떤 아이디어든 그것에 도전할 필요가 있다는 것을 깊이 생각해 보기 바랍니다. 여러분은 살아 있는 그리스도의 제자로서, 새로 다가오는 아이디어는 물론, 이미 마음속에 자리 잡은 친숙한 아이디어까지, 그 모든 아이디어를 적절하게 점검할 마음이 있어야 합니다. 이것이 왜 그렇게 중요할까요? 이제 에고의 방어 전략에 대한 더 정교한 그림을 살펴보겠습니다.

* * *

삶의 현실은 대다수 사람이 믿고 있는 것보다 훨씬 더 복잡합니다.

이것은 매우 긴 과정이지만, 여기서 모든 것을 설명하는 것이 내 목표가 아닙니다. 이 과정은 시리즈의 한 부분이며, 앞의 두 권의 책은 여러분이 언제, 어떻게 그리고 왜 에고를 만들었는지 자세히 설명하고 있습니다. 첫 번째 책은 "풍요로운 삶에 이르는 핵심 열쇠(Master Keys to the Abundant Life)"로, 성모 마리아(Mother Mary)로 알려진 상승 마스터에 의해 전해졌습니다. 그녀는 실제로 내가 예수로 살았을 때 내 육신의 어머니로 봉사했습니다. 두 번째 책은 "영적인 자유에 이르는 길 33(Master Keys to Spiritual Freedom)"으로, 서양에서는 그리 잘 알려지지 않은 상승 마스터께서 전해 주었습니다. 그의 이름은 로드 마이트레야(Lord Maitreya)로, 나의 영적인 스승이었고 지금도 그러합니다. 내가 나의 "아버지"에 대해 말했을 때, 때로는 나의 창조주를, 때로는 나의 영적인 자아를, 그리고 때로는 나의 구루로서 나의 영적인 아버지 위치에 있는 마이트레야를 지칭했습니다. 에고의 기원을 더욱 제대로 이해하기 위해서는 이 두 책을 모두 공부할 필요가 있습니다. 이 과정에서는 단지 내가 말하려고 하는 요점을 설명하는 데 필요한 만큼만 제공할 것입니다.

이 시점에서 여러분이 이해해야 할 점은, 에고가 의식하는 자아에 의해 창조되었으며, 그 일이 오래전에 일어났다는 것입니다. 이것을 알아야 여러분이 에고의 방어 전략을 뚫고 들어가는 일이 왜 그렇게 어려운지 이해할 수 있습니다. 에고는 너무나 오랫동안 여러분 존재의 일부였기 때문에, 여러분은 그것을 당연시하고, 필수적이고 유익한 것이라고 생각합니다. 심지어 에고가 여러분의 필수적인 구성 요소이므로, 그것 없이는 살 수도 없고 자기자신일 수도 없다고 생각합니다.

전통적인 그리스도교인은 에고의 기원을 설명하기가 어려울 것입니다. 여러분의 영혼이 여러분이 태어나기 바로 직전에 창조되었다면, 신이 에고 또한 창조했을까요? 그리고 만일 신이 에고를 창조했다면, 여러분이 어떻게 에고를 극복할 수 있을까요? 여러분이 누구인지 그리고 어떻게 창조되었는지에 대한 전통적인 그리스도교인의 관점은, 사람들을 달래면서 구원을 받기 위해서 자신이 할 수 있는 일이 거의 없다고 믿게 만드는 경향이 있다는 것을 알겠나요? 그러나 실재는 근본부터 다르기 때문에, 대부분의 주류 그리스도교인이 그것을 받아들이려 하지 않을 것입니다.

여러분은 이 과정에 열려 있기 때문에, 실재가 어린 시절에 가졌던 믿음보다 더 복잡하다는 것을 이미 알아차렸을 것입니다. 아마도 여러분은 자신을 포함해서 인간의 정신이 사람들이 생각하는 것보다 더 복잡하다는 사실을 이미 깨닫기 시작했습니다. 마음속 깊이 들어가 문자 그대로 자신의 삶에서 취한 매우 복합적인 믿음과 마주하면, 여러분은 훨씬 더 복잡한 상황을 보게 될 것입니다. 그러한 복잡함이 단지 한 번의 짧은 생애 동안 일어날 수 없다는 점이 분명해질 것입니다. 따라서 실제로 나와 내 제자들에게 환생이 자명한 실재였던 것처럼, 결국 환생은 모든 영적인 학생에게 자명한 실재가 될 것입니다. 나는 대중에게는 환생을 가르치지 않았지만, 제자들에게는 확실히 모든 것을 자세히 설명했습니다. 나의 제자들은 자신에게 전생이 있었으며 그렇기에 자신이 복잡한 존재라는 사실을 충분히 알고 있었습니다.

이 시점에서 내가 환생을 언급하는 이유가 무엇일까요? 왜냐하면 그것이, 에고의 주된 방어 전략을 꿰뚫어 보는 일이 사람들에게 왜 그렇게 어려운지 설명할 수 있는 유일한 방법이기 때문입니다. 내가 말했던 것처럼, 에고의 환영은 너무 오랫동안 여러분 존재의 일부였기 때문에 매우 친숙해졌습니다. 실제로, 의식하는 자아는 어떤 환영에 대해서는 물어서도 안 되고, 물을 수도 없고, 의문을 품는 것조차 허용되지 않는다고 믿게 되었습니다.

그리스도 의식의 여정은 모든 이원적인 환영에 의문을 제기하고 그것들을 버려야 하는 과정입니다. 이것을 알게 되면, 여러분에게 있는 의심할 수 없다고 생각하는 환영이, 불가피하게 여러분을 꼼짝 못하게 하는 영적인 딜레마에 빠뜨린다는 것을 알게 됩니다. 거기에서는 어떤 진전도 불가능합니다. 여러분은 자신이 영적인 여정을 걷고 있으며, 심지어 외적인 행위를 기반으로 커다란 진전을 이루었다고 생각할 수도 있습니다. 하지만 사실 여러분은 의문의 여지가 없다고 생각하는 환영에 질문을 제기하기 전까지는 더 이상 나아갈 수 없는 지점에 다다랐습니다.

에고의 전략에는 두 가지 방어선이 있습니다. 첫 번째는 여러분이 신과 분리되어 있다고 믿게 함으로써 여러분을 신의 나라 밖에 머물게 하는 어떤 환영을 받아들이게 하는 것입니다. 두 번째 방어선은, 첫 번째 환영이 의문의 여지가 없으므로 그것을 넘어설 수 없다는 또 다른 환영을 받아들이게 하는 것입니다. 그런 식으로 에고는 그 환영을 넘어서는 것을 불가능하게 하면서, 여러분을 무한정 가둬 놓는 미로를 만들기 위해 겹겹이 장벽을 쌓습니다.

사람들을 보면, 대체로 이 메커니즘이 작동하고 있다는 것을 볼 수 있습니다. 대부분의 사람은, 절대로 의문을 제기하지 않는 기본적인 신념을 가지고 있습니다. 이 신념이 그들의 마음에 장벽을 쌓기 때문에 그들의 생각은 결코 그 너머로 가는 모험을 하지 않습니다. 그 신념은 금기시되고 건드릴 수 없는, 정신적인 신성한 소가 됩니다. 에고는 어떻게 사람들이 그 신성한 소를 믿도록 만들까요? 여기에서 가장 일반적인 방법들과 그것들이 왜 잘못되었는지 설명하겠습니다.

- **금지된 지식**. 어떤 사람도 알 수 없거나 엘리트 계층의 일부 사람만 알 수 있는 특정한 아이디어가 있다는 주장입니다.

실제로는 진지한 영적인 학생에게 정말로 금지된 지식은 아무것도 없습니다. 참된 스승들은 모두, 진리가 여러분을 자유롭게 해주며 부분적이거나 잘못된 지식은 여러분을 가둔다는 것을 압니다. 따라서 참된 스승들은 여러분이 진리를 찾기를 원합니다. 반면, 에고와 거짓 교사들은 항상 여러분에게 그들의 환영에 질문을 던지는 것이 금지되어 있다고 믿게 만들려고 합니다.

- **위험한 지식**. 어떤 아이디어에 질문을 던지거나 특정한 유형의 지식을 얻는 것은 위험하며, 여러분을 지옥으로 보내거나 다른 부정적인 결과를 초래한다고 주장합니다.

사실, 진리는 위험하지 않으며, 일단 진리를 알고 나면 모든 위험을 넘어설 수 있습니다. 위험한 것은 불완전한 지식이며, 조금 아는 것이나 환영이 진리라고 믿는 잘못된 지식이야말로 위험합니다. 따라서 참된 스승은 항상 여러분이 이해를 높이기를 원하지만, 에고는 여러분이 어떤 경계를 넘어가는 것은 위험하다고 믿기를 원합니다. 환영을 믿고 그것에 질문을 던지기를 두려워하게 되어 그것이 환영임을 결코 알아차릴 수 없게 되는 일보다 더 위험한 것은 없습니다.

- **불가능한 지식.** 여러분은 한낱 인간에 지나지 않기 때문에 그저
  알 수 없는 것들이 있다는 주장입니다.

실제로, 여러분은 한낱 인간이 아니라 창조주의 확장체인 영적인
존재입니다. 따라서 의식하는 자아가 알 수 없는 것은 아무것도 없습
니다. 의식하는 자아는 신의 존재에서 나온 확장체이며 따라서 신의
마음의 충만함에 접근할 수 있는 궁극적인 잠재력을 가지고 있습니다.
그렇지만 더 정교한 지식을 얻으려면 기꺼이 기존 신념을 넘어서 생
각해야 하는데, 에고는 이것을 여러분이 하지 못하도록 애쓰고 있습
니다. (뇌의 능력에 한계가 있으므로, 여러분이 육체 안에 있는 동안
외면의 마음으로는 알 수 없는 것이 있다고 여기서 말해야 하겠습니
다. 그러나 의식하는 자아는 뇌 그 이상입니다.)

- 여러분의 현재 신념은 완전하다. 여러분의 현재 신념이 이미 실재
  에 대한 완전한 견해를 제공하며 더 이상 알아야 할 것이 없으므
  로 그것에 대해 질문할 필요가 없다는 주장입니다.

실제로는 여러분이 누구든, 얼마나 많이 알든, 어떤 신념 체계를 받
아들이고, 얼마나 공부를 많이 했든, 여러분의 현재 신념은 완전하지
않다고 분명히 말할 수 있습니다. 어떻게 이렇게 말할 수 있을까요?
그 이유는, 여러분이 지금 지구에 육화해 있기 때문입니다! 신의 마음
은 인간이 상상할 수 있는 수준을 훨씬 넘어서기 때문에, 항상 발견

할 것이 더 있을 것입니다. 상승한 존재인 나조차도 신의 마음의 모든 측면을 탐색하지는 못했습니다. 그러므로 여러분이 육체를 가지고 있는 한, 그리고 그 너머에서도, 배울 것이 더 많이 있을 것이라고 예상해야 합니다. 하지만, 그 너머는 이 과정에서 나의 주된 관심사가 아닙니다. 참된 스승은 여러분이 기존의 믿음에 항상 질문을 던지기를 원하지만, 에고는 자신을 살아 있게 해주는 환영에 여러분이 의문을 제기하지 못하도록 필사적으로 노력하고 있습니다.

의식하는 자아가 신의 마음의 충만함에 접근할 수 있다고 말할 때 그것은 맞는 말이지만, 신의 마음은 너무도 광활해서 육화 중인 어떤 사람도 신의 마음속에 있는 모든 지식을 담을 수 없습니다. 달리 말하면, 의식하는 자아가 신의 마음을 완전하게 이해하려면, 반드시 영적인 영역으로 상승해서 육체와 뇌의 한계에 방해를 받지 않아야 합니다. 그러나 여러분이 알 수 있는 것에는 궁극적으로 어떤 한계도 없다는 것은 여전히 진실입니다.

· 여러분의 현재 믿음에는 오류가 있을 수 없으며 틀림없는 사실이다. 여러분이 믿는 것에는 신의 말씀인 성서나 객관적 사실을 제시하는 과학과 같이 가장 높은 권위가 있기 때문에 잘못되거나 누락된 것이 있을 수 없다는 주장입니다. 따라서 그에 상충하는 모든 지식은 단지 거짓이거나 악마의 것이라는 말입니다.

실제로 물질 우주는 밀도가 매우 높은 환경입니다. 신은 물질 우주를 초월해 있습니다. 그 결과 물질세계의 어떤 신념 체계도 완전하거나 절대로 오류가 없는 신의 이미지를 제공할 수 없습니다. 진실로 신은 지구에서 발견되는 어떤 멘탈 박스에 집어넣기에는 너무나 복합적인 존재입니다. 따라서 기존의 지식을 넘어, 더 많은 것을 배우는 것에 항상 열려 있는 태도가 현명합니다. 다시 말하지만, 참된 스승은 여러분이 계속 의식을 확장하기를 원하지만, 에고는 여러분이 가능한 가장 높은 성취를 이루었다고 믿게 만들어서 어떤 수준에서든 멈추기를 원합니다.

또 다른 문제는, 마이트레야께서 그의 책에서 설명했듯이, 언어는 모호하기 때문에 절대적인 진리를 언어로 표현하는 일은 절대로 불가능합니다. 따라서 진정으로 진리를 알려면, 여러분은 다음 말에 담긴 더 깊은 의미를 이해해야 합니다.

> 신은 영이시다. 그러므로 예배하는 사람들은 영적으로 참되게 신께
> 예배드려야 한다. (요한 4:24)

진리를 온전히 알려면, 진리에 대한 언어적인 표현을 넘어서야 합니다. 그것이 바로 살아 있는 그리스도가, 그 믿음이 무엇이든 여러분의 믿음에 도전하려고 하는 이유입니다. 에고와 거짓 교사들은 내가 방금 말한 것을 격렬하게 부정할 것이며, 여러분의 신념 체계만이 절대적이고 다른 모든 것은 거짓이라는 믿음에 매달리게 할 것입니다.

이제 패턴이 보이기 시작하나요? 이러한 방어 전략의 전반적인 효과는, 에고가 여러분 마음속에 안전지대로 보이는 특정한 영역들을 만들어냈다는 것입니다. 왜냐하면 그곳에 있는 아이디어들은 여러분이 질문을 제기하지 않을 것이고, 그러면 환영으로 밝혀지지 않을 것이기 때문입니다. 이러한 영역은 여러분의 의식하는 자아에게는 출입

이 금지된 곳이기 때문에, 여러분은 그 안에 숨어 있는 환영들로부터 결코 자유로워질 수 없습니다. 즉 에고가 여러분의 마음을 분열시키는 것을 여러분이 받아들이지 않고 어떤 아이디어에든 기꺼이 질문을 던지기 전까지는 자유로워질 수 없습니다. 요점이 보입니까? 이어서 살펴볼 인용 구절을 진정으로 이해한 그리스도교인은 거의 없었습니다.

> 어느 나라든지 갈라져서 서로 싸우면 망하고 어느 동네나 집안도
> 내분이 일어나서 서로 싸우면 지탱하지 못한다. (마태 12:25)

이제 더 깊은 의미가 보입니까? 갈라진 나라는 여러분의 마음이며, 그것을 분열시킨 요인 중의 하나가 바로, 의식하는 자아가 어떤 이유로든 질문을 제기하지 않을 아이디어들이 있는 이러한 금지된 구역을 에고가 만들어냈다는 것입니다. 그러므로 여러분의 삶 일부는 참된 아이디어에 그리고 일부는 거짓된 아이디어에 기반을 두고 있으며, 전적으로 거짓된 아이디어에 기반을 두고 있는 사람들도 있습니다. 그래서 기꺼이 "철의 장막"을 뚫고 "신이 없는 구역"에 그리스도의 빛을 비추려 하지 않는 한, 여러분은 계속 분열된 채로 남아 있을 것입니다. 그 분열은 결국 여러분에게 "황폐화"나 몰락을 가져오게 됩니다. 그 이유는, 내가 여러 번 말했듯이, 생명의 강은 항상 흘러가고 있기 때문입니다. 따라서 의식 안에서 한 곳에 계속 머물러 있을 수 없는 것이 영적인 법칙입니다. 성장하지 않으면 불가피하게 강에서 뒤처질 것이며, 시공간 안의 모든 것은 끝이 있을 수밖에 없으므로 결국은 기회가 사라질 것입니다.

*　*　*

　앞에서 나는 의식하는 자아조차 변화에 저항할 수 있다고 말했는데, 이 점을 깊이 생각할 필요가 있습니다. 의식하는 자아가 자신이 누구인지 망각했을 때, 상대적으로 쉽게 복잡성에 압도되고, 자신이 하찮은 인간이기 때문에 현재의 신념 체계 너머에 있는 것은 아무것도 이해할 수 없다고 느끼기 쉽습니다. 따라서 의식하는 자아는, 여러분이 특정한 사고 체계에 자기 마음을 국한하는 한, 궁극적인 의미에서 안전할 것이라는 에고의 거짓말을 쉽게 믿게 됩니다. 에고의 거짓말에 대해서는 나중에 더 살펴보겠습니다.

　이런 사고방식이 아주 오랫동안 이 행성 위에 검은 구름처럼 드리워져 있었다는 사실을 이해해야 합니다. 정직하게 인류를 바라본다면, 대부분의 사람이 무슨 일이 일어나고 있는지 전혀 이해하지 못한 채, 자신의 잠재력에 대한 매우 엄격한 제한을 받아들여 왔음을 알 수 있습니다. 그래서 내가 사람들의 주의까지 끌어가며, 모두가 열망할 수 있는 더 높은 잠재력이 실제로 있다는 사실을 보여주기 위해서 몇 가지 기적을 행했던 것입니다. 나의 사례가 그렇게 빨리 예외적인 것으로 탈바꿈되었다는 그 사실이, 여러분의 영적인 잠재력을 부정하는 행성 차원의 힘이, 즉 영적인 자아를 의미하는 자기자신을 부인하는 행성 차원의 힘이 얼마나 강력한지를 잘 보여주고 있습니다.

　내 요점은, 여러분이 가르침을 받을 수 있으려면, 이러한 자기 부정의 힘이 존재하며, 그것이 의식하는 자아로 하여금 여러분의 진정한 정체성과 잠재력을 부정하게 만드는 아주 강력한 인력을 가지고 있음을 기꺼이 인식해야 한다는 것입니다. 그리고 바로 여러분이 자기 부정을 "정당화하는" 환영을 받아들였기 때문에, 자기 부정의 하향나선 위로 올라가기 위해서는 매우 결연한 노력을 기울여야 합니다.

여러분의 에고는 항상 이 나선에 갇혀 있겠지만, 여러분의 의식하는 자아마저 그것에 영향을 받았을 가능성이 큽니다. 따라서 여러분은 의식하는 자아의 가장 중요한 능력, 곧 자신을 의식하는 능력, 현재의 자아감과 마음 밖에서 자신을 보는 능력을 활성화해야 한다는 것을 반드시 알아야 합니다. 내가 말했듯이, 의식하는 자아는 신의 존재에서 나온 확장체입니다. 즉 여러분은 현재의 정체감 밖으로 나가서 여러분 존재의 더 높은 부분에 조율할 수 있는 능력이 있다는 뜻입니다. 이것은 여러분에게 스스로를 의식하는 능력, 즉 여러분이 어떤 환영을 받아들였는지 알고 그것들로부터 여러분을 자유롭게 할 수 있는 진리를 인식할 수 있는 능력을 줍니다.

그러나 여기서 꼭 알아야 할 점은, 자기의식(self-awareness)이란 기도나 명상을 한다거나 종교 경전이나 심지어 이 가르침을 공부한다고 해서 자동으로 오는 것이 아니라는 사실입니다. 자기의식은 현재의 정체감, 현재의 자아감 위로 기꺼이 올라가 그 이상(MORE)이 되겠다는 결정을 할 때, 즉 의식적인 결정의 결과로만 올 수 있습니다. 하지만 이 결정은 자신이 진정으로 누구인지를 갑자기 보고, 깨닫고, 경험하는 "아하 경험"에 따른 자발적인 결정이어야 합니다. 나는 이 과정을 통해서 여러분을 점차로 이런 경험의 더 깊은 층으로 데리고 가서, 여러분이 마침내 나와 함께 "나와 아버지는 하나이다."라고 말할 수 있게 하는 것을 나의 목표로 삼고 있습니다.

알다시피, 의식하는 자아는 바로 신의 존재에서 나온 확장체이기 때문에, 창조주께서 우주를 창조하게 된 추동력이 되었던 열망, 즉 그 이상이 되려는 동일한 열망을 여러분도 가지고 있습니다. 창조주는 그 이상이 되고 싶다는 바로 그 이유로, 형상 세계와 그 자신의 확장체인 자기의식을 지닌 존재들을 창조했습니다. 이처럼 창조주가 여러분을 통해서 그 이상이 되고자 하는 열망을 가졌기 때문에 여러분이 존재하는 것입니다. 그것은 곧 여러분 존재의 중심에는 그 이상이 되겠다는 열망이 있다는 의미입니다.

하지만 내가 말했듯이, 시간과 공간 안에서 의식하는 자아는 자신이 생각하는 그대로 존재합니다. 그것은 의식하는 자아가 자신을 필멸의 인간적인 정체감과 동일시할 수 있다는 의미입니다. 이로 인해 여러분은 그 이상이 될 수 있는 자신의 잠재력을 부정하게 되고, 제한된 잠재력을 편하게 느끼며, 편안해 보이는 한계를 넘어서는 생각을 하면 압도당하는 느낌을 가지게 될 수 있습니다. 영적인 학생들이 자신이 발견한 새로운 지식에 압도당하는 경우는 드물지 않습니다. 또한 그들이 물질세계를 다스릴 수 있는 내재된 능력을 발휘하여 내가 행했던 것과 같은 일들을 할 수 있다는 생각에 두려움이나 저항을 느끼는 경우도 적지 않습니다. 혹은 이 목표에 도달하려면, 내세의 하늘나라에서 즉각적인 구원을 보장해 준다는 외적인 길과는 대조적으로, 해야 할 일이 압도적으로 많다고 느끼기도 합니다.

자신 안에 이러한 저항이 있음을 알고 있기 때문에, 아마도 여러분은 내가 말하는 것을 이미 정확하게 알고 있겠지요? 아니면 이 개념이 여러분에게 완전히 새로운 것인가요? 어쨌든, 저항을 더 잘 인식하게 되는 것이 중요합니다. 이것을 알아차리지 못하면, 자신의 영적인 여정을 필요 이상으로 어렵게 만들 것입니다. 왜냐하면 여러분은 그 자체로 내분이 일어난 집이 될 것이기 때문입니다. 여러분에게 내재된 욕구가 이 과정을 찾아서 공부하게 했듯이, 또한 여러분을 영적인 여정으로 가게 하겠지만, 여러분 존재의 또 다른 부분은 여러분을 예전의 타성과 편안함으로 다시 끌어당길 것입니다. 그 부분이 에고입니다. 하지만, 여러분의 의식하는 자아가 에고의 환영을 믿는 한, 자신의 진전을 가로막는 여러분 자신의 저항 역시 있을 것입니다. 따라서 여러분이 진전을 이룰 때마다 무언가가 여러분을 아래로 끌어내릴 것이며, 여정에서 한 단계 더 높이 오를 때마다 결국에는 아주 힘들게 싸워야 할 경우가 종종 있을 것입니다. 이 불필요한 난관을 넘어설 수 있도록 돕는 것이 나의 목표입니다.

폭풍이 휘몰아치는 밤, 길이 얼어붙어 유리처럼 미끄러울 때 집으로 걸어와야 했던 사람에 대한 오래된 농담이 있습니다. 마침내 집에 도착했을 때, 그는 아내에게 이렇게 말했습니다. "길이 너무 미끄러워서 앞으로 한 걸음 내디딜 때마다 뒤로 두 걸음 미끄러졌어!" 그러자 아내는 논리적인 질문을 던집니다. "아니, 앞으로 한 걸음 내디딜 때마다 계속 뒤로 두 걸음 미끄러졌다면서, 어떻게 집에 왔어요?" 그는 이렇게 대답합니다. "그렇지, 그런데 마침내 어떻게 해야 하는지 알아냈거든, 뒤로 돌아서서 집의 반대 방향으로 걸었지!" 내 요점은, 여정에서 여러분이 앞으로 한 걸음 내디딜 때마다 에고는 여러분 마음에서 분열된 어떤 부분이든 이용해서 여러분을 두 걸음 뒤로 물러서게 할 것이라는 사실입니다. 그리고 결국, 이것은 여러분을 여정을 포기하도록 만들지도 모릅니다. 바로 이것이 '악마의 도구 상자에서 가장 날카로운 도구는 낙담'이라는 옛 속담에 담겨 있는 진실입니다.

그러므로 여러분은 전에 한 번도 해보지 못했던 일, 즉 에고가 여러분에게 걸었던 주문을 깨뜨릴 수 있는 일을 해서 그 기세를 꺾어버릴 필요가 있습니다. 그것은 여러분 자신을 인식하고, 여러분이 그 여정을 어떻게 보고 있는지를 인식하는 일입니다. 이것을 한순간에 할 수 있다거나 해야 한다는 말이 아닙니다. 내가 말하고 있는 것은 이 시점에서 여러분은 더 많은 것을 인식할 필요가 있다는 것입니다.

여러분의 존재 안에서 영적인 여정을 향한 저항은 물론, 심지어 내가 이 과정에서 제시하는 아이디어에 대한 저항까지도 찾아보겠다고 결정함으로써 이렇게 할 수 있습니다. 이러한 저항을 발견하게 된다면, 그것이 에고로부터 온 것이거나 아니면 의식하는 자아가 스스로를 환영이나 필멸의 정체성과 동일시함으로써 이런 저항이 일어난 것임을 알게 될 것입니다. 그런 다음 저항을 보는 것을 거부하는 기본 반응을 피하겠다고 의식적으로 결정해야 합니다. 대신 여러분은 그 저항을 바깥으로 드러내겠다고 결정해야 합니다. 그럼으로써 그리스도 진리의 빛 안에서 그것을 살펴보고, 어떻게 그리고 왜 그것이 실재가 아닌지를 볼 수 있습니다. 이렇게 하면, 마음속 더 깊은 곳에 숨어 있는 것을 보지 못하게 방해하는 벽을 무너뜨릴 수 있습니다. 그러므로 여러분은 자신의 눈 속에 있는 들보를 찾겠다고 결정해야 하며, 기꺼이 그것을 드러내어 의식적으로 환영을 꿰뚫어 보고 보내버려야 합니다.

절대 잊지 않도록 여러분의 마음속에 뿌리를 내려야 하는 핵심 방정식이 여기에 있습니다. 여러분은 무엇이 일어나고 있는지 그리고 그것이 여러분에게 어떻게 영향을 끼칠지 이해하지 못한 채, 이원성 환영을 받아들일 가능성이 아주 큽니다. 내가 말했듯이, 반-그리스도의 환영들은 매우 신중하게 진리인 양 위장되어 있으며, 유일한 진리로 또는 쉬운 출구로 제시되는 경우가 많습니다. 따라서 의식하는 자아는 그것들이 무엇을 하고 있는지 알아차리지 못하고 일련의 환영을 받아들일 수 있습니다. 왜냐하면 그것이 가장 저항이 적은 길처럼 보이기 때문입니다. 예를 들면, 아이는 부모와의 대립을 피하려고 부모의 종교를 받아들이기가 쉽습니다. 그러나 알지 못한 채로 남아 있거나 저항이 가장 적은 길을 택함으로써 환영을 극복할 수는 없습니다. 오직 더 많이(MORE) 깨어 있겠다고 결정함으로써만 환영을 극복할 수 있습니다. 그러려면 의도적인 노력이 필요합니다. 그런 일이 그저 자동으로 일어나지는 않을 것입니다!

눈을 감고 자신이 무엇을 하는지도 모른 채 삶의 계단을 미끄러져 내려갈 수 있습니다. 하지만, 눈을 뜨고 의식적인 결정을 하지 않는다면 계단을 다시 오를 수 없습니다. 행성의 자기 부정하는 힘이 여러분을 쉽게 아래로 끌어내리겠지만, 자기 부정은 여러분을 결코 자기-실현으로 이끌지 못할 것입니다. 자신의 진정한 정체성, 참된 자아로 깨어나지 않는 한, 여러분은 자기를 실현한 존재가 될 수 없습니다. 지구에서는 대부분의 사람이 잠들어 있으며, 깨어 있지 않습니다. 하늘나라에는 온전히 깨어 있으려 기꺼이 노력한 존재들만 있습니다. 잠결에 걸어가서 하늘나라로 들어갈 수는 없으므로, 여러분은 깨어 있기로, 자신을 의식하기로 결정해야 합니다.

파멸로 이끄는 넓은 길이야말로 저항이 가장 적고, 아무 생각 없이 행성적인 힘과 함께 흘러가면서 맹목적으로 눈먼 지도자들을 따르는 길입니다. 그것이 구원을 보장하거나 아주 쉬운 탈출구를 약속하는 것처럼 보일지라도, 여러분을 이원성의 정글 속으로 더 깊이 밀어 넣어버릴 뿐이며, 그 정글을 헤치고 나오려면 부단한 노력이 필요할 것입니다. 곧고 좁은 그리스도 의식의 여정은, 여러분 안에 있는 하늘나라에 들어가지 못하게 하는 모든 환영을 점검하기 위해 의식적으로 노력하는 길입니다. 달란트를 증식하는 것에 대한 비유에서 설명했듯이, 그것은 노력하는 만큼 보상받는다는 것을 알아가는 길입니다.

* * *

선(禪)불교에서 초심(初心)이라고 부르는 열린 마음, 기꺼이 새로운 방식으로 보려는 유연한 마음이 필요하다는 것을 내가 왜 그렇게 강조할까요? 실제로, 영적인 여정에 가장 오래 있었던 사람들이 가장 경직된 마음을 가지고 있는 경우가 많기 때문입니다. 그들은 외적인 신념 체계를 공부했기 때문에 자신이 알아야 할 모든 것을 알고 있다고 생각합니다. 그들은 아주 미묘한 방식으로, 영적인 여정과 구원을 전부 이해했다는 믿음 안에서 편안해지기 시작했습니다.

그러나 '스타워즈'라는 인기 있는 영화에서 루크 스카이워커가 요다에게서 제다이가 되는 훈련을 받은 것을 생각해 보세요. 요다는 루크에게, 배운 모든 것에서 벗어나야 한다고 말했습니다. 흔히 가장 많이 안다고 생각하는 사람들이 가장 경직되어 있습니다. 그 결과 그들은 그리스도 의식을 구현하는 마지막 걸음을 밟을 수 없습니다. 이것이야말로 불행한 일인데, 단지 몇 걸음만 더 옮기면 더 높은 의식 상태에 이를 수 있는 학생들이 많기 때문입니다. 하지만 그들은 경직된 마음 때문에 절대로 마지막 걸음을 걷지 않을 것입니다. 이로 인해 그들은 지구상의 신념 체계에 의해 정해진 외적인 기준에 근거해서, 자신이 "구원받았다."라는 믿음을 서서히 굳혀갈 것입니다. 따라서 그들은 그리스도를 진정으로 따르는 대신 현대판 율법학자들과 바리새인들이 되고 맙니다. 그들의 의로움은 내면의 하늘나라에 이르는 데 충분하지 않습니다.

고대 사원에 있었던 고르디우스 매듭 이야기를 생각해 보세요. 그 매듭은 너무나 정교하게 얽혀 있어서 매듭 안에 밧줄의 끝이 모두 숨겨져 있었습니다. 고르디우스 매듭을 "해체할" 수 있는 사람이 전 아시아를 다스리게 된다는 예언이 있었습니다. 많은 사람이 시도했지만, 그 매듭을 풀 수가 없었습니다. 마침내 알렉산더가 등장하여 칼로 그 매듭을 두 동강 내어버렸고, 따라서 매듭을 푼 것이 아니라 해체해 버렸습니다. 이 이야기의 요점은, 대부분의 사람이 문제를 만든 수준과 똑같은 의식 상태에서 그 문제를 보았다는 것입니다. 따라서 그들이 볼 수 있었던 유일한 해결책은 밧줄을 푸는 것, 곧 그 문제를 만든 과정을 거꾸로 거슬러 가는 것이었습니다. 하지만, 이것은 불가능합니다. 예전에 설명했던 대로 여러분이 더 깊은 환영에 질문을 던지지 못하도록 에고는 겹겹이 환영을 만들어 방어하여, 여러분이 거짓말의 거미줄을 풀 수 없게 만들기 때문입니다. 알렉산더는 그 문제를 만든 의식의 바깥으로 나갔으며, 따라서 새로운 관점에서 그 상황을 보고 유일하고 실용적인 해결책을 떠올릴 수 있었습니다. 이 이야기에서 얻을 수 있는 교훈은 문제를 만든 것과 같은 의식 상태에서는 그 문제를 풀 수 없다는 것입니다. 여러분은 죽음의 의식 상태에서 눈이 멀어 있으며, 그 의식 상태에서 생긴 문제를 해결할 수도 없습니다.

여러분의 에고가, 거짓의 시작도 끝도 볼 수가 없는 복잡한 매듭으로 묶인 교묘하게 뒤얽힌 환영의 그물을 만들어서, 여러분의 정신 안에 고르디우스 매듭을 만들었다는 것은 엄연한 현실입니다. 이원성 의식이나 인간의 지성을 사용해서는 이 매듭을 결코 풀 수 없습니다. 그러므로 여러분이 아무리 많이 알고 있어도 영적인 가르침을 아무리 지적으로 정교하게 이해하더라도, 이 매듭을 해체하는 데 한 발자국도 더 가까이 갈 수 없습니다. 진정으로 그 매듭을 해체하려면, 의식하는 자아가 현재의 정체감 밖으로 나갈 수 있는 능력을 사용해서 여러분 자신의 상위 존재와 다시 연결된 다음, 더 높은 관점에서 그 매듭을 살펴봐야 합니다. 오직 그리스도 마음의 비이원적 관점에서 그 매듭을 볼 때만, 환영을 꿰뚫어 보고 거짓을 밝혀낼 수 있을 것입니다. 내가 했던 말을 다시 한번 살펴보겠습니다.

> 14 어린아이들이 나에게 오는 것을 막지 말고 그대로 두어라. 신의 나라는 이런 어린아이와 같은 사람들의 것이다.
> 15 내가 진실로 말하노니, 누구든지 어린아이처럼 순수한 마음으로 신의 나라를 받아들이지 않으면 결코 그곳에 들어가지 못하리라.
> (마가 10장)

앞에서 언급했듯이, 영적인 구도자들 사이에서 흔히 볼 수 있는 두 가지 접근법이 있습니다. 하나는, 특히 새로 이 길에 들어선 사람들이 자신을 비하하는 함정에 빠지는 것으로, 흔히 열등 콤플렉스라고 불립니다. 그들은 그 길을 진정으로 이해하고 내가 했던 일을 하기에는 자신들이 너무 열등하다고 생각합니다. 그리스도는 모든 사람 안에 있으므로, 이것은 그들 안에 있는 그리스도를 명백하게 부정하는 것입니다. 모든 사람은 그리스도 마음에 연결될 수 있는 잠재력을 가지고 있으며, 그리스도 마음을 통해서 영적인 여정을 따르기 위해 알아야 할 모든 것을 이해할 수 있습니다. 따라서 기꺼이 현재의 의식 상태를 넘어설 의지가 있다면, 실제로 영적인 여정을 따라갈 수 있습니다.

다른 접근 방식은 대체로 추종자들에게 구원의 보장을 약속하는 조직의 일원으로서, 한동안 영적인 여정을 따랐던 사람들에게서 흔히 볼 수 있는 것으로, 자신을 높이는 함정, 곧 우월 콤플렉스에 빠지는 것입니다. 이것은 사람들에게 그 여정에 대한 기본적인 것들을 배울 단계를 넘어섰다고 생각하게 만들며, 자신의 기본적인 신념과 선입견에 대해 재고해 보는 것을 꺼리게 합니다. 그러한 기본적인 신념이 부분적으로 또는 전체적으로 환영에 기초한 것이라면, 그들은 앞으로 나아갈 수 없습니다.

덧붙여 말하자면, 여러분이 질문을 제기하지 않으려는 믿음은, 적어도 부분적으로는 환영에 근거를 두고 있다는 것입니다. 왜냐하면, 여러분이 생명의 강과 함께 흐르고 있다면, 더 높은 이해를 얻기 위해 어떤 믿음에도 기꺼이 질문을 던질 것이기 때문입니다. 앞에서 말했듯이, 어떤 것에 대해서든 언제나 더 높은 이해를 얻을 수 있습니다.

* * *

진지하게 그리스도 의식의 여정을 걷는 사람들은 모든 것에 기꺼이 의문을 제기해야 합니다. 그러나 나중에 더 자세히 설명하겠지만, 그리스도 의식의 여정은 한 극단에서 다른 극단으로 도약하는 일이 아니라, 내가 "곧고 좁은 길"이라고 불렀고 붓다께서 "중도(Middle Way)"라고 말한 것을 찾는 일입니다. 이것은 한 극단이나 다른 극단에 있지 않고 그사이의 타협점에도 있지 않으며, 이원성 게임을 초월해 있는 균형 상태입니다. 따라서 어떤 답도 찾지 않은 채 계속 질문만 던지는 일부 구도자에서 볼 수 있듯이, 모든 것에 질문을 던지는 일도 너무 지나친 것일 수 있습니다.

내 요점은 기꺼이 모든 것에 의문을 제기한다는 말이, 진리가 없다고 생각하거나 어떤 아이디어도 타당한 것으로서 받아들이지 않는다는 의미가 아닙니다. 오히려 정말로 타당한 아이디어가 있지만, 이 아이디어는 오직 여러분의 현재 의식 수준에서만 타당하다는 것을 알고 있는 것입니다. 따라서 여러분은 그 아이디어를 더 높은 의식 수준으로 오르는 데 사용할 수 있는 도구로 볼 수 있습니다. 그리고 여러분이 그 수준에 도달했을 때, 훨씬 더 높은 수준으로 오르기 위해서는 그곳으로 인도한 바로 그 아이디어에 질문을 제기할 필요가 있습니다.

달리 말해서, 기꺼이 모든 것에 질문을 던지는 동안에도, 여전히 자신이 타당하다고 받아들이고 위로 올라가기 위한 발판으로 사용하는 아이디어들이 있습니다. 가르침을 받을 수 있다는 것의 중요한 의미는, 이원적인 마음과 그것의 상대론적 추론을 넘어선 더 높은 진리가 있음을 인식하는 것이라고 말할 수 있습니다. 여러분은 현재 의식 수준에서 적어도 더 높은 진리의 파편을 알 수 있다는 것을 인식하고 있습니다. 그래서 타당한 아이디어가 있다는 것을 신뢰하는 한편, 여러분이 아직 전체 그림을 보지 못하고 있을 가능성에도 마음을 열어 둡니다. 마침내 더 큰 그림을 보게 될 때, 여러분은 지금 볼 수 있는 것보다 더 넓은 맥락에서 이 타당한 아이디어를 볼 수 있을 것입니다. 이것이 그 아이디어를 무효화하는 것은 아니지만, 그 아이디어에 대한 여러분의 관점과 이해를 변화시킵니다.

예를 들어보겠습니다. 수학을 배우기 시작할 때 덧셈과 뺄셈을 먼저 배웁니다. 이것은 완벽하게 유효한 기술이지만, 그렇다고 수학의 잠재력에 대한 전체 그림을 보여주지는 못합니다. 그래서 덧셈과 뺄셈을 배웠기 때문에 수학에 대해 배워야 할 모든 것을 배웠다고 주장한다면, 수학에 대한 초등 수준의 관점을 고수함으로써 자신을 심각하게 제한하게 될 것입니다. 수학에 대해 더 배우게 되면서, 덧셈과 뺄셈은 타당하고 유용한 능력이지만, 수학에는 훨씬 더 많은 것이 있음을 알게 됩니다. 그리고 대학생이라면 덧셈과 뺄셈을 그다지 중요하게 생각하지 않을 것입니다. 이것은 여러분이 영적인 여정에 대한 타당한 지식을 어느 정도 가지고 있을지라도 앞으로 배워야 할 것이 훨씬 더 많을 수 있다는 것을 보여줍니다. 그리고 더 많이 배우게 되면, 현재의 지식과 믿음은 여러분이 지금 생각하는 것만큼 그렇게 중요하지 않음을 알게 될지도 모릅니다. 이 과정에 마음을 여는 것이야말로 진정한 영적인 구도자, 그리스도의 참된 제자의 특징입니다.

* * *

무엇이 진리인지, 무엇이 타당한 아이디어인지 어떻게 알 수 있을까요? 내가 "지식의 열쇠(Key of Knowledge)"라고 말했던 것을 사용함으로써 알 수 있습니다. 오늘날 사람들은 이것을 주로 직관이라고 부릅니다. 그러나 직관조차 현재 의식 상태에 영향을 받는 것을 넘어서는 능력은 아닙니다. 왜냐하면 직관은 여러분이 질문할 수 있거나 질문하려 하는 것보다 더 나은 것은 아니기 때문입니다. 그리고 질문을 만드는 능력은 현재의 영적인 성숙 상태에 따라 크게 달라집니다.

그럼에도 불구하고, 사실 여러분이 어떤 의식 수준에 있더라도 탈출구가 있습니다. 즉 여러분은 내가 모든 사람에게 준 선물을 사용할 수 있습니다.

> 이제 아버지께서 내 이름으로 보내주실 성령, 곧 그 협조자 (Comforter)는 모든 것을 너희에게 가르쳐 주실 뿐만 아니라 내가 너희에게 한 말을 모두 생각나게 할 것이다. (요한 14:26)

이 협조자는 내 영(Spirit) 또는 다른 상승 마스터의 영 일부로서, 여러분의 마음속에서 "여러분에게 모든 것을 가르칠" 수 있는 안내자가 되기 위해 "여러분을 위해 떨어져 나온" 것입니다. 이렇게 해서 내면의 스승이 되는데, 어떤 비전의 전통에서는 여러분의 "그리스도 자아"라고 부릅니다. 따라서 이제 그리스도 의식에 이르는 여정의 드라마에는, 여러분의 의식하는 자아, 여러분의 에고 그리고 여러분의 그리스도 자아라는 세 배우가 등장합니다. 그리스도 자아는 여러분에게 무엇이 타당한지 알도록 도울 것입니다.

> 16 내가 아버지께 구하면 다른 협조자(Comforter)를 보내주셔서 너희와 영원히 함께 계시도록 하실 것이다.
> 17 그분은 곧 진리의 영이시다. 세상은 그분을 보지도 못하고 알지도 못하기 때문에 그분을 받아들일 수 없지만, 너희는 그분을 알고 있다. 그분이 너희와 함께 사시며 너희 안에 계시기 때문이다. (요한 14장)

여러분의 그리스도 자아는 직관이라는 내면의 음성을 통해서 여러분을 가르칠 것이며, 인생 코치나 개인적인 트레이너보다 훨씬 더 가치 있는 개인적인 스승입니다. 여러분은 이미 여러분의 그리스도 자아로부터 안내를 받고 있습니다. 그렇지 않았다면 이 과정을 읽고 있지 않았을 것입니다. 나중에 여러분의 그리스도 자아를 더 잘 인식할 수 있는 기법뿐 아니라 이것에 대한 더 많은 가르침을 주겠습니다. 이 시점에서 내가 하고 싶은 일은, 여러분은 아마도 삶의 중요한 전환점에서, 어쩌면 더 정기적으로, 자신의 그리스도 자아의 안내를 받고 있다는 것을 인식하도록 돕는 것입니다. 따라서 여러분은 이미 배워야 할 모든 것을 배울 수 있는 토대를 갖추었습니다. 여러분의 그리스도 자아와 함께 일하는 것이 가르침을 받을 수 있는 자질의 핵심 요소입니다.

그리스도 자아는 외면의 마음, 의식적인 자각, 그리고 상위 존재와 영적인 영역 사이의 중재자입니다. 따라서 그리스도 자아는 이원성 마음에서 비롯되는 많은 상대적인 "진리"와 그리스도 마음 안에 있는 하나의 더 높은 진리를 분별하도록 도울 수 있는 길잡이입니다. 그러나 그리스도 자아의 안내를 온전히 듣고 활용하려면, 에고와 이 세상의 세력이 말하는 것보다 더 높은 진리가 있다는 것을 알아야 합니다. 이 진리는 이 과정이나 어떤 종교 경전이나 그에 대한 해석에 기록될 수 있는 것을 넘어섭니다. 오직 직접적인 내면의 경험을 통해서만 더 높은 이 진리를 알 수 있습니다. 그것은 여러분이 더 높은 근원, 곧 여러분의 그리스도 자아로부터 오는 정보를 받는 것에 열려 있어야 한다는 의미입니다.

여러분의 에고와, 여러분을 구원해 줄 수 있다고 주장하는 사람들과 기관들을 포함한 이 세상 세력들은, 여러분이 내면의 안내를 따르지 못하게 하고 대신 그들의 외적인 지시를 따르게 하려고 온갖 일을 다할 것이 분명합니다. 그래서 내가 이렇게 말했습니다.

> 너희 법률가들은 화를 입을 것이다! 너희는 지식의 열쇠를 치워버렸고 자기도 들어가지 않으면서 들어가려는 사람마저 들어가지 못하게 하였다. (누가 11:52)

그럼에도 불구하고, 여러분이 이것을 읽고 있다는 사실은 이미 여러분이 내면의 안내를 기꺼이 따를 의향이 있음을 증명합니다. 따라서 여러분은 내면에 축적된 이원적 신념으로부터 모든 수준의 마음을 정화하여, 이것을 기반으로 해야 할 필요가 있습니다. 여러분이 잔여물을 제거하면 더 명확하게 보게 될 것이며, 그리스도 자아와의 연결은 여러분에게 확고한 내면의 안내가 될 것입니다.

내가 여기서 말하고 있는 기본적인 메커니즘이 보입니까? 여러분의 에고와 이 세상의 거짓 교사들은 진리의 외적인 표현이 완전하고 오류가 없다고 말하면서, 여러분을 그것에 매달리도록 만듭니다. 여러분의 그리스도 자아는 여러분을 세상의 모든 표현을 초월하는 진리의 영을 경험하고 궁극적으로 그것과 하나가 될 수 있도록 인도합니다. 따라서 여러분이 외적인 표현에 매달리면 - 설령 그것이 타당하다 하더라도 (가르침이 불완전하거나 오류가 있어도 타당할 수 있습니다) - 그리스도 자아의 음성을 막아버리거나, 간과하거나, 핑계를 대면서 멀리하게 됩니다. 내 말의 요점은, 지식의 열쇠를 사용하려면 항상 현재의 믿음과 신념 체계 너머를 기꺼이 봐야만 하고, 그래야 진리의 영을 직접 만날 수 있다는 것입니다. 이 만남은 지적인 이해와 언어, 그리고 이 세상의 이미지를 초월합니다.

* * *

여러분의 자기의식을 높일 필요가 있다는 개념으로 돌아가 보겠습니다. 여러분이 이 과정을 읽는 동안, 여러분의 에고는 그저 수동적으로 앉아서 여러분이 에고의 통제를 약화할 진리를 찾도록 기다리지 않습니다. 오히려 에고는 여러분이 스스로를 자유롭게 할 진리를 이해하거나 받아들이지 못하도록 과도하게 일을 하고 있습니다. 에고가 이렇게 할 수 있는 한 가지 방법은, 그것을 뭐라고 부르든, 구원의 길에 대해 여러분의 기존 아이디어로 구성된 절대적인 참조틀을 만드는 것입니다. 따라서 여러분이 이 책에서 내가 제시하는 아이디어를 읽을 때, 에고는 그것을 여러분의 참조틀과 비교해 보라고 유혹할 것입니다.

여러분의 에고는 여러분에게 내가 제시하는 아이디어를 취한 다음 그것을 기존의 신념 체계 안에 끼워 맞추게 할 것입니다. 여러분의 기존 신념 체계는 각각 꼬리표가 붙어 있는, 여러분의 마음 안에 있는 수많은 멘탈 박스와 비교될 수 있다고 말할 수 있습니다. 따라서 여러분의 에고는 내가 제시하는 어떤 아이디어든지 여러분이 이렇게 미리 규정된 멘탈 박스 중 하나에 끼워 넣기를 바랄 것입니다. 물론 이것은 여러분이 특별히 영적인 구도자이기 때문에 일어나는 일은 아닙니다. 왜냐하면, 실제로 거의 모든 사람이 새로운 지식에 접하게 될 때 그렇게 하기 때문입니다. 내가 영적인 구도자로서 여러분에게 특별히 바라는 점은 여러분이 이 메커니즘과 그 효과를 알아차리는 것입니다.

에고가 통제하는 이 메커니즘의 주된 효과는 무엇일까요? 그리스도 의식의 여정에서 핵심은 영적으로 다시 태어나는 것이라고 말했습니다. 이것은 근본적인 변화이며, 이러저러한 아이디어를 여기저기에 짜깁기하는 문제가 아닙니다. 그렇다면 만일 여러분이 내가 제시하는 아이디어마다 여러분의 기존 신념 체계의 일부를 이루는 멘탈 박스에 끼워 맞추려는 에고의 욕망에 빠진다면, 어떤 일이 일어날까요? 자, 여러분의 기존 신념 체계의 효과는, 에고가 숨을 수 있게 해서 의식하는 자아가 에고를 보지 못하게 하는 것입니다. 그러면 에고가 통제를 계속할 수 있게 됩니다. 내 목적은 여러분을 에고의 통제에서 벗어나게 하는 것이며, 그렇게 하기 위해 나는 여러분의 현재 신념 체계, 세계관 및 자아 이미지에 도전할 수밖에 없습니다. 하지만 여러분이 내가 제시하는 아이디어를 취한 다음, 에고가 그것을 현 신념 체계를 구성하는 멘탈 박스에 끼워 맞추도록 허용해 버린다면, 그 아이디어는 여러분의 현재 믿음에 도전하지 않을 것입니다. 여기서 핵심 메커니즘이 보입니까? 시스템의 일부가 되면 그 시스템에 도전할 잠재력을 상실해 버립니다. 그런데 여러분이 시스템에 도전해야만, 그 시스템에 의해 주어진 맹점으로부터 자유로워질 수 있습니다.

이 경향을 극복할 수 있도록 도와주기 위해, 나는 여러분에게 새로운 의식 상태로 들어갈 것을 요청합니다. 이 "새로운 마음"에 대해 설명하기 위하여, 다음 절에서 내 웹사이트에서 이미 제공했던 가르침을 반복하겠습니다.

* * *

위대한 혼란에 숨어 있는 신비한 가치

나는 에고에 대한 내 담화를 진지하게 공부한 사람 대부분이 결국 다소 혼란스러워하리라는 것을 잘 알고 있습니다. 그들은 도대체 무엇이 에고의 이원적 "진리"이고, 무엇이 그리스도 마음의 참된 진리인지 구별하는 일이 거의 불가능하다고 느끼게 됩니다. 그들은 자신이 언제 에고에 의해 행동하고 언제 그렇지 않은지를 알기가 매우 어렵다고 느낍니다. 어떤 사람들은 에고와 에고의 교묘함을 극복하는 것이 불가능해 보여서, 심지어 절망적이라고 느낄지도 모릅니다.

나는 이러한 느낌을 이해하지만, 이것은 단지 영적인 여정에서 모든 구도자가 에고를 넘어서기 위해 반드시 통과해야 할 필수 과정임을 볼 수 있기를 바랍니다. 나를 포함해 그리스도 의식을 얻은 모든 사람이 이 단계를 통과했습니다. 따라서 때로는 그것이 절망적으로 보이기까지 하더라도, 여러분이 혼자가 아니며 실제로 이 단계를 통과할 수 있다는 사실을 깨닫도록 내가 도울 수 있기를 바랍니다.

나는 진정으로, 정직한 혼란(honest confusion) 상태는 실제로는 아주 가치 있는 의식 상태(magnificent state of consciousness)임을 여러분이 볼 수 있도록 돕고 싶습니다. 여러분은 절망이나 낙담을 느끼는 대신, 중요한 승리를 얻은 것에 대해 스스로 축하해야 합니다. 여러분은 기꺼이 혼란 상태로 들어감으로써, 에고에서 자유로워지는 여정에서 매우 중요한 걸음을 내디뎠습니다. 왜 그럴까요?

에고에 관한 담화에서, 나는 모든 상황을 통제하고 싶어하는 에고의 욕망에는 끝이 없다는 것을 설명하려고 했습니다. 에고는 의문의 여지가 없거나 반박할 수 없는 권위적인 존재로 자리매김하려고 끊임없이 노력합니다. 그러나 미묘한 유혹이 따르는 권위적인 모습은, 그렇지 않았다면 진솔했을 많은 사람이, 특히 정치 분야에서 그들의 삶의 사명을 이루지 못하게 하는 원인이 되었습니다. 그리고, 에고는 결코 이 유혹을 뿌리칠 수가 없습니다. 그 유혹은 바로, 권위적인 존재가 되면 자신이 언제나 옳은 것처럼 여겨지는 것입니다. 자신이 옳지 않다면, 자신의 권위에 의문이 제기되고, 이로 인해 자신의 지위와 특권을 잃을 수 있다는 두려움이 생겨납니다.

에고는 자신이 잘못되었다는 것이 밝혀지면, 여러분에 대한 통제력을 상실하고 죽게 될 것이라는 끊임없는 두려움의 상태에서 살고 있습니다. 일단 의식하는 자아가 에고의 이원적이고 두려움에 기반한, 그리고 통제를 추구하는 논리의 오류를 보기 시작하면, 에고는 여러분에 대한 통제력을 상실하고 결국 죽게 되는데, 이런 의미에서 그것은 근거가 확실한 두려움입니다.

여기에 교묘한 이유가 있습니다. 의식하는 자아가 에고나 에고의 이원적인 믿음과의 동일시를 중단해야만 에고로부터 자유로워질 수 있습니다. 만일 자신을 에고와 완전히 동일시한다면, 그 사람은 에고가 통제권을 잃는 것에 대해 두려움을 느끼게 됩니다. 그러므로 마치 자신의 생사가 걸린 것처럼 에고의 믿음을 어쩔 수 없이 방어해야 한다고 느낍니다. 다시 말해, 그 사람은 절대 잘못되었다고 판명되지 않는 일이 극히 중요하다고 느낍니다.

에고는 자신이 잘못되었다고 밝혀지는 것을 어떻게 피하려 할까요? 에고가 세계관을 규정하고 그 사람이 이 세계관을 받아들인다면, 그는 결코 틀렸다고 판명될 수가 없습니다. 그 사람은 자신이 절대 틀리지 않은 것처럼 보이도록 어떤 상황이나 논쟁을 언제든지 왜곡시킬 수 있을 것입니다.

삶에 대한 이런 접근 방식이 가져오는 결과를 알고 있나요? 그것은 그 사람에게 그야말로 확실성을 부여해서, 자신이 옳고 괜찮으며, 심지어 다른 사람들보다 우월하다고 확신하게 해줍니다. 하지만 이것은 거짓된 안도감이며, 그 사람이나 에고가 전혀 통제할 수 없는 사건들로 인해 위협받거나 산산조각 날 수 있는 위험을 계속 안고 있습니다. 나는 이런 거짓된 확신에 대해 다음과 같이 말했습니다.

> 26 그러나 지금 내가 한 말을 듣고도 실행하지 않는 사람은 모래 위에 집을 짓는 어리석은 사람과 같다.
> 27 비가 내려 큰물이 밀려오고 또 바람이 불어 들이치면 그 집은 여지없이 무너지고 말 것이다. (마태 7장)

어떤 사람이 에고와 자신을 완전히 동일시하면, 그는 이원적 사고를 사용하여 에고의 이원적 세계관에 의문을 제기하는 아이디어나 견해를 모두 반박하게 됩니다. 따라서 이런 사람은 도저히 가르침을 받을 수 없으며, 영적인 스승이 이 사람에게 다가갈 수 있는 기회가 거의 없습니다.

요점이 보입니까? 여러분이 에고와 자신을 동일시할 때, 여러분은 에고의 피상적인 확신을 가지고 있기에 어떤 혼란도 부인할 수 있습니다. 어떤 의미에서, 여러분은 절대 혼란스러워하지 않습니다. 왜냐하면 에고는 어떤 질문이나 상황에 대해서도 항상 준비된 답을 가지고 있기 때문입니다. 그러므로 지금 여러분이 혼란을 느끼고 자신의 혼

란함을 기꺼이 인식한다는 사실 그 자체가, 의식하는 자아가 더 이상
자신을 에고와 완전히 동일시하지 않음을 명백하게 보여줍니다.

* * *

어떤 면에서는 에고의 피상적인 확실성을 해체하는 것이 상실처럼
느껴지겠지만, 단지 좁은 관점에서 볼 때만 그렇습니다. 일단 한 걸음
물러서서 나무 대신 숲을 보게 되면, 혼란을 겪는 것이야말로 중요한
진전임을 알 수 있습니다. 왜냐하면, 여러분이 이제 여러분의 그리스
도 자아와 영적인 스승 둘 다에게서 가르침을 받을 수 있게 되었기
때문입니다. 옛말에도 있듯이, "학생이 준비가 되면, 스승이 나타납니
다." 그러므로 모든 것을 알고 삶을 통제하고 있다고 생각했던 "좋았
던 옛 시절"을 추억하는 대신에, 주의를 다시 가다듬고 지금 여러분과
함께 있으면서 다음 단계로 가도록 도와줄 준비가 되어 있는 스승을
찾아야 합니다.

나는 마침내 에고의 거짓된 확신을 꿰뚫어 보고 에고의 낡은 신념
체계나 세계관이 주는 안전함을 포기한 영적인 구도자가 많다는 것을
알고 있습니다. 그렇지만 그들은 마지못해 그렇게 하며, 안전을 확보
하기 위해 곧장 또 다른 출처를 찾아보기 시작합니다. 그러는 가운데
아주 강력한, 심지어 절대적인 주장을 펼치는 구루나 단체에 이끌리
는 경우가 많습니다. 이것은 흔히 그들에게 이제 참된 구루나 구원자
와 함께 있으므로, 다시금 안전하다는 느낌을 줍니다. 분명히, 이러한
접근은 그야말로 에고에게 삶을 새로 임대해 주는 격입니다. 이제 에
고는 여러분을 노예로 삼기 위해 새로운 신념 체계를 이용하기 시작

할 것이기 때문입니다.

오래된 신념 체계의 안전함을 포기하는 구도자들도 있지만, 그들은 깨달음의 길에 있다고 생각하게 하는 새로운 신념 체계를 선택합니다. 그들은 일단 그 상태에 도달하면 다시 한번 안전함을 느끼고 모든 것을 안다는 확신을 하게 되리라고 생각합니다. 하지만 내가 곧 설명하겠지만, 깨달은 사람조차도 모든 것을 아는 것은 아닙니다.

내가 바라는 것은, 그런 구도자들이 궁극적인 스승, 곧 그리스도 자아라는 내면의 스승과 의식적으로 접촉하고, 그것을 통해 상승한 스승들과 접촉함으로써 외적인 확실성과 안전의 필요성을 뛰어넘는 것입니다. 내가 신의 나라가 여러분 내면에 있다고 말한 이유는, 여러분은 오직 내적인 과정을 통해서만 신의 나라, 즉 그리스도 의식에 들어갈 수 있기 때문입니다. 따라서 이 과정을 완성하려면, 여러분 내면의 스승과 연결되어야 합니다.

내가 외적인 스승이나 가르침을 비난하는 것이 아닙니다. 둘 다 매우 도움이 될 수 있습니다. 여기서 내가 말하는 것은, 여러분은 언제나 다음 단계로 옮길 수 있도록 도울 수 있는 참된 스승과, 다음 단계로 옮기면 안 된다고 느끼게 할 거짓 교사, 둘 다에게 끌리게 된다는 것입니다. 만일 여러분이 확신을 바란다면, 불가피하게 거짓 교사에게 이끌릴 것입니다. 오직 혼란스러운 상태에 기꺼이 머물고자 할 때만, 참된 스승을 발견할 것입니다. 이것이 왜 그럴까요?

에고는 여러분을 통제하려고 하기 때문에, 여러분이 자급자족하고 영적으로 자립하는 것을 절대로 원하지 않습니다. 여러분을 통제하도록 허용해 준 보상으로, 에고는 여러분이 항상 옳고 구원을 보장받고, 다른 사람들보다 우월하다거나 여러분이 특별히 필요로 하는 무엇이든 충족시킬 수 있다고, 여러분에게 거짓된 확신을 제공합니다. 대조적으로, 참된 스승은 여러분이 자급자족하기를 바라기 때문에, 결코 여러분을 통제하려 하지 않습니다. 참된 스승은 여러분에게 피상적인 확신을 주기보다는 진실하고 내적인 여정을 제안합니다. 그리고 이것이야말로 여러분의 의식을 확장하는 지속적인 과정입니다.

그 길은 결코 끝이 없습니다. 다시 말해 여러분의 의식과 이해가 얼마나 성장할 수 있는지에 한계가 없다는 뜻입니다. 그렇지만, 이것은 정확하게 무슨 의미일까요? 여러분이 끝없는 의식의 성장 가능성에 열려 있다면, 절대적이거나 오류가 없다고 여겨질 수 있는 믿음이나 관점은 없다는 의미입니다. 다시 말해서, 참된 내면의 여정은 에고의 외적인 확실성, 곧 이런저런 외적인 믿음이 절대적이라는 확신을 주지 않습니다. 반대로, 내면의 여정에 절대적인 믿음이란 없습니다. 왜냐하면 의식을 넓히면 어떤 믿음도 확장되거나 바뀔 수 있기 때문입니다. 이것은 두 가지 핵심적인 요점으로 이어집니다.

· 여러분이 내면의 스승에게 종속되는 것이 내면의 여정에서 본질이 아닙니다. 여러분이 자급자족하게 됨으로써 더 이상 그리스도 자아가 필요하지 않게 되는 것이 이 여정의 핵심입니다. 이것은 에고와 거짓 교사가 기꺼이 그렇게 하는 것처럼, 참된 스승은 여러분에게 무엇을 해야 하는지 말하지 않는다는 뜻입니다. 참된 스승은 여러분에게 더 큰 이해를 주어서, 여러분이 선택하기 위한 더 나은 기반을 가지게 해줍니다. 하지만 오직 선택을 통해서만 자급자족할 수 있으므로, 선택해야 하는 사람은 바로 여러분입니다. 스스로 결정을 하지 않으려 한다면, 여러분은 쉽게 내면의 스승이

주는 안내를 간과하게 되며, 불필요한 혼란 상태를 연장할 수도 있습니다.

- 내면의 여정에는 외적인 확실성이나 안전 보장은 없습니다. 그러므로 여러분은 확신과 안전에 대한 내적인 감각을 개발하는 것이 중요합니다. 에고는 여러분이 에고의 완벽한 교리를 믿으면, 즉 올바른 교리를 믿기만 하면 괜찮다고 말합니다. 여러분 자신의 가치를 자아 외면에 있는 무언가에 의존하게 됩니다. 여러분이 해야 할 일은 이런 외적인 안전에 대한 필요를 넘어서서 내적인 안전의 원천을 발견하는 것입니다. 여러분 존재의 핵심이 의식하는 자아이고 여러분이 창조주의 확장체라는 것을 깨달을 때, 여러분은 진정한 내면의 안전을 찾게 됩니다. 이제 여러분 자신의 가치는 여러분의 진정한 자아에 중심을 두게 됩니다. 이것은 이 세상을 초월하기 때문에 세상의 어떤 것에도 위협받을 수 없습니다.

* * *

사실, 에고는 천부적인 정체감이나 자급자족하는 정체감을 가지고 있지 않습니다. 에고는 그 자신의 신념들과 관점들의 집합체로 존재할 뿐입니다. 이것이 바로 에고가 자신의 정체감이나 가치를 자신의 신념들에 두어야 하는 이유입니다. 그러한 신념 중 하나가 위협을 받으면, 에고는 자신의 가치, 심지어 생존 자체가 위협을 받는다고 느낍니다. 그것이 바로, 자신을 에고와 동일시하는 사람들이 그들의 신념체계에 대한 위협을 없애기 위해 다른 사람들을 죽이기까지 하는 이유입니다.

의식하는 자아에는 천부적인 정체감이 있으며, 여러분의 외적인 믿음, 견해 및 관점으로부터 독립된 가치를 가지고 있습니다. 자신이 의식하는 자아라는 사실에 초점을 맞추기 시작하면, 여러분은 점차 그 순수한 존재감에 다시 연결될 수 있습니다. 여러분은 심지어 마음에서 모든 생각이 사라지고, 자신이 깨어 있음을 순수하게 자각하는 의식 상태를 경험할 수도 있습니다. 여러분이 순수의식을 경험하게 되고, 이러한 초월적이고 신비적인 경험을 할 때, 자신이 마음의 내용물들 그 이상의 존재라는 것을 알게 됩니다.

모든 영적인 구도자는 최소한 이 순수의식을 잠시라도 흘끗 경험했습니다. 그렇지 않다면 이 세상이 줄 수 있는 그 이상의 것을 열망하지 않을 것입니다. 그러나 모든 구도자가 자신이 경험한 것을 의식적으로 알고 있는 것은 아닙니다. 많은 경우에 이러한 경험을 심지어 당연한 것으로 여기기도 하는데, 그것이 너무 자연스럽게 보이거나 아니면 그것이 무엇을 의미하는지 전혀 배운 적이 없기 때문입니다. 그러나 여러분이 이런 개념들을 깊이 생각하기 시작하면, 자신이 자신의 믿음 그 이상의 존재라는 것을 알고 있음을 깨닫게 됩니다.

여러분이 의식에 담긴 내용물 배후에 있는 "여러분"을 더 많이 자각할수록, 자연스럽게 그런 내용물에 대한 집착이 줄어들게 됩니다. 여러분이 지구상에서 붙잡고 있는 어떤 신념이나 관점이 단지 진리의 한 특정한 표현일 뿐임을 깨닫기 시작합니다. 하지만 여러분이 자신의 마음에 있는 내용물 이상이듯이, 진리도 어떠한 특정한 표현 그 이상입니다. 그래서 내가 이렇게 말했습니다.

신은 영이시다. 그러므로 예배하는 사람들은 영적으로 참되게 신께

예배드려야 한다. (요한 4:24)

그분은 곧 진리의 영이시다. 세상은 그분을 보지도 못하고 알지도
못하기 때문에 그분을 받아들일 수 없지만, 너희는 그분을 알고 있
다. 그분께서 너희와 함께 사시며 너희 안에 계시기 때문이다. (요
한 14:17)

진리가 지구에서 발견되는 어떤 진리의 표현 그 이상이라는 것을
아는데, 어떻게 하나의 특정한 표현에만 계속 집착할 수 있을까요?
따라서 여러분은 진리에 대한 현재의 이해를 놓아버리고 더 높은 이
해로 대체하는 것에 대한 두려움을 버리게 됩니다.

여러분이 에고의 이원적 믿음을 고수하는 것을 멈추게 되면, 여러
분은 그리스도 자아와 영적인 스승들의 비이원적 가르침에 점차 더
열리게 됩니다. 이렇게 해서 여러분은 결국 보편적인 그리스도 마음
과 의식적으로 연결되어, 무엇이 옳은지 그른지, 참이고 거짓인지 알
지 못하는 혼란의 부정적 측면들을 피할 수 있는 근거를 얻게 됩니다.
여러분은 진리의 영(Spirit of Truth)을 직접 경험하기 시작하며, 이것
은 많은 사람이 상상하는 외적인 확실성을 주지는 않을지라도, 혼란
을 제거해 줄 것입니다.

* * *

이러한 의식 전환의 가장 큰 이점은, 자신이 틀릴 수 있다는 두려
움이 사라진다는 것입니다. 잠시 물러서서, 그동안 에고나 교육이 여

러분에게 얼마나 큰 부담을 지워 왔는지 살펴보세요. 세상이, 항상 옳아야 한다는 강박적인 열망을 중심으로 어떻게 돌아가고 있는지 명확하게 보세요. 그것이 사람들 사이에서 어떻게 갈등을 일으키고, 종종 전쟁으로까지 이어지는지 보세요. 그것이 여러분 자신 안에서 어떻게 갈등을 일으키면서 여러분을 종종 하향의 길로 가게 만드는지 보세요. 결국 여러분의 에너지는 자신이 옳다는 것을 증명하는 데 다 소모되어, 여러분에게는 삶을 즐길 주의력이 남아 있지 않게 됩니다.

옳아야 한다는 이 강박적인 욕구는, 자신의 관점이 틀렸다고 판명된다면 곧 자신이 틀렸다는 것이 입증된다는 에고의 믿음에서 비롯됩니다. 그리고 이 믿음은 에고에게는 완벽한 사실입니다. 그러나 여러분은 자신의 관점 이상의 존재이므로, 이것이 의식하는 자아에게는 해당되지 않습니다. 따라서 여러분의 믿음 중 하나가 틀린 것으로 판명된다고 해서, 여러분이 틀렸다거나 나쁜 사람이라는 의미는 아닙니다. 이것은 여러분이 언제나 옳아야 한다는 부담감을 전부 놓아버릴 수 있다는 뜻입니다.

장담하건대, 일단 이렇게 하면 말 그대로 여러분의 어깨를 짓누르던 세상의 무게가 덜어진 것처럼 느낄 것입니다. 여러분은 다시 태어나 삶을 새로 시작할 기회를 얻은 것처럼 느낄 것입니다. 그래서 내가 이렇게 말했습니다.

> 나는 분명히 말한다. 누구든지 어린이와 같이 순진한 마음으로 신
> 의 나라를 받아들이지 않으면 결코 거기에 들어가지 못할 것이다.
> (마가 10:15)

걸음을 배우는 아이를 보세요. 아이는 매번 완벽해야 한다거나 넘어지면 죄책감을 느껴야 한다는 무거운 부담을 지고 있지 않습니다. 아이는 그저 다시 일어나려고 시도하면서, 자신의 실수를 재미있어 하면서 배웁니다. 옳아야 한다는 에고의 요구에서 벗어날 때, 여러분 역시 어린아이처럼 기뻐할 수 있으며, 그러면 영적인 여정은 고난의 길이 아니라 기쁨으로 가득한 여정이 됩니다.

아이들이 언제나 배우려고 한다는 점에 주목하세요. 아이들은 자신이 모든 것을 알고 있다거나 알아야 한다고 생각하지 않습니다. 따라서 그들은 새로운 것을 배우는 데 저항감이 없습니다. 에고는 잘못된 믿음을 가지고 있다고 밝혀지는 것에 언제나 저항을 합니다. 그렇지만 여러분이 진정한 여러분 자신과 일단 연결이 되고 나면, 실제로 믿음이 틀렸다고 밝혀지는 것이 커다란 기회임을 볼 수 있습니다. 제한적이거나 부정확한 믿음을 가지고 계속 살아가는 대신, 여러분은 이제 삶을 풍요롭게 해줄 더 높은 이해를 얻을 수 있습니다. 따라서 믿음이 틀렸다고 판명되는 것은 상실이 아니라 오히려 성장을 위한 디딤돌이 됩니다.

* * *

에고는 여러분의 믿음 중 하나가 틀렸다고 판명되면, 여러분은 무언가를 잃게 되고 결국 블랙홀에 빠지게 될 것이라고 믿기를 원합니다. 그것은 에고의 정체감이 에고 자신의 신념에 근거하며, 따라서 신념 중 하나가 떨어져 나가면 정체성 일부를 잃게 되기 때문입니다. 그러나 일단 의식하는 자아가 여러분의 신념 이상(MORE)이라는 것을 알게 되면, 여러분은 이 함정을 피할 수 있습니다.

제한된 신념은 항상 더 넓은 이해로 대체되기 때문에, 제한된 믿음을 잃는다고 해서 여러분이 결코 텅 빈 상태로 남게 되는 것은 아니라는 것을 알 수 있습니다. 내면의 스승은 여러분의 제한된 믿음에 질문을 던지지만, 여러분을 결코 공허한 상태로 내버려두지 않습니다. 내면의 스승은 언제나 여러분에게 제한된 이해를 대체할 더 높은 이해를 제공합니다. 그래서 이 과정을 받아들이면 결코 상실감을 느끼지 않을 것입니다. 오히려 여러분의 삶은 삶에 대한 점점 더 큰 이해로 인도되는 끊임없는 발견의 과정이 됩니다.

하지만 이런 일이 일어나려면, 여러분은 반드시 상실에 대한 에고의 두려움을 알아차려야 하고 의식적으로 그것을 무시하는 선택을 해야만 합니다. 그리고 참된 내면의 여정이 절대 멈추지 않는 지속적인 여정임을 받아들여야 합니다. 참된 여정에서는 여러분이 특정한 믿음이나 관점에 기반을 둔 외적인 안도감을 결코 가질 수 없을 것입니다. 그 대신, 여러분은 자신이 신의 눈에 더할 나위 없이 가치가 있는 존재이며 자신이 누구인지 아는 것에 기반을 둔 내적인 확신을 가지게 될 것입니다.

참된 영적인 여정은 항상 흘러가고 있는 생명의 강(River of Life)입니다. 생명의 강에 있는 모든 것은 끊임없이 그 자체를 초월하여 그 이상(MORE)이 되어 갑니다. 에고는 이 과정의 일부가 될 수 없습니다. 그러나 여러분이 강에 저항하지 않고 기꺼이 함께 흐르고자 한다면 의식하는 자아는 그렇게 될 수 있습니다. 자신을 에고와 동일시하는 사람들은 그 강에 저항하면서 그것과 함께 흐르기를 거부합니다.

그들은 강둑에 걸려 있는 나뭇가지에 필사적으로 매달려 있는 사람들과 같습니다. 그들은 강물과 함께 흐르는 것이 위험하다고 생각되기 때문에, 강둑이 제공해 주는 안도감과 안정감에 매달려 있습니다. 때때로 강물의 흐름이 너무나 강해져서 잡았던 것을 놓쳐버릴 수밖에 없습니다. 그들은 극심한 공포감을 느끼고 잡을 수 있는 것은 무엇이든지 필사적으로 붙잡습니다. 따라서 그들이 위협을 느끼면서 자신의 성장에 저항하게 됨에 따라 그들의 삶은 온통 공포에 삼켜져 버리게 됩니다.

현명한 영적인 구도자들은, 참된 성장은 결코 정지해 있지 않다는 것을 알고 있기 때문에, 가만히 정지해 있어야만 얻을 수 있는 거짓된 안도감을 결코 갖지 않습니다. 오히려 이 구도자들은 그 과정을 받아들이고, 목적에 사로잡히거나 두려워하는 대신 그 여정을 즐기기 시작합니다. 그들은 강둑에서 붙잡고 있던 것이 무엇이든 자발적으로 놓아버리고 강 자체를 사랑스럽게 끌어안습니다. 그들은 흐름에 저항하지 않고 함께 흐르기로 결정합니다. 그들은 강과 함께 흐르는 것이 흐름과 싸우는 것보다 훨씬 더 즐겁고 평화롭다는 것을 곧바로 깨닫게 되며, 그 흐름이 그들을 결국 자아의 대양(大洋)으로 데려다주기만을 바랍니다.

진실로 현명한 구도자들은 대양이 여정만큼 중요하지 않다는 것을 깨닫기도 합니다. 결국, 대양도 물로 이루어졌고 강도 마찬가지입니다. 따라서 강에 있을 때보다 대양에 있을 때 물에 더 많이 젖지는 않을 것입니다. 사실 물이 움직이는 것을 느끼고 여러분 자신이 물과 함께 움직이는 것을 느끼는 데는 생생한 즐거움이 있습니다. 여러분이 그 흐름을 받아들인다면, 강둑을 떠나는 것을 두려워하지 않게 되며 대양에 도달하기 전까지는 완전하지 않다고 느끼지도 않을 것입니다.

여러분은 흐름 안에 있는 것이 완전하다고 느끼며, 여러분의 내면과 주위에서 펼쳐지는 여정을 즐겁게 바라볼 것입니다. 그러면 여러분은 생명의 강과 하나가 되고(BE ONE), 따라서 창조주의 지속적인 자기 초월의 춤과 하나가 됩니다.

진리의 영과 하나됨보다 더 큰 확실성은 없으며, 이것은 외적인 믿음에 기반을 둔 것이 아닙니다. 사실상 자기 초월의 과정과 하나가 되면, 확장될 수 없다거나 더 넓은 이해로 대체될 수 없는 신념은 있을 수가 없습니다. 여러분의 현재 이해가 확장될 수 없다면, 어떻게 자기 초월이 가능할까요? 그리고 자기 초월이 없다면, 삶 자체가 멈출 것입니다. 따라서 정지 상태는 결코 실재가 아니며 단지 에고가 만든 환영일 뿐입니다.

삶의 과정을 받아들이고 그 흐름과 함께 흘러가세요. 언제나 옳아야 한다거나 확신이 필요하다는 생각을 빨리 내려놓을수록 그 중요한 혼란의 상태를 더 빨리 받아들일 수 있습니다. 이것은 어떤 외적인 확실성은 없어도 여러분이 생명의 강과 하나임을 알고 있다는 내면의 확신을 가지고 있다는 의미입니다.

*　*　*

이제 웹사이트에서 가져온 내 말의 인용을 마칩니다. 아울러 여러분이 숙고해야 할 생각이 한 가지 더 있습니다.

여러분은 자신의 현재 믿음이 틀렸거나 불완전한지 알고 싶은가요?

살아 있는 그리스도의 진실한 제자라면 이 질문에 대한 답은 언제나 "예"입니다!

열쇠 1을 위한 연습

이것은 열쇠 1을 위한 실천적인 연습입니다. 앞으로 33일 동안 여러분이 할 일은 두 가지 연습 기법을 따르는 일입니다. 나는 여러분이 대천사 미카엘의 구술을 읽거나 듣고 매일 한 번씩 그의 로자리[1]를 낭송하기를 바랍니다 [구술과 로자리는 부록을 보세요. www.askrealjesus.com에서 녹음을 들을 수 있습니다.] 로자리 서두에 개인적인 요청을 할 수 있는데, 다음과 같이 요청하기를 바랍니다.

아이엠 댓 아이엠(I AM THAT I AM), 예수 그리스도의 이름으로, 사랑하는 대천사 미카엘께 요청합니다. 죽음의 의식이 가진 행성적인 여세와 연결된 모든 속박에서 나를 자유롭게 해주세요. 특히 변화에 저항하고, 적절한 점검 없이 새로운 아이디어를 거부하는 경향을 가진 집단의식의 하향 인력에서 나를 자유롭게 해주세요.
사랑하는 예수님, 내 눈 안에 있는 들보를 내게 드러내 주세요. 내 의식을 확장하고, 새로운 아이디어를 점검하고, 나 자신의 여정에 책임을 지는 일에 저항하는 형태로 나타나는 들보를 드러내 주세요.
사랑하는 예수님, 나는 기꺼이 당신의 제자가 되어, 나 자신의 눈에서 들보를 보는 일부터 시작하겠습니다. 내게 길을 보여주세요!

두 번째 연습은, 로자리를 낭송한 후 5~15분 동안 이 열쇠에 들어 있는 가르침을, 몇 문단을 읽으면서 숙고하는 일입니다. 여러분의 마

---

[1] ROS15: 영적인 위기를 극복하기 위한 대천사 미카엘의 로자리

음 안에서 저항하는 어떤 요소를 알아차릴 수 있는지 정직하게 생각해 보기 바랍니다. 여러분의 삶을 돌이켜보고, 새로운 것을 배우는 것이나 더 높은 이해에 도달하는 것에 어떻게 저항했는지 생각해 보기 바랍니다. 이 과정에서 내가 주는 가르침에 대해, 또는 모든 것에 의문을 제기하기를 요청하는 영적인 여정이란 전반적인 아이디어에 대해, 여러분이 여전히 미묘한 저항을 느끼는지 잘 살펴보기 바랍니다.

여러분이 느낀 인상들을 적어 놓을 수 있는 튼튼한 공책을 마련하라고 강력하게 제안합니다. 이 과정을 따라가면서 새로운 아이디어에 익숙해지려면 상당한 양을 기록하게 될 것입니다. 여러분이 느낀 것을 기록하고, 새로운 것을 배우는 것을 어떻게 꺼렸는지, 변화가 필요한 요소를 보는 것을 어떻게 꺼렸는지 설명해 보세요. 또한, 이러한 저항을 결국 어떻게 극복하고 넘어섰는지, 그리고 그것이 여러분을 이전보다 어떻게 더 자유롭게 했는지 적어 보세요. 다시 말해, 이 과정을 기꺼이 공부하게 한 열린 마음을 얻기 위해 여러분이 거쳐온 과정을 숙고해 보기 바랍니다. 무엇이 진전을 방해했고, 무엇이 진전을 도왔는지, 무엇이 반대를 극복할 수 있게 했는지 그리고 그렇게 하는 것이 어떤 느낌이었는지 생각해 보세요.

33일이 지날 즈음, 나는 여러분이 한계를 초월하려는 자신의 의지에 대해 더 큰 이해와 명확한 견해를 가지게 되리라 기대합니다. 여러분은 이미 많은 장애를 건너왔으며 더 많은 장애를 통과할 수 있음을 알게 될 것입니다. 어쩌면 여러분은 기꺼이 내맡길 의지만 있다면, 여러분의 에고를 포함하여 이 세상의 세력이 만들어낼 수 있는 어떤 장애도 건너갈 수 있으리라 이미 느꼈을지도 모릅니다.

분명히 우리는 시작 단계에 있지만, 여러분은 이 과정을 준비하기 위한 과정을 통과했다는 사실을 명심하기 바랍니다. 이로써 여러분은 더 큰 진전을 이룰 수 있는 자극을 받았습니다. 그리고 여러분은 이곳에 도달하게 된 기본 메커니즘을 이해함으로써, 자신이 이미 결승선에 도달했다고 생각하는 함정을 피할 수 있어야 합니다. 어떻게 한계를 극복했는지 이해함으로써, 여러분은 여정에서 만날 더 미묘한 도전들과, 심지어 아직 인식도 못하고 있는 도전들을 극복할 수 있는 기반을 마련한 것입니다. 또한 여러분은 느낀 점들을 기록함으로써, 그리스도 의식에 이르는 여정의 더 높은 단계에 필수적인 작업 중 하나를 수행할 수 있는 기반을 마련할 수 있습니다.

이 첫 번째 열쇠에서 내가 하고자 한 일은, 여러분이 이미 이번 생애와 이전의 많은 생애 동안 영적인 여정을 걸어왔다는 것을 볼 수 있도록 돕는 것입니다. 여러분은 자신이 그렇게 해왔다는 것을 의식적으로 모를 수도 있고, 어떻게 해왔는지 충분히 인식하지 못할 수도 있습니다. 내 요점은, 성장의 과정을 더 의식적으로 인식하면, 그 성장을 훨씬 더 높은 수준으로 끌어올릴 수 있고 자기 초월을 향한 멈출 수 없는 추진력을 구축할 수 있다는 것입니다. 내면의 적인 여러분의 에고도, 외부의 적인 반-그리스도 세력도 이 추진력을 멈출 수 없습니다.

석기시대부터 오늘날까지 인류가 얼마나 진보했는지 살펴보세요. 이 성장의 중심에 있는 메커니즘은 무엇인가요? 그것은 이해의 성장, 의식의 성장입니다. 오늘날 인류는 훨씬 더 많이 알며, 현대인이 그들 자신과 세계에 대해 가진 인식은 훨씬 더 확장되었습니다. 따라서 여러분이 이미 통과한 영적인 성장을 의식적으로 더 많이 인식하게 되면, 그 성장을 엄청나게 가속할 수 있습니다. 확장된 의식은 첫 번째 단계, 두 번째 단계, 그리고 세 번째 단계로 끝없이 이어집니다.

이제 이것을 더 높은 단계로 끌어올려 보세요. 확장된 인식은 어디에서 시작하나요? 그것은 확장된 자기의식에서, 즉 여러분이 기꺼이 자신을 바라보면서 여러분이 모르는 뭔가가 있고 알아야 할 뭔가가 있음을 깨닫는 것에서 시작되며, 그런 다음 여러분은 자신의 이해를 확장할 행동을 취하게 됩니다.

이것이 개인적인 그리스도 의식 과정입니다. 지금쯤이면 여러분이 알게 되었을 한 가지는, 살아 있는 그리스도는 결코 현상 유지를 받아들이지 않을 것이라는 점입니다. 따라서 여러분의 남은 생 동안, 그리고 그 이후에도 여러분은 개인적인 성장 과정에 있을 것입니다. 앞서 말했듯이, 여러분은 이미 이 과정에 참여했지만, 지금 나는 여러분에게 그 과정을 더 많이 인식함으로써 더 높은 수준으로 올라서라고 요청하고 있습니다. 다시 말해, 나는 여러분에게 자기의식(self-awareness)을 확장하라고 요청하고 있습니다.

어떻게 해야 이렇게 할 수 있을까요? 그것은 오직 한 가지, 객관적이고 정직하게 꿰뚫어 보는 자기 성찰을 하는 방법뿐입니다. 내가 왜 형제의 눈에 있는 티는 보면서 자신의 눈에 있는 들보는 보지 못하는 사람들에 관해 이야기했을까요? 왜냐하면, 대부분의 사람은 자신의 외면을 바라볼 뿐, 자신을 관찰하고 자신이 어떻게 변해야 하는지 인식하기를 거부하기 때문입니다. 바로 이것이 파멸로 이끄는 넓은 길을 따르는 것이며, 자신을 기꺼이 관찰할 마음이 없으면 여러분은 결코 개인적인 그리스도 의식의 여정을 걸을 수 없습니다.

그러므로 이 책을 공부할 때 곁에 공책을 준비해 두라고 요청하는 것입니다. 이 책에 대한 여러분의 반응을 주의 깊게 살펴보세요. 이 여정의 핵심은 여러분의 에고를 드러내어, 의식하는 자아가 에고로부터 자신을 분리할 수 있도록 하는 것입니다. 일단 에고를 보고 그것이 무엇인지 알고 나면 분리는 쉽게 될 수 있습니다. 여러분의 에고는 계속 살아남아 여러분을 통제할 수 있는 유일한 기회는 숨는 방법뿐임을 알고 있습니다. 여러분이 이 과정을 따르는 동안 에고가 숨어있기가 쉽지는 않지만, 가능합니다. 그래서 여러분의 에고가 숨어 있지 못하게 하려면, 내가 이 책에서 제시하는 아이디어에 여러분의 에고가 어떻게 반응하는지 관찰하는 습관을 들여야 합니다. 내가 요청하는 변화나 아이디어에 대한 교묘한 저항이든 명백한 저항이든 전부기록할 준비를 하세요.

지금 내가 하는 말을 이해하겠습니까? 지금까지 여러분의 에고는여러 가지 방법으로 여러분을 속일 수 있었습니다. 왜냐하면, 에고가교묘하게 조종하는 것을 여러분이 알아채지 못했기 때문입니다. 만일여러분이 스스로를 관찰하지 않으면서 이 책을 읽는다면, 여러분의에고는 베일 뒤에 숨어서 계속 그렇게 할 것입니다. 왜냐하면, 여러분은, 내가 말하는 것을 실제로 깨닫지 못하고 받아들이지 못하도록 여러분의 에고가 여러분을 어떻게 조종할지 알 수가 없기 때문입니다.내 가르침을 무효화시키기 위하여 에고가 사용하는 교묘한 방법을 여러분은 알아채지 못할 것입니다.

그러나 변화에 대한 에고의 저항을 드러내겠다는 특정한 목적을 가지고 자신을 관찰하는 습관을 들인다면, 여러분은 에고를 진퇴양난으로 몰아넣게 될 것입니다. 즉 에고가 여러분을 딜레마에 잡아두게 놔두지 않고, 여러분이 에고를 딜레마에 빠뜨릴 것입니다. 어떻게 그럴까요? 내가 요청하는 변화에 저항하도록 에고가 여러분을 조종하지 못한다면, 여러분은 변할 것이고, 그러면 에고의 통제에서 벗어날 것이기 때문입니다. 에고가 여러분에게 변화에 저항하도록 뭔가를 한다면, 여러분은 에고를 드러내어 그것을 제대로 볼 수 있게 되고, 또한 그렇게 해서 자신을 에고에서 벗어나게 할 수 있습니다.

여러분의 에고와 이 세상의 지배자는 여러분이 그렇게 해도 저주를 받고, 하지 않아도 저주를 받는 상황에 빠뜨리면서 여러분을 오랫동안 조종해 왔습니다. 이제 역할을 바꿔서 에고와 이 세상의 지배자를 궁지에 몰아넣을 때가 되었습니다.

열쇠 2
자신의 두려움을 직시하세요!

내가 왜 두려움을 극복하라고 하지 않고 직시하라고 말할까요? 왜냐하면, 수동적인 방법으로는 두려움을 정복할 수 없기 때문입니다! 그것은 두려움을 자동으로 사라지게 하는 마법의 의례 같은 것을 행하는 문제가 아닙니다. 두려움은 모든 감정 중에서 가장 파괴적입니다. 왜냐하면 그것은 여러분을 마비시키고 꼼짝 못하게 하며 변화를 두려워하게 만들기 때문입니다. 따라서 여러분의 두려움을 자동으로 제거할 수 있는 어떤 조치도 취할 수가 없습니다. 결국, 여러분은 오직 의지력을 통해서만 두려움을 정복할 수 있으며, 그리고 그 의지력을 행사할 수 있는 유일한 사람은 바로 여러분입니다. 그렇게 하기 위해서는, 결정을 내려야만 합니다. 사실 모든 두려움은 결정을 내리기를 싫어하는 마음에서 비롯된다고도 말할 수 있습니다.

여기서 더 깊은 실재에 주목하세요. 앞에서 나는 반-그리스도 의식이 이원성, 곧 내재된 불가피한 모순을 구현한다고 말한 적이 있습니다. 반-그리스도 의식은 실재로부터의 분리에 근거를 두고 있습니다. 그렇다면 실재는 무엇일까요? 실재는 모든 것이 신의 존재와 에너지로부터 창조된다는 것입니다. 요한복음에서 말했듯이, "만물이 그분을 통해서 창조되었으며 그분 없이 만들어진 것은 아무것도 없습니다."(요한 1:3). 그러므로 근본적으로 실재는, 모든 생명이 신의 존재(Being of God)와 그리스도 마음, 곧 말씀(WORD)에서 비롯된다는 공통된 기원을 가지기 때문에 하나라는 것입니다.

반-그리스도 의식은 실재로부터 분리되어 있습니다. 그리고 실재는 하나이기 때문에, 반-그리스도 의식은 하나일 수 없습니다(그렇지 않다면 그것은 실재와 떨어져 있는 것이 아니라 실재의 부분으로 있을 것입니다). 분명한 것은, 이러한 분리는 반-그리스도 의식으로 눈이 멀게 된, 자기의식을 가진 존재의 마음속에만 존재하기 때문에, 이것은 결국 환영입니다. 그러나 이러한 존재가 창조한 모든 것은, 본질적으로 반대되고 상호 배타적인 두 극성에 기초하게 되며, 이는 곧 그것이 영원한 생명을 가질 수 없다는 의미입니다. 그 자체의 내적인 모순이 그것을 무너뜨릴 것이며, 바로 이것이 삶을 투쟁으로, 피할 수 없는 자기 파멸의 과정으로 이어지는 끊임없는 투쟁으로 바꿔버립니다. 어떤 의미에서 반-그리스도는 그리스도와 상반된다고 말할 수 있지만, 반-그리스도는 그 자체와 상반된다고 말하는 것이 더 정확합니다. 반-그리스도는, 아무런 분열도 없기에 모순도 없는 그리스도의 상태와 상반됩니다. 이에 대해서는 나중에 더 자세히 설명하겠습니다.

여기에서 요점은, 신의 마음인 그리스도의 마음에서 발견되는 각각의 특성에 대해, 반-그리스도의 마음에는 그것에 상응하는 왜곡, 즉 두 개의 상반된 극성을 가진 왜곡이 있다는 것입니다. 형상 세계를 창조할 때, 창조주는 의지력으로 시작해야 했습니다. 삶의 어떤 측면이든 더 좋게 바꾸려면, 여러분 역시 의지력으로 시작해야 합니다. 그리스도 의식의 여정에서 한 걸음을 내디딜 때마다, 여러분은 의지력으로 시작해야 합니다. 의지력의 왜곡은 무엇일까요? 그것은 이원성으로서, 하나의 극성은 전체를 고려하지 않고 결정을 내리는 경향 (이기적인 결정, 오만한 결정)이고 다른 극성은 두려움, 즉 결정을 내리는 것에 대한 두려움과 동기를 작동시키는 것에 대한 두려움입니다. 따라서 두려움은 여러분을 마비시키고, 변화하겠다는 결정을 방해해서 변화를 위한 첫걸음을 내딛지 못하게 한다는 바로 그 이유 때문에 위험합니다. 두려움은 아무것도 하지 못하게 하고, 결정을 미루게 하며, 어떤 결정적인 행위도 회피하게 만듭니다.

여러분은 왜 결정을 내리기를 두려워할까요? 여러분이 과거의 언젠가 환영을 받아들였기 때문입니다. 이러한 환영 중의 한 예가 외부 종교의 권위가 지시하는 것을 따르지 않으면 영원한 지옥 불에 던져진다는 믿음입니다. 그러나 여러분의 에고는 최초의 그 환영 위에 또 하나의 환영을 구축했는데, 그것은 원래의 그 환영을 결코 보아서는 안 되며, 그것을 절대적이고 무조건적인 진리로 받아들여야 한다는 것입니다. 두 번째 두려움으로 인해 첫 번째 두려움의 원인을 아예 살펴보지 못하기 때문에, 여러분에게는 이제 누적된 효과가 나타납니다. 그러면 원래의 두려움을 극복하는 열쇠는 무엇일까요? 그것은 그 두려움이 환영에서 비롯됨을 인지하는 것입니다. 그러나 여러분이 그러한 믿음을 살펴보겠다는 결정을 내리지 않는다면, 어떻게 이것을 인지할 수 있을까요?

바로 이것이 두려움을 딜레마(catch-22)로 만드는 핵심 메커니즘입니다. 그렇게 해서 대부분의 종교인, 심지어 많은 영성인을 오랫동안 머물게 하는 막다른 골목에 가둬버리게 되는 것입니다. 그 상황의 실제를 주의 깊게 살펴보세요. 모든 두려움은 환영, 즉 죽음의 의식, 반-그리스도 마음에서 비롯된 환영 중의 하나에 근거합니다. 어쨌든 환영은 실재가 아닙니다. 즉 여러분이 두려워하는 모든 것이 궁극적으로 비실재라는 뜻입니다. 일단 실재가 아닌 것이 두려움을 일으킨다는 것을 알게 되면 두려움이 점차 사라지게 됩니다. 왜냐하면, 비실재라고 이미 알고 있는 것을 두려워할 수는 없기 때문입니다. 두려움은, 여러분이 두려워하는 대상이 실재이며 따라서 여러분을 지배할 수 있는 어떠한 힘을 가졌다는 믿음에서 비롯됩니다. 그러나 실재가 아닌 것이 어떻게 여러분을 지배할 힘을 가질 수 있을까요? 따라서 그것이 비실재임을 알게 되면 그것을 왜 두려워하겠습니까?

문제는, 두려움 뒤에 있는 비실재를 보기 위해서는 반드시 두려움을 촉발한 환영을 살펴보아야 한다는 것입니다. 그러나 여러분이 두 번째 두려움, 즉 환영을 보는 것에 대한 두려움을 극복하지 않으면 그렇게 할 수 없습니다. 그 주문을 풀고 의지력을 발휘하여 두려움을 바라보겠다고 결정해야만 두 번째 두려움을 극복할 수 있습니다. 두려움을 보지 않은 이유가 무엇이든 간에 말입니다.

이것이 바로 딜레마입니다. 두려움은 반(反)의지로, 여러분이 의지력을 사용할 수 없도록 하거나, 더 정확히 말하면 사용하는 것을 꺼리게 하여 여러분을 마비시킵니다. 하지만 반-그리스도 마음에서 오는 어떤 특성도 그리스도 마음에서 그에 상응하는 실재를 가져온다면 극복될 수 있습니다. 따라서 두려움은 오직 의지를 통해서만 극복할 수 있습니다. 하지만 두려움이 여러분이 의지를 사용하는 것을 두려워하게 만든다면, 어떻게 그 두려움을 태워 버릴 의지력을 발휘할 수 있을까요? 두려움이 어떻게 작동하는지 이해하고 그것이 비실재라는 것을 알아야만 그렇게 할 수 있습니다. 따라서 '진리'가 여러분을 자유롭게 할 것입니다.

중세 그리스도 교회는 거의 천년 동안 대부분의 유럽인의 마음을 말 그대로 꼼짝달싹 못하는 속박 상태로 가둬 놓았습니다. 어떻게 이것이 가능했을까요? 왜냐하면, 교회가 두려움의 층을 겹겹이 만들어서 사람들이 교회의 교리를 이성적으로 살피는 것을 효과적으로 막았기 때문입니다. 따라서 사람들은 내적인 분별력을 사용하는 것을 두려워했고, 비록 교회가 지구에서 그리스도의 유일한 대변자라고 주장했음에도 교회의 교리 중 그리스도의 실재와 일치하지 않는 부분이 있다는 것을 깨닫지 못했습니다. 살아 있는 예수 그리스도인 내가, 지구에서 나를 대변한다고 주장하는 바로 그 기관에 도전해야 한다는 사실이 이상하다고 생각되나요? 나는 그렇지 않습니다. 왜냐하면, 살아 있는 그리스도의 역할은 항상 당시의 기득권 세력에 도전하는 일이라는 것을 알고 있기 때문입니다.

내가 여기서 말하고 있는 것을 정말로 이해하나요? 나는 상당히 많은 시간을 들여서, 그리스도 의식에 이르는 여정의 핵심은 여러분이 지금 보지 못하는 것을 보게 되는 것이며, 그럼으로써 이원적인 환영을 극복할 수 있다고 설명하고 있습니다. 방금 나는 두려움이 여러분이 자신의 믿음과 가정(假定)을 보지 못하게 가로막는다고 설명했습니다. 그렇다면 여러분의 존재 안에 두려움이 있는 한, 자유롭게 그리스도 의식의 여정을 걸을 수 없다는 것이 분명하지 않은가요?

자신의 환영을 보는 것을 두려워한다면, 어떻게 그것을 환영이라고 볼 수 있을까요? 따라서 그리스도 의식에 이르는 여정의 첫걸음은 두려움과 그것의 마비시키는 효과를 알아차리는 일입니다. 그러면 여러분은 모든 두려움을 직시하고 떨쳐버리겠다는 결정을 내릴 수 있게 하는 이해력을 구축할 수 있습니다. 여러분의 에고는 두려움 뒤에 숨어 있습니다. 따라서 에고를 완전히 드러내는 유일한 방법은 두려움을 제거하여 에고가 숨을 수 있는 곳을 아무것도 남겨두지 않는 것입니다. 이것을 하기 위해서는 의지력으로 시작해야 합니다.

* * *

프랭클린 루스벨트 미국 대통령은 언젠가 연설에서 이렇게 말했습니다. "우리는 두려움 외에는 두려워할 것이 아무것도 없습니다!" 그 말은 상승 호스트에 의해 영감을 받은 것이며, 여러분이 이 말 배후의 실재를 이해하는 것이 매우 중요합니다.

나는 여러분의 삶이라는 드라마의 두 주인공은 여러분의 의식하는 자아와 여러분의 에고라고 말했습니다. 나는 또한 모든 두려움은 환영에서 비롯되며, 그것은 두려움이 실재가 아니라는 의미라고 말했습니다. 이 말들을 종합해 보면, 다음과 같은 가르침을 얻게 됩니다.

여러분의 의식하는 자아는 궁극적인 의미에서 실재인 부분입니다. 이는 그것이 신의 존재에서 나왔으며 신의 완전한 비전에 따라 설계되었다는 의미입니다. 오직 신의 존재로부터 창조된 것만이 궁극적인 실재성을 지닙니다. 이와는 대조적으로, 여러분의 에고는 여러분이 이원성에 의해 눈이 멀어지기 시작한 후에 여러분의 의식하는 자아에 의해 만들어졌습니다. 따라서 여러분의 에고는 이원성 의식과 그것의 환영에 근거해서 창조되었습니다. 즉 여러분의 에고는 근본적으로 비실재라는 의미입니다. 그것은 일시적으로만 존재하며, 그 안에는 생명이 전혀 없습니다. 사실상 에고는, 여러분의 의식하는 자아가 에고를 실재라고 믿고 에고와 동일시함으로써 생명 에너지를 주는 동안에만 살아 있을 수 있습니다.

내가 설명했듯이, 지구의 인간들은 자신들의 참된 정체성을 망각하고 죽음의 의식에 의해 눈이 멀었습니다. 죽음의 의식은 여러분이 근원으로부터 분리되었다는 환영에 근거하고 있으며, 그리고 모든 것은 신의 존재와 질료, 즉 성모 마리아께서 그녀의 책에서 마터 빛(Mater Light)이라고 부른 것에 의해 창조되었으므로, 진실로 분리는 실재가 아닙니다. 그러나 자유의지 때문에, 자기의식을 가진 존재들은 이러한 환영 상태로부터 공동창조를 할 수 있습니다.

죽음의 의식, 즉 이원성 의식에 기반해서 공동창조할 때, 여러분은 필연적으로 두 가지 상반되는 것을 창조하게 됩니다. 에덴 정원에서 뱀이 이브를 유혹했을 때, 다음과 같이 말했던 것을 기억할 것입니다.

> 4 그러자 뱀이 여자를 꾀었다. "너는 절대로 죽지 않는다.
> 5 그 나무 열매를 따 먹기만 하면 너희의 눈이 밝아져서 신처럼 선
> 과 악을 알게 될 줄을 신이 아시고 그렇게 말하신 것이다."(창세기
> 3장)

진정한 의미를 보면, "선과 악을 아는 나무"는 이원성 의식을 상징하는 것으로, 마이트레야께서 그의 책에서 아주 상세히 설명하고 있듯이, 그것은 자유의지의 불가피한 동반자이기도 합니다. 여러분과 다

른 모든 공동창조자가 전반적인 신의 비전과 법칙 안에서 자신의 공동창조하는 능력을 사용해야 한다는 것이 신의 의도입니다. 그러면 여러분은 모든 생명을 증대할 것이며, 모든 창조물은 그 이상이 될 것입니다. 그러나 신이 여러분에게 자유의지를 주었기 때문에, 신의 법칙을 거스를 수 있는 선택권도 줄 수밖에 없었습니다. 그리고 여기에 깊이 생각해 봐야 할 미묘한 메커니즘이 있습니다.

신의 비전은 모든 생명이 성장하여 그 이상이 되는 것입니다. 신의 법칙은 자기의식을 지닌 공동창조자가 결코 결핍이나 고통을 경험할 필요가 없도록 설정되어 있습니다. 따라서 여러분이 신의 법칙 안에서 공동창조할 때, 여러분은 많은 사람이 정상적이고 피할 수 없는 삶의 일부라고 여기는 조건들, 즉 한계와 상실과 고통을 절대 경험하지 않을 것입니다. 내가 왜 '나는 모두가 생명을 얻고 그것을 더 풍요롭게 하도록 해주기 위해 왔다.'라고 말했을까요? 이 말은 내가 모든 사람에게 풍요로운 삶을 주겠다는 의미가 아닙니다. 이 말의 참된 의미는, 사람들이 계속 결핍의 나라를 공동창조하는 대신 신의 나라를 공동창조할 수 있도록, 신이 그들 내면의 상위자아에 새겨 놓은 신의 비전과 법칙에 그들이 다시 정렬하도록 돕기 위해서 내가 왔다는 것입니다.

신의 법칙 안에서 자신의 공동창조 능력을 사용할 때, 여러분은 모든 생명을 확장시킬 수 있습니다. 이는 여러분 자신의 삶은 물론 지구상의 다른 모든 사람의 삶을 풍요롭게 할 것이라는 의미입니다. 전체는 부분들의 합 이상이 되며, 이는 모든 사람을 위한 풍요가 있다는 뜻입니다. 신의 비전과 법칙 밖에서 창조 능력을 사용할 때, 여러분은 불가피하게 결핍을 창조할 것이며, 그것은 이제 전체가 부분의 합보다 적다는 의미입니다. 그러면 더 이상 모든 사람이 풍요로울 수 없다는 것이 논리적 결과이며, 이제는 제한된 자원을 두고 경쟁으로 이어질 수밖에 없게 됩니다. 그러면 필연적으로 일부 사람들이 속임수나 폭력을 통해 다른 사람들의 것을 빼앗게 되어, 소수 엘리트는 풍요롭고 특권적인 삶을 누리지만 대부분의 사람은 결핍과 고통에 시달리는 지경에 이르게 됩니다.

나중에 이것을 더욱 상세하게 설명하겠지만, 여러분의 마음속에 씨앗을 뿌려 두고자 합니다. 신의 법칙 안에서 창조할 때, 여러분은 모든 생명의 하나됨을 선포하는 것이며, 그것은 여러분과 다른 사람들 사이에 아무런 갈등도 없다는 의미입니다. 여러분 자신을 증대시키고 그 이상이 됨으로써, 여러분은 전체를 더욱 풍요롭게 합니다. 여러분은 모든 생명 및 여러분의 근원과 하나인 상태에서 창조하게 되며, 그것이 바로 내가 "나와 아버지는 하나이다."라고 말했을 때 확언했던 것입니다. 신의 법칙 밖으로 나갈 때, 여러분은 근원과의 분리, 생명의 다른 부분들과의 분리에 근거한 영역으로 들어가게 됩니다. 이 분리의 영역에는 하나됨이 있을 수 없습니다. 즉 하나됨 대신에 분열과 분리, 이원성의 상태가 있다는 뜻입니다.

이 이원성 영역은 상반되는 극성들에 의해 특징지어지며, 바로 이것이 "선과 악의 지식(창세기 3:5)"이라는 표현이 실제로 의미하는 것입니다. 여러분이 하나됨, 즉 천진무구함(innocence) 안에 있으면 오직 하나됨의 관점으로만 생각하기 때문에 이원성에 대해 알 수가 없습니다. 여러분이 그 순수함을 잃으면, 죽음의 의식에 의해 눈이 멀수밖에 없고, 그 안에서는 모든 것이 생명과 죽음, 선과 악과 같은 상반되는 두 극성에 의해 지배되는 것처럼 보입니다. 모든 것에 반대되는 것이 있다면, 풍요에도 반대되는 것이 있을 수밖에 없으며, 이것은 갑작스럽게 결핍과 고통이 생겨날 수 있다는 뜻입니다. 이렇게 해서 사람들이 점점 더 많은 결핍과 고통을 만들도록 초래하는 하향나선의 가능성이 열리게 됩니다.

온갖 결핍과 고통을 포함해서, 여러분이 지금 지구에서 볼 수 있는 모든 불완전한 조건은 인류가 집단으로 공동창조했다는 결론에 이를 수밖에 없습니다. 많은 종교에서 주장하는 것처럼, 이 조건들은 신에 의해 창조된 것이 아닙니다. 따라서 그것들은 신의 뜻도 아니고 신의 벌도 아닙니다. 이 조건들은 신의 질료(substance)를 사용해서 창조되기는 했지만, 신의 비전이나 신의 법칙과 정렬되어 창조된 것은 아닙니다. 따라서 그것들은 단지 일시적으로만 존재할 뿐, 궁극적으로는 실재가 아닙니다.

* * *

이제 여러분이 주의를 집중하고 명심해서 절대로 잊지 말아야 할 진리를 말하겠습니다. 내가 새벽 4시에 여러분을 깨워서 "생명의 기본 진리는 무엇입니까?" 하고 묻더라도 바로 대답할 수 있을 정도로 이 진리를 마음 깊이 새기기를 바랍니다. 하지만 무엇보다도, 여러분이 이 진리를 내면화하여 여러분 존재의 모든 측면에 속속들이 침투할 때까지 지속해서 숙고하기를 바랍니다. 생명에 대한 기본 진리는 바로 다음과 같습니다.

실재가 아닌 것은 실재인 것에 영향을 줄 수 없다!

이제 내가 앞에서 말한 것과 이 문장을 비교해 보세요. 여러분 안에 실재인 부분, 즉 여러분의 의식하는 자아가 있습니다. 이 자아는 실재이기 때문에, 현재 지구에서 발견되는 불완전한 조건에 의해 어떤 방식이나 형태로도 영향을 받지 않습니다! 이 조건들이 그야말로 실재처럼 보일지 몰라도, 사실은 의식하는 자아를 지배할 어떤 힘도 가지고 있지 않습니다. 그것은 지구상에서 일어나는 어떤 일에도 영향을 받지 않는 태양과 비교될 수 있습니다.

이 문장을 아주 주의 깊게 숙고할 필요가 있습니다. 여러분은 지구의 많은 조건을 두려워할지도 모르지만, 이 조건들은 궁극적으로 실재가 아닙니다. 그리고 여러분의 의식하는 자아는 실재이기 때문에, 지구상의 실재가 아닌 조건이, 여러분의 실재인 그 부분에 영향을 끼칠 수 있다는 것은 말이 되지 않습니다.

이제 두려움 자체 외에는 그 어느 것도 두려워할 이유가 없다는 것을 알겠나요? 두려움은 여러분이 두려워하는 것을 더 자세히 살펴보는 것을 두려워하게 함으로써 여러분을 마비시키는 느낌입니다. 그러므로 여러분이 두려워하는 것이 실재가 아니며 여러분의 실재인 부분에 전혀 영향을 줄 수 없다는 것을 알 수가 없습니다. 그리스도의 제자가 두려움 자체만이 단 하나 두려워할 대상인 이유를 이해하는 일이 왜 그토록 중요한지 이제 알겠나요?

두려움의 결과는 무엇일까요? 두려움은 원인에서 결과로 여러분의 주의를 돌립니다. 아마도 여러분은 두려워하는 어떤 조건들이 있을 것이고, 이 조건들에 여러분의 주의를 집중하게 됩니다. 그럼으로써, 여러분은 두려움 자체에 초점을 맞추지 않도록 매우 효과적으로 관심을 전환하게 됩니다. 여러분은 두려움의 원인이 아마도 여러분이 두려워하는 그 외부의 조건이라고 생각하도록 속는 것입니다. 따라서 여러분의 초점은 여러분의 내면(psyche)을 교묘하게 벗어나 자신의 눈 안에 있는 들보로부터 멀어지게 됩니다. 그 대신, 여러분은 위협을 제거하거나 위협에서 자신을 보호한다면 두려움이 사라질 것이라고 생각하면서, 외부의 조건을 피하는 데 주의를 집중하게 됩니다. 그러나 실제로 이것은 거짓말이며, 그 이유를 설명하겠습니다.

두려움을 잘 들여다보면, 두려움은 항상 불확실성의 요소를 가지고 있음을 알 수 있습니다. 예를 들면, 여러분은 질병이나 실직과 같은 특정한 조건을 두려워할지도 모릅니다. 그러나 대부분의 사람은 실제로 그들이 두려워하는 조건에 직면할 때, 즉 불확실성이 그 조건을 피할 수 없다는 확실성으로 대체될 때, 두려움에서 벗어나 그 조건이 불가피하다는 것을 내면 깊이 수용하게 됩니다. 그런 수용을 통해서 두려움이 해소되고 심오한 영적인 성장으로 이어지는 방식으로 그 조건을 다룰 수 있게 됩니다.

요점이 보입니까? 단지 불확실성의 여지가 있는 만큼만 두려움의 여지가 있습니다. 일단 확실해지면 두려움은 사라지고, 그렇게 사람들은 두려움을 극복합니다. 두려움을 극복하는 제일 나은 방법은 두려움을 직시하는 것이라고 일반적으로 이해하고 있습니다. 이것은 두려워하는 조건을 경험할 때 실제로 두려워했던 만큼 나쁘지 않았다는 것을 알게 된다는 의미입니다. 달리 말하자면, 두려움 자체가 실제 상태보다 더 나빴으며, 이는 조건이 실제로 두려움의 원인이 아니라는 것을 증명합니다. 두려움의 실제 원인은 외부의 조건에 있지 않기 때문에 다른 곳에서 그 원인을 찾아야 합니다.

이제 다음 논리적 단계로 넘어가겠습니다. 두려움은 어디에 있을까요? 여러분은 직장을 잃을까 두려워할 수 있으며, 그 조건은 여러분의 외부에 있습니다. 하지만, 두려움은 여러분의 외부에 있지 않습니다. 그것은 여러분의 마음속, 여러분의 심리 안에 있습니다. 두려움은 심리적인 조건입니다. 그렇다면 두려움의 진정한 원인을 마음 그 자체 안에서 찾아야 하는 것이 논리적이지 않을까요?

이것이 논리적으로 보일지 모르지만, 여러분이 외부의 조건을 심리적인 조건의 원인으로 받아들이도록 프로그램되었다는 것을 나는 알고 있습니다. 그러나 이 과정을 통해서, 이것이 여러분을 통제하려는 사람들이 여러분과 인류에게 했던 거짓말임을 점차 이해하게 될 것입니다. 다른 사람들은 단지 외부에서만 여러분을 통제할 수 있습니다. 따라서 그들은 여러분으로 하여금 외부의 조건이 여러분의 정신과 여러분을 지배할 수 있는 힘을 가졌다고 믿게 만들어야 합니다. 지구에서는 이 믿음이 아주 설득력이 있지만, 영적인 여정은 그것이 거짓임을 폭로하는 과정입니다. 그렇지만 너무 앞서가는 것보다는 두려움의 실제 원인인 내면의 메커니즘을 살펴보겠습니다.

* * *

두려움의 심리적 원인을 살펴보기 전에, 내가 정신(psyche)에 관해 말할 때 무엇을 의미하는지 분명히 하겠습니다. 그것은 몸과 신체적인 뇌를 넘어서는 여러분 존재의 부분이지만, 거기에는 그 이상이 있습니다. 성모 마리아와 마이트레야께서 그들의 책에서 여러분 존재의 전체성을 어떻게 설명했는지 간략하게 요약해 보겠습니다.

여러분의 존재 전체는 윗부분과 아랫부분으로 구성된 무한 8자 형상에 비교할 수 있습니다. 윗부분은, 우리가 때때로 여러분의 아이앰 현존(I AM Presence)이라고 부르는 여러분의 상위자아 또는 영적인 자아를 나타냅니다. 이것은 영원히 영적인 영역에 속해 있는 여러분 존재의 부분입니다. 영적인 영역은 물질 우주에서 보는 것보다 훨씬 높은 진동의 에너지로 이루어져 있습니다. 따라서 여러분의 아이앰 현존은 여러분이 지구에서 행하거나 경험한 어떤 것에 의해서도 부정적인 영향을 받을 수 없습니다. 여러분이 어떤 실수를 하더라도 여러분의 아이앰 현존에게는 아무런 영향을 주지 못합니다. 여러분의 현존은 처음 창조된 그대로 순수하고 완전합니다. 여러분의 상위 존재는 또한 여러분의 원인체(causal body)를 포함하고 있습니다. 원인체는 여러분이 지구에서 가졌던 긍정적이고 생명을 유지하는 (신의 법칙에 일치함을 의미함) 모든 경험을 저장하는 창고입니다. 나는 다음 인용문에서 이것에 대해 언급했습니다.

> 19 재물을 땅에 쌓아 두지 마라. 땅에서는 좀먹거나 녹이 슬어 못 쓰게 되며 도둑이 뚫고 들어와 훔쳐 간다.
> 20 그러므로 재물을 하늘에 쌓아 두어라. 거기서는 좀먹거나 녹슬어 못쓰게 되는 일도 없고 도둑이 뚫고 들어와 훔쳐 가지도 못한다.
> 21 너희의 재물이 있는 곳에 너희의 마음도 있다. (마태 6장)

삶을 유지하는 여러분의 경험들은 모두 이 원인체의 일부가 되어 결코 잃어버릴 수가 없습니다. 여러분이 자신의 상위 존재에 연결되어 있는 한, 그것들을 이용할 수 있는 능력을 결코 잃을 수 없다는 의미입니다.

무한 8자 형상에는 또한 윗부분과 아랫부분을 잇는 연결점이 있습니다. 이곳이 여러분의 의식하는 자아가 있는 곳이거나, 적어도 있어야 하도록 의도된 곳입니다. 여러분의 의식하는 자아가 그 연결점에 중심을 잡을 때, 위와 아랫부분을 모두 볼 수 있습니다. 그것은 자신이 지구에서 단지 일시적으로 하위 존재와 몸을 통해 스스로를 표현하고 있는 영적 존재임을 결코 잊을 수 없다는 의미입니다. 더 나아가 여러분의 아이엠 현존에게 연결됨으로써, 여러분의 의식하는 자아는 여러분의 하위 존재와 외부 상황을 다스릴 수 있게 됩니다. 그러면 여러분은 지상에서 살아 있는 그리스도가 되며, 따라서 내가 다음 인용 구절에서 묘사했던 대로, 신이 여러분을 통해서 일하실 수 있습니다.

내가 아무것도 스스로 할 수 없노라. (요한 5:30)

내 아버지께서 이제까지 일하시니 나도 일한다. (요한 5:17)

그것은 사람의 힘으로 할 수 없는 일이다. 그러나 신은 무슨 일이든 하실 수 있다. (마태 19:26)

이 연결점이 하나의 점, 특이점이라는 것에 주목하세요. 이것은 여러분이 연결점에 남아 있으려면 하나의 마음이어야 한다는 의미입니다. 즉 분리되지 않은 마음을 가져야 한다는 것입니다. 일단 여러분이 분리의 환영과 이원성 이미지에 의해 마음이 분열되도록 허용하면, 의식하는 자아는 필연적으로 무한 8자 형상의 아랫부분으로 "추락하게" 되며, 더 이상 윗부분을 볼 수 없게 됩니다. 의식하는 자아에 대해 이해해야 할 두 가지 중요한 사항이 있습니다.

- 의식하는 자아는 여러분의 상상과 자유의지가 있는 자리입니다.
- 의식하는 자아의 일차적인 과제는, 물질세계에서 신과 함께하는 공동창조자라는 여러분의 자아감을 구축하는 일입니다. 그것은 이 세상에서 여러분의 창조적 표현의 토대가 되는 정체감을 창조하는 것입니다.

이것의 실질적인 의미는, 여러분의 의식하는 자아는 자신이 누구이고 무엇인지 상상할 수 있는 능력이 있으며, 주어진 어떠한 정체성이라도 받아들일 의지가 있다는 것입니다. 다른 말로, 어떤 순간에도 의식하는 자아는 문자 그대로, 자신이 생각하는 바로 그것이 됩니다. 자신을 공동창조자인 영적인 존재와 동일시하면, 의식하는 자아는 이 세상에서 자신을 표현하는 동안에도 연결점에 남아 있을 것입니다. 그러면 의식하는 자아는 이 세상에 있지만, 이 세상에 속하지 않습니다.

하지만, 의식하는 자아는 더 낮은 자아감을 상상하고 자신을 그것과 완전히 동일시할 수도 있습니다. 의식하는 자아가 부분적으로나 전반적으로 이원성에 근거한 자아감을 구축하고 받아들이면, 연결점에 머물러 있을 수 없습니다. 그러면 의식하는 자아는 필연적으로 무한 8자 형상의 아랫부분으로 내려가게 되는데, 이는 부분적으로 또는 전체적으로 여러분의 아이엠 현존을 보지 못하게 되고, 심지어 영적인 영역에 있는 자신의 근원에 대한 모든 기억을 잃을 수도 있다는 뜻입니다. 더 나아가서 영적인 영역이 존재한다는 사실 자체를 부정할 수도 있습니다.

그렇게 되면 우리는 무한 8자 형상의 아랫부분으로 가게 되는데, 그것을 여러분의 자아, 정신, 또는 영혼의 그릇 (영적인 가르침에서 일반적으로 지칭하듯이) 이라고도 부를 수 있습니다.

* * *

여기에 이 세상의 세력이, 여러분이 이해하거나 받아들이기를 원하지 않는 본질적인 깨달음이 있습니다. 나는 앞에서 필름에 있는 색상과 형태를 취하는 영사기의 백색광을 비유로 말한 적이 있습니다. 여러분이 이원성에 근거한 자아감, 즉 필멸의 자아를 구축할 때, 그것은 무한 8자 형상의 아랫부분에 있게 됩니다. 여러분의 의식하는 자아는 그 아랫부분에 자신을 투사하여 필멸의 자아라는 필터를 통해서 세상을 경험할 수 있습니다. 그 자신을 필멸의 정체성과 완전히 동일시하게 되면, 의식하는 자아는 영적인 기원을 망각하고 어쩔 수 없이 필멸의 자아 안에 갇혀 있다고 느끼게 됩니다. 뿐만 아니라, 필멸의 자아를 통해서 저지른 실수 때문에 자신이 악하거나 나쁜 사람이라고 믿을 수도 있습니다.

그러나 여기에 중요한 실재가 있습니다. 여러분의 의식하는 자아는 이 세상이나 여러분 존재의 하위 부분(네 하위체)의 어떤 것에도 영구적으로 영향을 받을 수 없습니다. 여러분의 의식하는 자아는 여전히 영사기의 백색광만큼이나 순수합니다. 여러분은 일시적으로 자신을 인간과 동일시할 수 있으나, 실제로 여러분은 그 이상이며, 이것은 여러분이 언제라도 참된 정체성으로 돌아갈 수 있다는 의미입니다. 여러분이 자신을 인간과 동일시하더라도, 여러분의 의식하는 자아가 인간이 되지는 않습니다. 여러분은 단지 인간으로 여러분을 묘사하는 필름을 통해 여러분 존재의 백색광을 비추고 있을 뿐입니다. 만일 물질세계의 겉모습과도 같은 영화의 화면만 본다면, 여러분은 화면에 보이는 것 이상의 정체성은 없다고 믿을지도 모릅니다. 그러나 여러분은 여전히 그 정체성에서 벗어나 여러분의 전체 존재에는 그 이상이 있다는 것을 경험할 수 있는 능력을 가지고 있습니다.

여러분의 정체성에는 두 가지 측면이 있다고 말할 수 있습니다. 하나는 여러분의 아이앰 현존에 정박되어 있는 영적인 정체성이고, 다른 하나는 여러분이 이 세상에서 자신을 표현하기 위해 사용하는 일시적인 정체성입니다. 여러분은 특정한 영적 정체성을 가지고 창조되었지만, 많은 육화 과정 동안 생명을 유지하는 경험과 결정들을 통해 거기에 뭔가를 덧붙여왔습니다. 그러나 이 세상의 어떤 것도 여러분의 아이앰 현존에 정박해 있는 것, 즉 하늘에 있는 여러분의 보물을 파괴할 수 없습니다(왜냐하면 그것은 이 세상의 어떤 힘으로도 닿을 수 없는, 더 높은 진동의 영역에 있기 때문입니다). 여러분이 창조한 일시적인 정체성은 여러분의 영적인 정체성과 정렬될 수도 있고 그렇지 않을 수도 있습니다. 개인적인 그리스도 의식의 여정은 여러분의 일시적인 정체성을 영적인 정체성과 정렬되도록 이끌어 가는 과정이라 말할 수 있습니다. 그러면 여러분은 더 이상 내분이 일어난 집이 아닙니다.

어떻게 여러분이 참된 정체성으로 돌아갈 수 있을까요? 그것은 필멸의 정체감을 없애버리는 것과 이 세상에서 자신을 표현하는 방법에 대한 영적 정체감을 창조하는 것, 이 두 부분으로 이루어진 과정입니다. 바울은 이것을 옛사람을 버리고 새 사람으로 갈아입는다(에베소서 4:22-24)고 말했습니다. 이렇게 함으로써, 여러분은 아무런 정체성도 없는 진공 상태에 남겨지지 않습니다(의식하는 자아에게는 이것을 다루기가 매우 어렵게 느껴집니다). 영사기의 백색광이 자신이 순수한 빛이라는 것을 망각하고, 화면에 투사된 이미지와 자신을 동일시하게 되었다고도 말할 수 있을 것입니다. 화면에 투사된 것, 즉 여러분 외면의 물질적인 상황을 바꾸려면, 먼저 그 이미지들이 여러분 마음속에 있는 필름에 나타난 것의 투영일 뿐이라는 것을 알아야 합니다.

또한, 현재 여러분이 가진 필멸의 인간이라는 정체감이 하나의 필름을 형성하여 또 다른 필름, 곧 여러분의 아이앰 현존에 정박해 있는 영적인 정체성을 가린다고 말할 수도 있습니다. 이것은 여러분이 태어날 때 영적인 존재로서 부여받은 개성과 여러분이 과거 생애들을 통해 그리스도의 반석 위에 구축한 개성의 조합입니다. 따라서 필멸의 필름을 제거한다 해도 결국 빈 그릇만 남게 되는 것은 아닙니다. 오히려, 일부 상황에서 이미 그렇게 하고 있는 것처럼, 여러분의 영적인 정체성이 빛을 발하기 시작할 것입니다.

이제 여러분은 이원성에 근거한 이미지들을 지워나가면서 그것들을 그리스도의 진리에 근거한 이미지로 대체해 나가는 점진적인 과정을 시작할 수 있습니다. 이렇게 하면 필름, 곧 마터 빛(Ma-ter Light) 위에 더 순수한 이미지를 투사할 수 있게 되며, 그것은 결국 여러분이 더 나은 물질 환경을 경험하게 될 것이라는 의미입니다. 여러분이 필름을 바꾸면 화면의 이미지도 달라질 수밖에 없습니다. 원인을 바꿀 때 결과도 달라질 수밖에 없으며, 행위를 바꿀 때 반응도 달라집니다.

이제 우리는 그리스도 의식으로 올라가는 과정이 대체로 여러분 존재의 하위 부분에서 일어난다는 사실을 알 수 있습니다. 그 부분을 여러분의 자아를 담는 그릇(container)이라고 부를 수도 있습니다.

그릇이라는 이미지는, 여러분이 하위 존재라는 수용체를 가지고 있으며, 여러분의 의식하는 자아가 물질세계에서 특정한 요소를 선택하여 그 안에 넣고 축적하고 있다는 것을 효과적으로 설명해 줍니다. 따라서 여러분의 의식을 높이는 것은 자아의 그릇 안에 있는 내용물을 평가하고, 개선될 수 있는 것은 개선하면서, 그 안에 담긴 불완전한 이미지와 신념을 정화하는 문제입니다. 그것은 대청소와 같습니다. 더 잘 정리해야 할 것들도 있고, 수리해야 할 것들도 있으며, 그냥 내다 버려야 할 것들도 있습니다.

이 모든 것이 두려움과 무슨 관계가 있을까요? 자, 만일 여러분이 자아의 그릇에 담겨 있는 내용물을 보기를 두려워한다면, 도대체 어떻게 그 내용물을 정화할 수 있을까요? 이제 우리는 어디서 두려움이 오는지, 더 정확히 말하면 여러분의 하위 존재의 어떤 부분이 두려움의 원인인지 이해할 수 있는 토대를 마련했습니다.

* * *

지금까지 여러 차례 말했는데, 핵심적인 진리를 충분히 파악했나요?

- 여러분의 의식하는 자아는 실재입니다.
- 실재인 것은 실재가 아닌 것에 의해 영향을 받지 않습니다. 즉 여러분의 의식하는 자아는 지구상의 어떤 불완전한 조건에 의해서도

영향을 받을 수 없다는 의미입니다.

· 어떤 조건도 여러분의 의식하는 자아에 영향을 줄 수 없다면, 의식하는 자아, 곧 여러분이 지구상의 어떤 것이든 두려워할 이유가 있을까요?

실제로 내가 여기서 말하고 있는 것은 여러분의 의식하는 자아는 정말로 아무것도 두려워할 수 없다는 점입니다. 그렇다면 여러분은 왜 자신의 존재 안에 두려움을 가지고 있을까요?

글쎄요, 그 답은 여러분의 존재 안에는 이 세상의 것을 두려워할 수 있는 부분이 있는데, 그 부분은 말할 것도 없이 여러분의 에고입니다. 그러나 여러분은 에고가 왜 이 세상의 조건들을 두려워하는지 이해하고 있나요? 에고는 신의 존재가 창조하지 않았으며, 따라서 궁극적인 실재를 가지고 있지 않기 때문입니다. 에고는 물질세계의 진동과 에너지로 만들어집니다. 그리고 여러분이 이 세상에서 보는 외적인 조건들도 마찬가지입니다. 그러므로 이 조건들은 실제로 여러분의 에고에 영향을 미칠 수 있으며, 그것이 바로 에고가 그 조건들을 두려워하는 이유입니다. 에고는 외적인 조건들이 자신을 지배할 힘을 가졌다는 것을 알고 있습니다.

중요한 차이가 보입니까? 여러분의 의식하는 자아는 신의 존재의 더 높고 영적인 진동에서 만들어졌기 때문에, 이 세상의 더 낮고 물질적인 진동에 의해 영향을 받지 않습니다. 결론적으로, 이 세상의 그 무엇도 여러분의 의식하는 자아를 해칠 수가 없습니다.

왜 그런지 이해가 되나요? 햇빛은 진흙보다 더 높은 주파수로 진동하는 빛으로 만들어졌습니다. 여러분의 감각과 일상적 경험과는 달리,

진흙 또한 빛, 즉 에너지로 만들어졌지만, 햇빛보다 낮은 진동을 가지고 있을 뿐입니다. 따라서 여러분이 햇빛을 향해 온종일 진흙을 던지더라도 그것을 더럽힐 수 없습니다. 더 둔탁한 진동으로 만들어진 진흙은 햇빛을 건드리지 못한 채 그저 지나갈 뿐입니다.

이와는 대조적으로, 에고는 물질세계의 진동으로 만들어졌습니다. 따라서 에고는 실제로 이런 진동에 영향을 받을 수 있습니다. 즉 여러분의 에고는 말 그대로 물질세계의 어떤 에너지에 의해 손상될 수 있습니다. 물론 진흙이 여러분의 에고에 달라붙지 않겠지만, 어떤 정신적, 감정적 에너지는 달라붙을 것입니다. 우리는 나중에 이 에너지에 대해 더 자세히 살펴볼 것입니다.

에고는 물질세계의 에너지로 만들어졌기 때문에, 이 세상의 불완전한 조건을 두려워할 이유가 있다는 개념을 다시 살펴보겠습니다. 이것을 통해서 에고가 두려움을 가지고 있다는 것을 이해할 수 있습니다. 하지만 그것을 이해할 수 있더라도, 그리스도의 제자는 이 두려움들을 넘어서야만 하며, 그렇게 할 수 있는 방법이 여기에 있습니다.

문제는, 아무것도 두려워할 필요가 없는 의식하는 자아가 어떻게 실제로 두려움을 느낄 수 있게 되었을까요? 아니 더 정확히 말하면, 두려움을 느낀다고 믿게 되었을까요? 앞에서 설명했듯이, 그 이유는 의식하는 자아는 여러분이 이 세상과 어떻게 상호 작용할지에 대한 정체감을 창조하는 임무를 가지고 있기 때문입니다. 의식하는 자아가 연결점에 중심을 잡고 있으면 아이앰 현존과의 연결을 유지할 것이고, 따라서 자신이 이 세상의 모든 것을 초월해 있다는 것을, 즉 두려워할 것이 아무것도 없음을 알고 있습니다. 그러나 의식하는 자아가 이원성에 근거한 정체감을 창조하기 시작하면, 점차 영적인 본성을 망각하게 됩니다.

여러분의 에고, 필멸의 정체성은 한 조각의 색유리와 같습니다. 여러분이 그 유리를 통해서 햇빛을 비추면, 햇빛은 그 유리의 색을 취합니다. 이것은 여러분의 의식하는 자아가 에고라는 색유리를 통해서 세상을 보기로 선택할 수 있으며, 따라서 일시적으로 에고가 세상을 보는 대로 세상을 보게 되어 일시적으로 에고의 두려움을 느낄 수 있다는 것을 보여줍니다. 하지만 에고가 결코 자신의 두려움에서 벗어날 수 없다고 해도, 의식하는 자아는 진정한 자신에 다시 연결됨으로써 이 두려움을 벗어날 수 있으며, 더 이상 에고의 필터를 통해서 보지 않게 됩니다.

실제로 일어나는 일은, 필멸의 인간적이고 제한된 자아가 창조되며, 이 자아는 무한 8자 형상의 아랫부분인 여러분의 자아 수용체에 살게 된다는 사실입니다. 이 자아가 어떻게 구축되는지는 나중에 더 이야기하겠지만, 현재로서는 이 필멸의 자아가 본질적으로 이 세상의 불완전함을 두려워한다는 점이 중요합니다. 그래서 의식하는 자아가 자신을 이 필멸의 자아와 동일시할 때, 의식하는 자아는 마치 색안경을 쓴 사람처럼 필멸의 자아의 필터를 통해 세상을 바라보게 됩니다. 의식하는 자아는 이제 이 세상을 자신에게 해를 입힐 수 있는 불완전한 조건들이 많이 있는 위험한 곳으로 여길 것입니다. 이것의 한 가지 일반적인 결과는, 여러분의 육체를 해칠 수 있는 것이 실제로 진정한 여러분(YOU)을 해칠 수 있다고 여러분이 두려워하기 시작한다는 것입니다. 그래서 내가 이렇게 말했습니다.

육신은 죽여도 영혼은 죽이지 못하는 사람들을 두려워하지 말고 영

혼과 육신을 아울러 지옥에 던져 파멸시킬 수 있는 분을 두려워하
여라. (마태 10:28)

그러나 이 말은 오늘날의 성서에 인용된 것처럼 불완전합니다. 여
러분의 육신에 해를 입힐 수 있는 사람들을 두려워 말라는 것은 그것
이 의미하는 것의 일부분에 해당합니다. 여러분은 여러분의 육신 이
상이며, 그것은 곧 의식하는 자아는 이 세상의 어떤 것도 두려워해서
는 안 된다는 의미이기 때문입니다. 더 깊은 의미는 영혼을 파괴할
수 있는 자에 대해 염려해야 한다는 것입니다. 그러면 누가 영혼을
파괴할 수 있을까요? 자, 의식하는 자아가 영혼을 창조했기 때문에,
의식하는 자아만이 여러분의 영혼을 파괴할 수 있습니다. 많은 사람
이 악마나 다른 어둠의 세력들이 그들의 영혼을 지배하는 힘을 가졌
다고 믿고 있지만, 이것은 더 높은 관점에서 이해되어야 하는 믿음입
니다. 여러분이 자신이 누구인지 안다면, 이 세상에서 여러분을 지배
할 힘을 가진 것은 아무것도 없습니다. 여러분의 의식하는 자아가 연
결점에 있다면, 그것은 여러분의 자아 수용체에 들어가는 것들을 지
켜보는 문지기가 될 것입니다. 그것은 또한 그리스도의 분별력을 가
지고 있으므로, 모든 이원성의 요소를 막아낼 수 있습니다.

그러나 여러분이 필멸의 자아를 창조했고 여러분의 의식하는 자아
가 자신을 필멸의 자아와 동일시한다면, 에고가 여러분의 자아 수용
체에 들어가는 것들을 지켜보는 문지기가 됩니다. 에고는 그리스도의
분별력을 가지고 있지 않습니다. 왜냐하면 에고는 이원성의 의식에서
만들어져 그 환영을 꿰뚫어 볼 수 없기 때문입니다. 그러므로 에고가
여러분의 마음을 지키게 된다면, 당연히 이 세상의 세력들이 여러분

을 지배하게 됩니다. 이원성의 필터를 통해서 세상을 보면, 여러분은 반-그리스도 환영이 비실재임을 볼 수 없으며, 따라서 이 세상의 세력들이 여러분의 자아 수용체에 들어갈 수 있습니다. 하지만, 여러분은 필멸의 자아와의 동일시를 벗어나 불멸의 자아인 아이엠 현존과의 동일시로 옮겨감으로써 그 지배력을 깨뜨릴 수 있습니다.

이 세상의 세력들은 여러분을 지배할 수 있는 직접적인 힘이 없다는 것을 명확히 해두겠습니다. 오직 여러분만이 자신의 정체감을 바꿀 수 있으므로, 그것들은 단지 간접적인 힘을 가지고 있을 뿐입니다. 하지만, 여러분의 의식하는 자아가 자신을 에고와 동일시하면, 에고의 두려움을 실재라고 생각하게 됩니다. 그러면 이 세상의 세력들은 여러분의 정체감을 바꾸도록 여러분을 조종할 수 있게 됩니다. 그러나 여러분이 에고의 환영을 꿰뚫어 보는 순간, 이 세상의 세력들은 더 이상 여러분에게 영향을 주지 못합니다.

한 예로써, 여러분이 관광명소에 있고 그곳에 경치를 볼 수 있는 망원경이 여러 개 있다고 상상해 보세요. 망원경 중 하나는 렌즈가 깨끗하지만, 다른 것들은 색이 칠해졌거나 왜곡된 렌즈를 가지고 있습니다. 여러분의 의식하는 자아는 깨끗한 렌즈를 통해서 볼지 아니면 왜곡된 렌즈를 통해서 볼지 선택할 수 있습니다. 여러분의 의식하는 자아가 세상을 보는 방식이 어떤 필터를 통해 보는가에 달려 있다는 것이 분명하지 않나요?

* * *

이것이 의미하는 것이 많지만, 한 가지에 집중해 보겠습니다. 인류를 숨김없이 있는 그대로 살펴보면, 많은 사람이, 심지어 가장 부유하고 가장 영향력 있어 보이는 사람들조차 그들이 두려워하는 것들로부터 자신을 보호하기 위해 평생을 보낸다는 사실을 알게 될 것입니다. 그들의 삶 전체가 말 그대로, 그들의 두려움에 의해 통제됩니다. 실제로 이 사람들에게 일어나고 있는 일은, 그들이 이 세상의 지배자에게 속아서 원인이 아니라 결과에 주의를 집중하고 있다는 것입니다.

내가 왜 인류가 지구상의 모든 불완전한 조건을 창조했다고 앞에서 설명했을까요? 여러분이 두려워할지도 모르는 조건들이, 결국은 잠재되어 있고 보이지 않는 원인의 결과임을 깨닫도록 돕기 위해 그렇게 설명했습니다. 사람들이 그들의 공동창조하는 능력을 집단적으로 사용하여 이원성의 의식을 통해서 창조했기 때문에 그 조건들이 생겨난 것입니다. 따라서 지구에서 불완전한 조건의 형태로 보이는 것들은 깊은 곳에 깔려 있는 원인의 결과이며, 그것은 영화 화면에 투사된 이미지, 즉 집단 정신의 필름에 있는 이미지입니다.

지구상의 불완전한 조건들을 인간들이 집단으로 창조했다고도 말할 수 있습니다. 그러나 그들은 이것을 알지 못하기 때문에, 그들이 당면한 조건들이 실재이며 자신이 통제할 수 없는 외적인 힘의 결과라고 생각합니다. 그들은 지구를 다스리는 공동창조자가 되기보다는, 프랑켄슈타인 박사가 만든 괴물이 결국 그를 죽였듯이, 그들 자신의 창조물이 그들을 지배하도록 허용했습니다. 기적을 행했던 것을 포함해서, 내 사명은 사람들에게 그들의 마음에 정말로 물질 우주를 다스릴 수 있는 힘이 있음을 보여주는 것이었습니다.

눈이 먼 결과, 사람들은 외부 세상을 통제함으로써 그들이 두려워하는 조건을 극복하려는 딜레마에 갇히게 됩니다. 그러나 그들은 외부의 조건에 초점을 맞추고 있으므로, 그 조건이 그들 자신의 의식 상태의 결과라는 것을 알 수 없습니다. 따라서 그들은 자신의 내면 세계를 바꾸려 하는 대신 외부 세계를 변화시키려 합니다. 그들은 자신의 눈 안에 있는 들보를 제거하는 것이 아니라 자신 바깥에 있는 세상에 초점을 맞춥니다. 그들은 다른 사람의 눈 속에 있는 티는 단지 자신의 눈 속에 있는 들보의 반영이라는 것을 알지 못합니다.

그 결과 사람들은 자신의 환경, 곧 다른 사람들과 사회, 심지어 물질 행성에 대한 궁극적인 통제권을 얻으려는 에고 게임에 갇혀 있습니다. 역사상 가장 강력했던 사람들이 그들 주변의 모든 것과 모든 사람을 통제하는 데 얼마나 집착했는지 생각해 보세요. 이 사람들은 지구에서 엄청난 힘을 가졌었지만, 진정으로 강한 사람들은 아니었다는 것이 보입니까? 그들은 통제가 필요해서 권력을 추구할 수밖에 없었으며, 그러한 필요는 에고에 중심을 둔 두려움에서 생겨났습니다. 따라서 세속적인 권력을 추구하는 동인(動因)이 큰 사람일수록, 자신의 두려움에 의해 더 많이 통제당하고 있는 것입니다. 실제로 역사상 가장 강력했던 사람들의 일부는 가장 약한 사람들이었습니다. 진정한 힘은 에고의 두려움에 이리저리 흔들리지 않도록 자신을 통제하는 것입니다. 옛말에도 있듯이, 도시를 정복하는 것보다 자신을 정복하는 것이 더 위대합니다. 또는 내가 말했듯이, 사람이 자신의 영혼을 통제하지 못하고 여전히 자신의 두려움에 의해 지배된다면, 온 세상을 얻는다고 해도 무슨 이익이 있을까요?

이제 여러분은 선택할 수 있습니다. 여러분은 어떤 완전한 상태에 도달하면 두려움이 사라지리라 생각하면서, 외적인 조건으로부터 자신을 보호하려는 이런 끝없는 게임을 지속하면서 여생과 많은 미래의 생들을 보낼 수 있습니다. 아니면 그리스도의 제자가 되기로 결정할 수 있습니다. 이것은 여러분이 더 이상 두려움에서 도망치지 않고 정면으로 맞서 그것이 환영임을 보면서, 그것을 통과해서 걸어간다는 의미입니다. 나는 여러분이 후자를 선택하리라고 믿고, 여러분이 두려움을 극복하기 위해 무엇이 필요할지 알아보겠습니다.

* * *

두려움을 극복하는 방법은 오직 한 가지이며, 그것은 두려움이 환영의 결과일 뿐 실재가 아님을 보는 것입니다. 하지만, 에고는 자신의 존재 자체가 환영에서 비롯된다는 것을 깨달을 수 없으므로, 에고는 결코 이렇게 할 수가 없습니다. 따라서 에고는 자신이 두려워하는 것이 단지 환영일 뿐임을 결코 볼 수 없습니다. 결과적으로, 오직 의식하는 자아만이 두려움을 극복할 수 있습니다. 그러나 이것은, 이 세상의 조건들과 함께 작업하는 것으로는 이루어질 수 없습니다. 여러분이 아무리 이상적인 외부 상황을 만든다고 하더라도, 여전히 두려움을 극복하지 못할 것입니다. 에고는 그 자체의 본질상 이 세상의 조건들, 잠재적인 조건들조차 두려워합니다. 따라서 현실은, 여러분의 의식하는 자아가 자신이 에고 이상임을 경험하고, 따라서 에고가 만든 필터와 자신을 동일시하면서 그것을 통해 세상을 보는 일을 멈춰야 한다는 것입니다.

요점을 이해하는 데 도움이 될 개념을 간략히 설명하겠습니다. 나는 필멸의 자아에 대해 말했는데, 이 자아는 각각의 역할을 가지는 여러 하위-인격(sub-personalities)의 복합체로 볼 수 있습니다. 그것은 여러분의 자아 수용체가 물질세계에서 여러분의 삶이라는 연극이 펼쳐지고 있는 극장과 거의 유사하다는 것입니다. 에고는 물질세계의 조건들을 두려워하고 이 세상 너머를 볼 수 없으므로, 어떤 잠재적인 위기 상황이 일어나더라도, 자신을 보호하기 위해 하위-인격들을 창조함으로써 두려움을 다루려고 합니다. 다시 말해, 에고는 삶의 드라마 안에서 이런 역할들을 창조하고 있으며, 여러분의 자아 수용체라는 극장이 이렇게 미리 규정된 역할들을 모두 가지고 있다고도 말할 수 있습니다. 여러분의 의식하는 자아는 당면한 외부 상황에 따라 이 역할에서 저 역할로 옮겨갈 수 있습니다. 따라서 상황이 달라지면, 다른 하위-인격의 필터를 통해 보기 때문에 세상을 약간 다르게 볼 수도 있습니다.

여기서 내 요점은, 그리스도 의식의 여정이 이 다양한 역할로부터 자신을 분리하고 세상을 있는 그대로 보게 되는 과정이라는 것입니다. 즉 필멸의 자아의 다양한 필터 대신, 필터가 없는 그리스도 마음을 통해서 본다는 의미입니다. 이것은 지적으로 할 수 있는 것이 아니라, 직접적인 경험의 결과여야만 합니다. 그렇지만 이렇게 해방되는 경험을 하는 데는 두 가지 방법이 있습니다.

· 앞에서 언급했듯이, 몇 년 동안 특정한 상태를 두려워해 왔다 해도, 막상 그것을 경험하게 되면 현실은 두려워했던 만큼 나쁘지 않다는 것을 많은 사람이 경험하고 있습니다. 어떤 경우에는, 현실이 두려워했던 것만큼 나쁠지라도 현실을 직면한 데서 오는 확실성이 그들의 두려움을 해소합니다. 어느 경우든 실제로 그 상태를 경험하면 두려움이 해소되는데, 이로 인해 사람들은 영적인 성장

의 긍정적인 나선을 취하게 될 수도 있고, 부당하다는 느낌이나 자괴감, 분노의 부정적인 나선을 취하게 될 수도 있습니다.

그러나 여기서 보다 중요한 것은, 특정한 두려움을 극복하는 한 가지 방법은 여러분이 두려워하는 그 조건을 실제로 경험하는 것이라는 점입니다. 일단 그 조건에 직면하면, 자신의 두려움을 직시하게 되고, 따라서 두려움을 극복할 수 있습니다. 이런 식으로 두려움을 극복하는 것의 문제점은 꽤 고통스럽고 시간이 오래 걸릴 수 있다는 것입니다. 에고가 두려워할 수 있는 조건은 사실 수없이 많은데, 한 생애는 단지 한정된 시간 동안만 지속하기 때문에, 이런 방법으로는 여러분이 가진 모든 두려움을 직시할 시간이 없습니다. 다행히, 더 나은 방법이 있습니다.

• 여러분이 두려워하는 실제적이고 육체적인 조건을 경험할 때조차, 실제로 두려움에서의 해방은 흔히 "아하-경험"이라고 부르는 내적 경험의 결과입니다. 여러분은 말 그대로 여러분의 두려움이 실재가 아니었음을 보거나 경험하고, 즉각적이고 자발적으로 두려움을 보내버리기로 결정합니다.

앞에서 언급했듯이, 그리스도 의식에 이르는 여정의 중요한 부분은 외적인 조건과 여러분의 마음 안에서 일어나는 일 사이에는 어떤 필연적인 연결 고리가 없음을 깨닫는 것입니다. 따라서 여러분이 두려워하는 그 조건을 실제로 경험할 필요가 없습니다. 왜냐하면 전적으로 내적인 과정의 결과로 여러분의 두려움을 직시하고 극복할 수 있기 때문입니다.

두려워하는 조건을 경험함으로써 여러분의 두려움에 직면하는 중간 단계를 겪는 대신, 두려움이 생겨났고 두려움이 거주하고 있는 마음속에서 여러분의 두려움을 직시할 수 있습니다. 다시 말해, 두려움은 여러분이 두려워하는 외부의 조건에 의해서가 아니라 마음속에서 만들어졌기 때문에, 반드시 마음속에서 제거해야 한다는 사실을 깨달을 수 있습니다.

이 내면의 과정을 어떻게 시작할 수 있을까요? 그러려면 의식하는 자아에게, 두려워하는 조건에서 도피하거나 맞서 싸우려는(flee or fight) 에고의 내재된 경향을 극복하려는 의지에서 나온 행위가 필요합니다. 어떤 사람은 두려워하는 조건에서 도망치기 위해 평생을 보내지만, 다른 사람들은 그 조건과 싸워서 그것을 통제하려고 평생을 보낸다는 것을 알고 있나요? 두 유형의 사람들 모두 에고의 통제를 받고 있으며, (도피하거나 통제하려는 시도로서 종교/영성을 이용하더라도) 그리스도 의식을 향해 전진할 수가 없습니다. 왜 전진을 하지 못할까요? 왜냐하면, 그들은 두려워하는 조건을 경험하는 것을 회피하려 하므로 두려움 자체를 볼 수가 없기 때문입니다.

우리는 두 가지 방법으로, 즉 고난의 학교를 통해 두려워하는 조건을 직접 경험하거나, 아니면 자기 점검 과정을 통해 두려움에 직면하는 내적인 방법으로 두려움을 극복할 수 있다고 말할 수 있습니다. 어떤 사람들은 자신을 에고와 동일시하기 때문에 두려움으로부터 달아나거나 맞서 싸우는 것 외에는 다른 선택의 여지가 없습니다. 그들은 두려워하는 조건을 실제로 경험함으로써만 영적인 진전을 이룰 수 있습니다. 그리고 우주는 거울이기 때문에 그들은 자신이 두려워하는 바로 그것을 끌어당길 것입니다. 사실, 많은 영성인이 육화하기 전에 특정한 두려움을 극복하겠다는 서약을 했습니다. 그리고 만일 그들이 외적인 조건에 의해 이미 눈이 어두워져서 내적인 방법으로 그렇게 할 수 없다면, 그들은 무의식적으로 외적인 방법으로 그것을 하기를 원할 것입니다. 따라서 많은 사람이 두려움에서 벗어나 주목할 만한 영적인 진전을 이루고자 하는 무의식적인 열망 때문에, 자신이 가장 두려워하는 조건을 실제로 자신에게 끌어올 것입니다.

여기서 내 요점은, 쉽게 말하면 그리스도의 제자로서 여러분에게 외적인 방법으로 두려움을 극복할 시간이 없다는 것입니다. 따라서 여러분은 내적인 과정을 통해서 두려움을 직시하는 습관을 적극적으로 형성해야 합니다. 그리고 이것은 여러분의 에고 혹은 외면의 마음의 의지가 아닌 상위 의지를 향해 손을 뻗음으로써 시작됩니다.

* * *

이제 제한하는 감정(limiting emotions)을 다루는 보편적인 접근 방식을 설명하겠습니다. 이것은 두려움에서 시작하여 분노, 증오, 비용서 등 모든 유형의 제한하는 감정을 다루는 데 사용할 수 있는 기법입니다. 이를 위해서는 다음과 같은 단계를 밟아 나가야 합니다.

1단계

자신에게 두려움(또는 어떤 감정)이 있다는 것을 인식해야 합니다. 이것은 중요한 단계입니다. 그런데 영적인 구도자들, 특히 오랫동안 이 길을 걸었으며 자신이 특정한 감정들을 넘어섰다고 느끼는 사람들에 의해 이 단계가 흔히 간과됩니다. 여러분이 이 과정을 읽고 있다면 두려움과 다른 제한하는 감정들을 어느 정도 가지고 있다는 것이 엄연한 사실입니다. 어떻게 이렇게 말할 수 있을까요? 여러분이 이 모든 감정을 넘어섰다면, 여러분은 이미 경지에 이르렀을 것이고 따라서 이 과정을 읽고 있지 않을 것이기 때문입니다.

에고는 끊임없이 여러분에게 문제가 있다는 사실을 부정하게 하려고 애쓴다는 것을 파악하기 바랍니다. 에고가 이렇게 하는 이유는, 그것을 부정하면 여러분이 문제를 다루지 못하게 막을 수 있기 때문입니다. 심리학자들이 말하는 것처럼, 여러분은 자신에게 문제가 있다는 사실을 인정하기 전에는 한계를 극복할 수 없습니다. 그렇게 많은 중독자가 "바닥을 친" 다음에야 회복하기 시작하는 이유는 무엇일까요? 바닥을 친다는 것은, 실제로 자신에게 문제가 있으며 오직 자신만이 그것에 대해 뭔가를 할 수 있다는 것을 마침내 인정하는 경험이기 때문입니다. 바닥을 치기 전에, 그들은 문제가 있다는 것을 부인하거나 아니면 자신이 그것에 대해 뭔가를 할 수 있거나 해야 한다는 것을 부정하는 상태에 있었습니다.

제한하는 감정을 극복하기 위해서는, 그것을 보내고 내려놓아야 한다는 것은 명백한 사실입니다. 하지만, 기본적으로 소유하지 않은 것을 내버릴 수는 없습니다. 그것이 여러분의 자아 수용체 안에 있다고 인정하고 그 감정의 소유권을 받아들이지 않는 한, 여러분은 절대로 그것을 내버릴 수 없습니다. 따라서 그것은 빛이 들지 않는 어둠 속에 계속 숨어 있으면서, 그곳에서 여러분을 끌어내릴 것입니다. 소위 영적인 사람들도 자아 수용체를 여러 칸으로 나눈 다음, 원하지 않는 모든 감정을 어두운 구석에 몰아 놓고 절대 쳐다보지 않는 경우가 많습니다. 그렇게 그들은 깨어 있는 의식의 표면 수준에서 그것이 존재하지 않는다고 생각하면서 자신을 속입니다. 그러나 살아 있는 그리스도의 제자가 되려는 사람들은 그것이 존재하지 않는다고 선을 긋기보다는, 기꺼이 자신의 눈 안의 들보를 볼 것이라고 나는 기대합니다.

두려움을 가지고 있다고 인정하는 것은 부끄러운 일이 아닙니다. 현재 매우 불완전한 상태인 이 행성에 육화하면서 두려움(또는 다른 감정들)에 영향을 받지 않기란 사실상 불가능하기 때문입니다. 그것은 일종의 일상적인 일이자, 인간이 되는 일의 일부입니다. 그러나 이제 여러분은 인간 이상(MORE)이 될 때입니다. 그것은 인간적인 불완전한 것들을 버릴 수 있도록 소유권을 받아들임으로써 시작됩니다.

2단계

두려움을 가지고 있다는 것을 인식한 다음, 자신이 그 두려움이 아니라는 것을 인정해야 합니다. 여러분은 두려움 이상(MORE)의 존재입니다. 다시 말해, 두려움은 여러분의 존재 전체가 아니므로 그것이 여러분의 주의를 통제하거나 여러분의 정체감을 정의하도록 허용해서는 안 됩니다. 내가 말했듯이, 여러분의 의식하는 자아는 영적인 존재이며, 영적인 영역에는 두려움이 없다는 것을 논리적으로 알아야 합니다. 그러므로 두려움은 여러분의 아이앰 현존에서 올 수가 없으며, 그것은 여러분 존재의 하위 부분인 에고에서 올 수밖에 없습니다.

여러분은 자신이 물리적인 육신 이상의 존재임을 이미 알고 있습니다. 그렇지 않았다면 그리스도 의식의 여정에 마음을 열지 않았을 것입니다. 그렇기에 다음 단계를 밟아서 자신이 두려움 이상이고, 더 나아가 그 두려움을 일으킨 믿음 이상의 존재임을 깨닫는 일은 간단합니다. 그러나 진정으로 이 단계를 밟으려면, 여러분은 여러분 존재의 더 높은 부분인 아이엠 현존에게 연결되어야 합니다. 여러분은 자신이 두려움 또는 두려워하는 조건을 훨씬 초월해 있음을 인식하고 실제로 경험해야 합니다. 여러분이 지구에 존재하는 것에는 이 두려움을 경험하는 것보다 훨씬 큰 목적이 있습니다. 여러분은 두려움으로 사지가 마비되기 위해 이 행성에 온 것이 아닙니다. 따라서 여러분은 자신을 육화하게 한 무한한 추동력을 경험할 필요가 있습니다. 여러분은 이번 생애에 중요한 임무를 띠고 왔음을 진정으로 경험할 필요가 있으며, 그러면 비실재인 두려움이 그 임무를 방해하는 것을 절대 허용하지 않게 됩니다. 여러분의 임무는 실재이며, 여러분은 자신의 존재 이유를 이행하는 일을 비실재가 방해하도록 두지 않을 것입니다. 여러분은, 지구상의 모든 어둠을 소멸시킬 여러분의 빛을 비추지 못하도록 어둠이 위협하는 것을 허락하지 않을 것입니다.

여러분이 어떻게 이 더 큰 자아와 연결될 수 있을까요? 부분적으로는 이해를 통해서 그리고 부분적으로는 내가 제공하는 연습을 통해서 가능합니다. 내가 제공하는 로자리는 여러분이 자신의 상위 존재와 다시 연결되어, 상위 존재의 통찰과 빛을 여러분의 자아 수용체 안으로 가져와 환영을 물리치고, 그곳에 축적된 불완전한 에너지를 태워버릴 수 있도록 설계되었습니다.

3단계

여러분은 이제 자신이 두려워하는 조건과 두려움 자체 사이에 근본적인 차이가 있음을 의식적으로 인정해야 합니다. 두려움은 물질적인 조건이 아니라 심리적인 상태임을 이해해야 합니다. 두려움은 외부의 조건에 의해 생겨나는 것이 아니므로 원인과 결과를 혼동해서는 안됨니다. 두려움의 원인이 되는 심리적인 기원이 아니라 물리적 조건인 결과에 초점을 맞추는 한, 여러분은 결코 문제를 극복하지 못할 것입니다. 따라서, 여러분은 이제 외부의 조건으로부터 눈길을 돌려 진정한 원인, 곧 두려움을 극복하는 열쇠를 쥐고 있는 마음 안에 있는 조건을 찾기 시작할 수 있습니다.

여러분은 자신의 자아 수용체에 대한 책임을 지겠다고 결정해야 합니다. 의식하는 자아는 물질적인 조건을 넘어서 있으며, 따라서 어떤 물질적인 조건도 진실로 여러분에게 영향을 줄 수 없다는 사실을 깨달음으로써 그렇게 할 수 있습니다. 그러면 외부의 조건에 대한 여러분의 반응을 통제할 수 있습니다. 즉 여러분의 반응이 에고에 의해 만들어진 하위-인격 중 하나에 미리 프로그램된 반응에 의해 결정되도록 허용하는 대신, 여러분 스스로 반응을 선택하는 것입니다. 이것은 자아의 내면 세계에 대한 지배권을 되찾는 일이며, 그리스도 의식에 이르는 여정의 핵심 단계입니다. 여러분이 외부 상황에 대한 자신의 반응을 다스릴 수 없다면, 어떻게 그리스도가 될 수 있겠습니까?

4단계

이제 두려움에 두 측면이 있음을 이해해야 합니다. 모든 것이 에너지이며, 감정은 움직이는 에너지(energy in motion)입니다. 따라서 두려움은 특정한 진동이나 주파수를 가진 특정한 유형의 에너지입니다. 과학이 모든 감정을 측정할 수 있고 심지어 여러분의 에너지장(자아 수용체)의 시각적 이미지를 보여줄 수 있게 됨으로써, 그 안에 어떤 유형의 감정 에너지가 축적되어 있는지 쉽게 알아볼 수 있는 시점이 올 것입니다. 그러나 지금으로서는, 느낌(feeling)이 일정한 양의 에너지를 생성하면 여러분의 자아 수용체 안에 축적이 되고, 거기에서 여러분의 감정과 생각을 끌어당기는 자력이 발휘된다는 것을 알 필요가 있습니다. 따라서 이 축적된 에너지가 여러분의 감정을 강화해서, 여러분이 두려움의 대상을 바라보는 것을 더욱 두렵게 만듭니다.

두려움이 너무나 심해서, 자신에게 두려움이 있다고 인정하거나, 두려워하는 것을 바라보기를 무서워하는 사람이 많습니다. 분명히 여러분은 이 범주에 속하지 않습니다. 그랬다면 이 과정을 읽고 있지 않을 것이기 때문입니다. 그렇지만 여러분은 자신의 에너지장 안에서 두려움의 에너지를 끌어당기는 자력을 감소시키는 실제적인 조치를 취함으로써 두려움을 더 쉽게 다룰 수 있습니다. 과학이 이미 발견했듯이, 낮은 진동수의 에너지가 높은 진동수의 에너지와 상호 작용하여 바뀔 수 있음을 인식함으로써 아주 간단하게 이렇게 할 수 있습니다. 따라서 축적된 두려움의 인력(引力)을 줄이는 방법은 높은 진동수의 영적 에너지를 불러와서 여러분의 에너지장 안에 있는 두려움의 에너지 안으로 흘려보내는 것입니다. 바로 이것을 위해 성모 마리아 로자리가 고안되었고, 바로 이것이 내가 열쇠마다 로자리를 제공하는 이유입니다.

5단계

이제 감정의 다른 측면을 인식해야 합니다. 감정은 움직이는 에너지이므로, 그 에너지를 움직이게 해줄 무언가가 필요하며, 그 "무언가"가 믿음입니다. 이 믿음은 여러분의 생각 안에 존재하며, 이원적인 환영에 기반을 두고 있습니다. 이로 인해 낮은 진동수의 에너지가 활동하게 되면 여러분을 제한하는 결과를 가져옵니다.

잠깐 여러분의 상위 존재와 하위 존재 사이의 무한 8자 형상에 대한 설명으로 돌아가 보겠습니다. 여러분의 하위 존재를 유지하는 것은 여러분의 아이앰 현존으로부터 자아 수용체 안으로 흐르는 영적 에너지의 흐름이며, 그것은 자아 수용체 안에서 여러분이 주의를 두는 것을 따라 흐르게 됩니다. 삶에 대한 여러분의 믿음과 태도가 그 에너지를 어떻게 지휘할지를 결정합니다. 여러분이 그리스도의 실재에 근거한 믿음을 가지고 있다면, 여러분 자신과 모든 생명을 확장하는 데 그 에너지를 사용하게 될 것이고, 그러면 그것은 다시 위로 흘러 돌아와서 여러분의 보물이 하늘에 쌓이게 됩니다. 여러분이 재능을 증식함으로써 이렇게 돌아온 에너지는, 여러분의 아이앰 현존과 영적인 스승들이 여러분이 제대로 사용한 것을 또다시 증식하게 하는 토대를 형성하여, 여러분에게 더 많은 에너지를 방출하게 됩니다.

반대로 여러분의 믿음이 반-그리스도의 이원성에 근거할 때, 여러분은 그 에너지를 낮은 진동으로 제한하여 다시 위로 흘러가지 못하게 합니다. 따라서 이 에너지는 여러분의 자아 수용체 안에 축적되어 결국 여러분의 생각과 느낌에 영향을 주거나 심지어 지배할 수 있을 정도로 그 "양"이 더 많아지거나 강력해질 것입니다. 많은 사람의 경우 이것은 자기-강화 나선이 되었으며, 축적된 에너지가 더 많은 에너지를 (여러분은 살아 있기 위해 항상 꾸준히 최소한의 에너지를 받습니다) 오용하도록 끌어당겨, 그들은 자신의 삶을 통제할 수 없게 되었습니다

영적 에너지를 불러와서 축적된 유독한 에너지를 태워 버리는 것은 자기-강화 나선을 깨는 데 있어 중요한 부분입니다. 그러나 에너지를 오용하게 만드는 믿음을 다루지 않고 단지 에너지만 불러온다면, 여

러분은 결코 나선을 깨고 밖으로 나올 수 없습니다. 에너지를 정화하자마자 다시 오용하게 되므로, 제자리걸음만 하거나 심지어 한 발 앞으로 내디딜 때마다 두 발 뒷걸음치게 됩니다. 따라서 나선을 완전히 깨려면, 에너지를 오용하게 만드는 믿음을 볼 필요가 있습니다. 그 믿음이 이원성 환영에 근거한다는 것을 본 다음, 그 환영을 놓아버리고, 그것을 그리스도의 실재로 대체해야 합니다.

이렇게 하려면 내가 전에 말한 대로 해야 합니다. 즉 두려워하는 것을 경험할 필요 없이 여러분의 두려움을 마음속에서 직면해야 합니다. 두려움과 여러분이 실제로 두려워하는 것이 무엇인지 자세히 살펴봐야 합니다. 저변에 깔린 믿음을 발견하고, 그것이 왜 이원성 환영에서 비롯되는지 이해해야 합니다. 영적인 가르침을 공부함으로써, 심지어 여러분의 이원적인 믿음에 도전하는 확언을 담고 있는 로자리를 통해서도, 이렇게 할 수 있습니다.

그러나 오용된 에너지를 정화하는 과정은 상대적으로 기계적인 과정이지만, 불완전한 믿음을 극복하는 일은 기계적인 과정이 아님을 이해해야 합니다. 나는 단지 여러분이 읽기만 하면 자동으로 여러분의 믿음을 해결해 주는 가르침을 줄 수는 없습니다. 많은 생 이전일지도 모르지만, 그 믿음을 받아들이기로 결정한 사람은 여러분이고, 원래의 결정을 보고 더 나은 결정으로 대체해야 하는 사람도 바로 여러분입니다. 아무도 여러분을 위해 이것을 해줄 수 없습니다. 이것이 바로 그리스도 의식의 여정이 그토록 힘든 이유입니다. 그 길은 여러분 자신의 눈 안에 있는 들보를 발견하고, 볼 수 없는 내용을 보도록 노력하라고 요구합니다.

내가 여러분을 위해 할 수 있는 것은 여러분의 믿음을 재평가하고,

여러분이 질문하지 않았던 것에 질문을 제기하라고 여러분에게 도전 과제를 제시하는 일입니다. 하지만 내가 여러분을 구원할 수 있었다면, 여러분은 아주 오래전에 구원되었을 것이라고 확실히 말할 수 있습니다.

요약

내가 이야기한 것을 요약해 보겠습니다. 간단한 예로, 어릴 때 흔히 가지는 어둠에 대한 두려움을 살펴보겠습니다. 실제로 여기서 일어나는 일은, 아이가 어둠에 대한 두려움을 다루기 위해 고안된, 곧 자아 수용체 극장에서 어떤 역할을 할 완벽한 하위-인격을 형성한다는 것입니다. 두려움에 의해 오용된 에너지가 이 인격을 유지하며, 축적된 에너지의 양에 따라 두려움이 아이의 의식하는 마음을 지배하는 힘을 얼마나 가지게 될지 결정됩니다.

여러분은 어린 시절에 어둠에 대한 두려움을 어떻게 극복했나요? 아마도 어두운 방에 들어갔는데 여러분을 잡아먹으러 튀어나온 괴물은 없다는 것을 경험하고 나서, 그 두려움은 실재가 아니므로 더 이상 어둠이 여러분의 마음을 지배하도록 허용하지 않겠다고 결심했겠지요? 어쩌면 여러분은 어두운 방이나 침대 밑에 눈에 보이지 않는 괴물이 있다는 얘기는 전혀 말이 안 된다는 것을 깨닫고 정신적으로 그것을 극복했을 것입니다. 그래서 여러분은 실제적이고 물리적인 경험 없이도 두려움을 떨쳐버렸습니다. 달리 말하자면, 두려움을 극복하는 핵심은, 그것이 실재가 아니라고 무시하는 것입니다. 그럼으로써 의도적으로 두려움을 해체하든가 아니면 에너지 부족으로 결국 시들어버리게 해서, 두려움을 다루기 위해 구축된 하위 인격에서 여러분 자신을 분리할 수 있습니다. 그 단계를 다음과 같이 요약할 수 있습니다.

- 여러분에게 두려움이 있다는 것을 인식하세요. 두려움을 보내버리기 위해 먼저 두려움에 대한 소유권을 받아들이세요.
- 여러분은 두려움이 아니며, 여러분은 두려움 이상(MORE)이라는 것을 인정하세요.
- 여러분이 두려워하는 조건과 두려움 자체를 분리하세요. 두려움의 진짜 원인은 심리적인 조건이라는 것을 알아야 합니다.
- 영적인 기법을 사용하여 여러분의 에너지장에 축적된 두려움의 에너지를 변형시키세요.
- 두려움 배후에 있는 믿음, 즉 두려움의 실제 원인인 심리적인 조건(여러분이 두려워하는 외부의 조건이 아니라)을 밝혀내세요. 이 믿음이 이원성 환영에 근거하고 있음을 보고, 그것을 비이원적인 그리스도의 진리로 대체함으로써 그 환영을 떨쳐버리세요.

* * *

여러분이 정말로 이해했으면 하는 점을 말해 주고 싶습니다. 누군가는, 오직 두 가지의 기본적인 감정만 존재하며 그것은 사랑과 두려움이라고 말할 수도 있을 것입니다. 여러분은 신의 사랑과 빛을 이 세상으로 흘러들어 오게 하는 열린 문으로 설계되었습니다. 여러분의 에너지 시스템이 원래 설계대로 기능할 때, 신의 사랑은 여러분의 아이앰 현존으로부터 여러분의 하위 존재로 아무런 막힘없이 흘러오면서, 여러분의 모든 행동을 통해 표현됩니다. 그러나 여러분이 이원성 마음 상태로 들어가면, 모든 상황에서 사랑을 표현할 수는 없으며, 또는 모든 상황에서 표현해서는 안 된다고 믿게 됩니다. 여러분은 어떤 조건이 맞을 때만 사랑을 표현할 수 있다고 믿기 시작하는데, 이것은 사랑을 유보하게 하고, 실제로 여러분의 존재를 통해서 신의 사랑이 흐르지 못하게 막아버립니다.

이 세상에는 반-사랑(anti-love)이 많이 있습니다. 여러분은 반-사랑에 노출될 수밖에 없으며, 이것은 반-사랑의 에너지가 여러분의 에너지장에 들어온다는 의미입니다. 그렇지만 여러분의 에너지 흐름이 본래의 자연스러운 상태에 있다면, 여러분의 아이앰 현존에게서 오는 사랑은 어떤 반-사랑의 에너지도 축적되기 전에 쉽게 태워 버릴 것입니다. 그러나 그 흐름을 막기 시작하는 순간, 여러분은 자연스러운 방어 메커니즘을 무력화시키게 되고, 외부에서 들어온 에너지와 여러분의 제한적인 감정을 통해 오용된 에너지의 결과로 이제 더 낮은 에너지가 축적되기 시작할 것입니다. 그것이 의도적으로 영적 에너지를 기원함으로써 그 흐름을 회복하거나 강화하는 영적인 기법을 사용해야 하는 이유입니다.

내가 여기서 말하는 것이 이해가 되나요? 두려움은 특정한 유형의 낮은 진동수의 에너지입니다. 그것을 극복하는 자연스러운 방법은 두려움에 반대되는 것이 여러분 존재를 통해서 흐르게 하여 두려움을 태워 버리는 것입니다. 이렇게 하면, 여러분은 이 불완전한 세상에서 그 불완전한 것들에 의한 어떤 영향도 받지 않고 살 수 있고, 그것들은 여러분의 자아 수용체 안에 도저히 발을 들여놓지 못할 것입니다. 따라서 여러분의 에고와 이 세상의 세력들은 여러분을 속여서, 여러분 존재를 통해서 사랑이 흐르는 것을 차단하려고 합니다. 그들은 사랑이 없는 이 세상에서 거의 충족될 수도 없는 그런 조건들이 맞을 때만 사랑을 표현해야 한다는 이원적인 거짓말을 믿게 함으로써 그렇게 합니다.

여러분에게 신의 사랑의 흐름을 차단하게 하는 일차적인 조건은 두려움입니다. 거짓 교사들은 여러분이 사랑을 표현하기 전에 먼저 두려움에서 벗어나야 한다고 믿기를 바랍니다. 그러나 에고는 결코 두려움을 벗어날 수 없으므로, 여러분은 그 조건을 이룰 수 없습니다. 이것이 많은 사람이 그들을 통해 신의 사랑이 흐르지 못하게 하는 이유를 말해 줍니다. 사랑이 그들의 두려움을 태울 수 있지만, 그들은 두려움을 벗어나기 전에는 사랑이 흐르도록 할 수 없다고 생각합니다. 이것은 또 하나의 딜레마입니다.

이런 식으로 여러분이 속으면서, 여러분 자신의 하향나선을 창조해 왔다는 것이 보입니까? 지금이 바로 그 나선을 깰 때라는 것을 알겠나요? 그렇게 할 수 있는 유일한 방법은 여러분의 존재를 통해 흐르는 영적인 에너지의 자연스러운 흐름을 회복하는 것임이 보입니까? 이것은 또한 기꺼이 노력할 마음이 있다면 누구라도 해낼 수 있는 점진적인 과정을 통해서, 이 자연스러운 흐름을 가로막고 왜곡시키는 장애를 하나씩 극복함으로써만 가능하다는 것이 보입니까?

두려움이든 다른 어떤 제한하는 감정이든 그 반대는 무엇인가요? 그것은 사랑입니다. 하지만, 그것은 인간의 조건적인 사랑이 아닙니다. 바이블에서 인용한 구절을 보겠습니다.

사랑에는 두려움이 없습니다. 완전한 사랑은 두려움을 몰아냅니다.

> 두려움은 징벌을 생각할 때 생기는 것입니다. 그러므로 두려움을
> 품는 사람은 아직 사랑을 완성하지 못한 사람입니다. (요한 4:18)

완전한 사랑은 신의 조건 없는 사랑이며 그것은 자신과 닮지 않은 모든 것을 태워 버리므로, 모든 불완전한 감정 에너지를 태워 버립니다. 두려움이 징벌을 생각할 때 생긴다는 표현은, 여러분이 단지 이원적인 믿음을 받아들였기 때문에 두려움에 사로잡혀 있다는 의미입니다. 이 믿음은 내재된 모순과 상반되는 극성을 가지며, 여러분을 서로 다른 방향으로 끌어당겨서 내분이 일어난 집, 곧 분열된 정신으로 만듭니다. 이원성은 두 개의 상반된 극성을 의미합니다. 이것은 어떤 성질도 항상 그 반대 극성을 가진다는 의미이며, 따라서 항상 두려워하는 대상이 있게 됩니다.

거기서 빠져나올 길은 "사랑 안에서 완전하게 되는 것"이며, 이것은 여러분의 존재를 통해 신의 조건 없는 사랑이 흐르지 못하게 막고 있는 모든 이원성 조건을 극복한다는 의미입니다. 사랑과 의지력은 어떤 관계가 있을까요? 여러분을 통해 신의 사랑이 흐르도록 할 때, 여러분은 자신을 제한하고 여러분의 존재 이유를 충족하지 못하게 막는 어떤 조건도 극복할 의지를 쉽게 가지게 될 것입니다. 그러나 어떻게 사랑이 흐르게 할 수 있을까요? 의지의 실행으로 시작해야 하며, 그 첫걸음은 여러분이 이미 가지고 있는 사랑에 바탕을 두어야 합니다. 내가 여러분이 이미 사랑을 가지고 있다는 것을 어떻게 알까요? 만일 여러분이 그렇지 않았다면, 어떻게 이 과정을 기꺼이 공부하려 했을까요? 그러므로 여러분이 이미 사랑을 가지고 있다는 것을 알고 시작하세요. 그런 다음 그것을 여러분의 두려움에 직면하기 위한 결정으

로 바꾸어 나가면, 자신의 모든 두려움을 뛰어넘을 수 있는 추진력을 점진적으로 형성하게 됩니다.

그리스도 의식의 여정으로 향하는 이 초기 시점에서, 이것은 추상적이거나 성취할 수 없는 목표처럼 보일 수 있다는 것을 알고 있습니다. 하지만, 나는 여러분의 마음속에 점차 싹을 틔우고 튼튼하게 자라날 씨앗을 심고 싶습니다. 이제 이 특수한 열쇠를 위한 연습에 대해 더욱 실용적인 측면을 설명해 보겠습니다.

* * *

열쇠 2를 위한 연습

다음 33일 동안 매일 'ROS10: 성모 마리아의 신의 의지 로자리'를 낭송하기 바랍니다. 이 로자리는 여러분의 상위 존재와 다시 연결하고 여러분이 이번 생을 위한 의지가 있다는 것을 깨닫도록 설계되었습니다. 그 의지는 외적인 것이 아니라 바로 여러분 자신의 의지, 여러분 외면의 마음과 에고의 제한된 의지에 대비되는 오롯이 여러분 존재 전체의 의지입니다. 아마 여러분은 성모 마리아의 책을 읽은 후에 이미 이 로자리로 집중 기도를 했을지도 모르지만, 다시 로자리를 낭송하면서 그리스도 의식의 여정에서 진전을 막고 있는 두려움에 직면하기 위해 필요한 의지력의 흐름을 여는 데 집중할 것을 요청합니다.

로자리를 낭송한 후, 얼마 동안 여러분의 두려움에 대해 명상하기 바랍니다. 어쩌면 여러분은 자신의 가장 큰 두려움을 이미 알고 있으며, 어쩌면 가는 길에 발견할 수도 있습니다. 그러나 하루에 하나의 두려움만 보도록 하세요(하나의 큰 두려움에 며칠을 보낼 수는 있지만, 한 번에 하나의 두려움 이상을 다루려고 하지는 마세요). 여러분이 두려워하는 것을 적은 다음 그 배후에 있는 신념을 찾아보고, 떠오르는 모든 것을 적으세요. 단지 두려움에 대해 명상하고 생각나는 것은 무엇이든 적으세요. 다음 날, 여러분의 비전(vision)에 기반을 두어 로자리를 하면서 요청을 하고, 더 명료한 비전을 요청하세요.

나는 또한 여러분에게 특별한 제안을 하고 싶습니다. 지금쯤이면 알고 있겠지만, 나는 시간과 공간의 제약을 받지 않습니다. 따라서 여러분이 언제 어디서 이 과정을 읽든, 여러분이 여러분의 존재와 세상에 내가 현현하도록 허용하면 나는 내 현존을 여러분에게 드러낼 수 있습니다. 여러분이 자신의 두려움에 직면하도록 돕는 특정한 목적을 위해 다음 33일 동안 나의 현존을 여러분에게 드러내겠다고 여러분에게 약속합니다. 그러므로 내가 특정한 두려움을 어떻게 바라볼지 깊이 생각해 보기를 바랍니다.

여러분 곁에 있는 나의 현존을 심상화하거나 상상하거나 경험해 보세요. 그런 다음 모든 두려움을 넘어선 상승한 존재인 내가 여러분의 특정한 두려움을 어떻게 볼지 실제로 경험하려고 노력해 보세요. 그런 다음, 여러분 위의 나의 현존과 함께, 우리가 여러분 두려움의 중심부로 들어가서, 그것이 환영이라는 것을 보고, 그 뒤에 있는 환영을 보고, 그 환영을 대체하는 그리스도의 실재를 본다고 상상해 보세요. 마지막으로, 우리가 어떻게 멈출 수 없는 신의 의지를 소환해서 절대적으로 비실재인 두려움을 떨쳐버리는지 경험해 보세요. 그렇게 함으로써 신의 조건 없는 사랑이 여러분의 존재를 통해 흐르게 되어 여러분의 자아 수용체 안의 가장 어두운 구석으로 흘러들어 가며, 불을

켜는 순간 방안의 어둠이 바로 사라지듯이, 오용된 에너지를 태워 버리게 됩니다.

두려움을 직시하는 데 도움이 될 수 있도록, 다음과 같이 해보세요. 일단 특별한 두려움을 확인한 후, 여러분이 두려워하는 그 일이 일어난다면 실제로 어떻게 될지 생각해 보세요. 다시 말해, 최악의 상황이 벌어졌을 때 그것을 어떻게 다룰지 생각해 보세요. 그러나 이것을 두 가지 방법으로 생각해 보기 바랍니다. 첫째, 자신을 필멸의 인간이라고 보는 상태에서 그것을 어떻게 다룰지 숙고하고 적어 보세요. 그런 다음 여러분이 어떤 조건도 다룰 수 있는 무한한 신의 권능을 지닌 불멸의 영적인 존재라는 것을 아는 상태에서 똑같은 상황을 어떻게 다룰지 생각해 보세요. 도움이 된다면, 여러분 위에 나의 현존을 마음속에 그려보고, 내가 여러분이라면 그 조건을 어떻게 다룰지 생각해 보세요.

단지 여러분이 모든 권능을 가졌기 때문에 그 조건을 없앨 수 있다고 상상하라는 말이 아님을 명심하세요. 나중에 좀 더 상세히 설명하겠지만, 여러분이 짊어져야 하는 조건들도 있습니다. 그러므로 진정한 여러분인 영적인 존재로서 어떻게 그 조건을 긍정적인 방식으로 다룰 수 있을지, 그 결과로 그 조건이 어떻게 여러분이 평화를 누리고 신성한 계획을 수행하는 것을 막지 못하게 할 수 있을지 상상하라는 말입니다. 다시 말해서 나의 목적은, 어떤 조건도 여러분이 신성한 계획을 실현하고 참된 자신이 되는 것을 막을 수 없으므로, 두려움은 실재가 아니고 필요하지 않은 것으로 묵살할 수 있다는 사실을 여러분이 깨닫도록 해주는 일입니다.

나는 이것을 정교한 의례(ritual)로 만들라고 요구하지 않습니다. 실제로 나는, 여러분이 이 과정에 익숙해진 후 두려움에 직면할 때마다 여러분 위에 내 현존을 느낄 수 있기를 바랍니다. 그러면 여러분은 그 과정이 일어나도록 허용하게 되며, 그럼으로써 우리는 즉각 두려움 안으로 들어가서 그것을 태워 버릴 수 있습니다. 여러분이 두려움을 태워 버리는 것을 돕도록 내 현존을 초대하는 습관을 형성한다면, 여러분이 극복할 수 없는 두려움이 있을 수 있다는 매우 교묘한 두려움도 곧 극복하게 될 것입니다. 그러면 여러분은 두려움 자체 외에는 아무것도 두려울 것이 없다는 말의 배후에 있는 진리를 경험하게 됩니다.

여러분이 그 진리를 경험할 때, 인간의 두려움의 핵심, 즉 두려움 자체에 대한 두려움을 떨쳐내게 되며, 자신을 들여다보면 그 비실재성을 알게 될까 봐 자기 그림자를 두려워하던 그 에고를 떨쳐내게 됩니다. 에고는 자신이 더 이상 존재하지 않게 되는 것을 두려워하지만, 여러분은 자신이 두려움 이상임을 알 때, 두려움을 죽게 내버려두는 것이 곧 자신이 죽는다는 의미가 아님을 알게 됩니다. 반대로, 이것은 여러분이 그리스도 실재의 영원한 빛 안에서 살게 될 것이라는 의미입니다.

그 실재를 나와 함께 나누도록 여러분을 초대합니다!

열쇠 3
조건에서 벗어나 자신을 사랑하기

    성모 마리아의 책에서 얻는 중요한 배움 중 하나는, 신이 남성적인 측면과 여성적인 측면을 모두 가지고 있다는 것입니다. 살아 있는 그리스도의 제자에게는 이 가르침을 깊이 생각하고 내면화하는 일이 지극히 중요한데, 주류 그리스도 교회가 신의 여성적인 측면을 무시하거나 부정하는 이른바 유일신 종교의 일부가 되었음을 고려할 때 특히 그렇습니다. 따라서 여러분은 신의 여성적인 측면을 거의 이해하지 못한 채 자라났을 가능성이 크며, 아마도 그 측면을 무시하거나 비하하도록 프로그램되었을 것입니다. 성모 마리아께서 설명하듯이, 창조주 신은 자신을 두 개의 극성으로 나누면서 시작하셨습니다. 나는 이것을 요한계시록에서 분명하게 설명했습니다.

> 주 하나님이 이르시되, 나는 알파와 오메가요 시작과 끝이라. 이제
> 도 있고 전에도 있었고 장차 올 자요. 전능한 자라 하시더라. (요한

계시록 1:8)

　형상 세계의 모든 것은 이 상호 보완적인 두 힘의 상호 작용에서 창조됩니다. 그러나 두 힘이 조화로운 균형 상태에 있을 때만, 그 창조가 유지될 수 있습니다. 그 둘의 균형을 맞추도록 예정된 것이 신성한 아들(Divine Son), 즉 그리스도 마음입니다. 그리스도 마음은 모든 생명을 통합하고 창조주와 함께 창조된 모든 것을 통합하는 보편적인 측면을 가지고 있습니다. 그리스도 마음은 개인적인 측면도 가지고 있으며, 그것은 어떤 공동창조자를 통해서도, 심지어 지구에 육화한 사람들을 통해서도 표현될 수 있습니다. 나는 이 가능성을 보여주려고 왔으며 또한 여러분이 그리스도 마음의 개인적인 표현이 될 때, 여러분은 창조주는 물론 모든 생명과 하나가 된다는 것을 보여주려고 왔습니다. 다음 인용문은 이 내용을 담고 있습니다.

　　나와 내 아버지는 하나이다. (요한 10:30)

　　그러면 왕은 '분명히 말한다. 너희가 여기 있는 형제 중에 가장 보
　　잘것없는 사람 하나에게 해준 것이 바로 나에게 해준 것이다.' 하고
　　말할 것이다. (마태 25:40)

　그러나 자기의식을 지닌 존재는 자유의지를 가지고 있기 때문에, 남성적이고 여성적인 힘, 확장하고 수축하는 힘, 알파와 오메가의 힘, 양(陽)과 음(陰)의 힘을 불균형한 방식으로 사용하며 창조할 수 있습니다. 이렇게 함으로써, 공동창조자들은 모든 생명의 하나됨에서 그들

자신을 분리시키고, 모두를 상승시키기보다는 분리된 존재로서의 자신에게 이익이 되는 것을 추구하며, 때때로 다른 사람들과 비교해서 자신을 더 높이려 합니다.

이런 일은 물론 반-그리스도 마음을 통해서만 가능합니다. 이것은 모든 생명, 곧 생명의 강의 하나됨에서 분리된 마음으로 가게 하고, 서로를 보완하거나 고양하는 대신 서로를 상쇄하고 감소시키는 두 극성을 포함하고 있습니다. 이것은 여러분에게 하나의 불균형한 극성을 사용하여 여러분 자신을 높이는 한편, 다른 극성을 사용하여 다른 사람들을 깎아내릴 수 있게 합니다.

이 가르침을 주는 목적은, 반-그리스도 영역에는 항상 상반되는 양 극성이 있다는 것을 여러분이 알게 해주기 위해서입니다. 앞의 열쇠에서 나는, 두려움의 극복은 의지력으로 시작해야 하므로, 여러분에게 내면의 더욱 높은 의지를 불러오도록 했습니다. 그러나 지난 교훈에서도 설명했듯이, 의지의 힘 자체로는 두려움을 제거할 수 없습니다. 완전한 사랑만이 두려움을 물리칠 것이기 때문입니다. 그러므로 두려움을 완전히 극복하려면, 여러분을 통해 신의 조건 없는 사랑이 흐르도록 해야 합니다. 따라서 우리는 또한 여러분 존재를 통해 이 사랑이 흐르지 못하게 해서 여러분이 물질세계에서 사랑을 표현하는 것을 가로막는 요인들을 다룰 필요가 있습니다.

나는 두려움이 여러분을 마비시키기 때문에 위험하다고 말했는데, 이로 인해 여러분은 앞으로 나아가거나 변화할 엄두를 낼 수 없게 됩니다. 그 대신, 여러분은 현재 상태(status quo)에, 심지어 끊임없이 고통을 일으키는 현재 상태에 매달립니다. 창조는, '나는 창조할 것이다(I will to create)'라는 의지의 행위에서 시작되기 때문에 두려움은 의지의 왜곡입니다. 하지만 마비시키는 다른 감정들도 있을 수 있고, 또는 두려움이 많은 표현을 가지고 있다고도 말할 수 있습니다. 따라서 여러분이 그 여정을 인지하고 두려움을 극복하기 시작했음에도 불구하고 그리스도 의식의 여정에 들어서지 못하게 막을 수 있는 다양한 형태의 두려움에 대해 살펴보겠습니다.

* * *

주류 그리스도교인들, 특히 근본주의자들을 보면, 대부분이 이 과정의 배후에 있는 중심 아이디어, 즉 모든 사람에게 그리스도를 따라 그리스도 의식을 성취할 잠재력이 있다는 사실을 숙고하기를 두려워합니다. 그리고 이 두려움은, 그들이 그리스도 의식에 이르는 여정을 인정조차 하지 못하게 만듭니다. 그들은, 다른 사람들이 나를 따를 수 있다는 것을 부정함으로써, 나를 믿는 자는 내가 했던 일을 할 것이라는 나의 말을 부정하고 있습니다. 그리고 그들은 내가 태어날 때부터 완전한 그리스도였으므로, 내가 그리스도 의식에 이르는 여정을 보여준 것이 아니라고 말합니다.

분명히 여러분은 이런 수준의 두려움은 극복했습니다. 나는 지금 여러분이 자만하거나 남들보다 낮다고 느끼게 하려고 이런 말을 하는 것이 아닙니다. 왜냐하면, 앞으로의 열쇠에서 논의하겠지만, 여러분은 자신이 타인보다 더 낮거나 더 나쁘다는 가치 판단에 근거해서 자신을 타인과 비교할 필요가 없기 때문입니다. 그렇지만 여정이라는 개념은 한 단계씩 나아간다는 의미이므로, 여러분이 죽음의 의식이라는 낮은 측면을 어느 정도 넘어섰다고 인식하는 것은 타당합니다. 이것을 통해 여러분은 다음 도전을 더 쉽게 극복할 수 있는 추진력을 얻게 됩니다.

그렇다면 다음 도전은 무엇일까요? 말하자면, 자신을 마비시키는 두려움의 측면을 극복하고 그리스도 의식의 여정을 시도하려는 의지를 가지기 시작할 때, 여러분은 의지를 행사하지 못하게 가로막는 장애물들을 극복해야 하는 도전에 직면합니다. 달리 말하면, 여러분을 마비시키는 두려움은 여러분이 삶을 변화시킬 의지력을 얻지 못하게 방해하려 한다는 것입니다. 그다음에는 여러분의 결심을 실행하지 못하게 방해하는 도전이 뒤따르게 됩니다

이 도전은, 여러분이 지금 그리스도 의식의 여정이 모든 사람에게 열려 있음을 알고 있기는 하지만, 그것이 실제로 자신에게는 적용되지 않는다는 아주 미묘한 느낌입니다. 즉, 여러분은 단지 그 여정을 따르는 데 필요한 것을 가지고 있지 않습니다. 여러분은 충분히 똑똑하지 않고, 충분히 영적이지도 않으며, 그만한 가치도 없습니다. 그 여정은 여러분에게 너무 압도적이거나 너무 복잡합니다. 여러분은 과거에 이런저런 잘못을 저질렀기 때문에 그 여정을 걸을 자격이 없습니다. 아니면 여러분이 자신의 눈 안에 있는 들보를 제거하려다 혹시 자신의 성격에서 끔찍하게 나쁜 결점을 알게 되어 정말로 죄책감을 느끼게 되면 어떻게 할까요? 여러분은 그저 너무 부족할 뿐입니다. 그런데도 예수의 발걸음을 따를 수 있다는 생각을 하다니, 도대체 여러분은 자신을 누구라고 생각하는 것일까요?

이 모든 감정을 죄책감이라고 특징지을 수 있겠지만, 알다시피, 거기에는 다양한 뉘앙스가 있습니다. 전반적인 주제는, 여러분이 지금 그 여정을 볼 수는 있지만, 그 여정을 따라갈 수가 없거나 또는 그럴

자격이 없다는 것입니다. 달리 말하면, 이것은 여러분이 그 여정에 발을 들여놓지 못하게 하고, 자신을 살아 있는 그리스도의 제자로서 받아들이지 못하게 하려는 시도입니다.

이런 시도는 어디에서 올까요? 이것은 에고와 반-그리스도 의식에서 옵니다. 이 지점에서, 여러분은 에고를 자아 수용체 안에 있는 능동적인 힘, 항상 여러분이 그리스도 의식의 여정에서 다음 걸음을 내딛지 못하도록 막으려는 힘이라고 생각할지도 모릅니다. 여러분이 다음 단계로 간다면 에고는 의식하는 자아에 대한 통제권을 어느 정도 잃게 되기 때문입니다.

어떤 의미에서, 그 여정의 한 걸음, 한 걸음은 의식하는 자아가 극복해야 할 에고의 특정한 환영이나 측면을 나타낸다고 할 수 있습니다. 여러분은 그것이 환영임을 보게 되고, 자신이 그 환영 이상임을 알아차리며, 그 환영에서 자신을 분리함으로써 그것을 극복하게 됩니다.

우리는 이제 이 여정의 첫걸음으로 반-의지를 극복해야 한다는 것을 알았습니다. 그런데 이 반-의지는 남성 원리의 왜곡입니다. 창조의 의지를 가진 분은 아버지 신(God the Father)입니다. 하지만 내가 설명했듯이, 언제나 두 극성이 있습니다. 따라서 남성적 왜곡인 반-의지도 그 반대, 또는 여성 극성이 있어야 합니다. 남성은 능동적인 원리이지만, 여성은 받아들이는 수동적 원리입니다. 그러므로 반-의지라는 왜곡은, 여러분이 변화하겠다는 의지를 낼 때 받을 수 있는 위로부터의 도움, 즉 변화할 힘을 부여해 주는 도움을 받지 못하도록 고안된 것입니다.

지난번 열쇠에서 설명했듯이, 여러분은 신의 조건 없는 사랑을 통

해서만 두려움을 극복할 수 있습니다. 이 사랑은 물질층에서 만들어
질 수 있는 어떤 형태의 사랑도 초월하기 때문에, 여러분은 결코 스
스로 그것을 만들어낼 수 없습니다. 여러분은 오직 영적인 영역에서
사랑을 받을 수 있을 뿐이며, 왜곡된 죄책감 및 열등감은 여러분이
신의 사랑을 받을 수 있고, 받을 가치가 있다는 사실을 받아들이지
못하도록 고안된 것입니다.

에고의 첫째 방어선은 여러분이 두려움에 맞서기 위해 의지력을 모
으는 것을 막는 것입니다. 다음 방어선은 여러분의 두려움을 완전히
몰아낼 온전한 사랑을 받지 못하게 막는 것입니다. 다시 말하면, 두려
움을 극복하는 과정은 남성적 측면과 여성적 측면을 모두 포함합니다.
여러분은 진정으로 두려움을 태워 버릴 사랑의 흐름을 받아들이는 기
반으로서 두려움에 직면하려는 의지력을 모아야 합니다.

여기에 여러분이 아주 진지하게 생각해 볼 문제가 있습니다. 서구
세계나 신의 여성적 측면을 부정하는 종교에서 자랐다면, 여러분은
수동적 수단으로써 종교에 접근하도록 프로그램되어 있을 것입니다.
내가 말했듯이, 여러분 자신은 아무런 자격이 없으므로 내가 여러분
을 위해 모든 일을 하는 구원자로 묘사되었습니다. 이것은 자신이 신
의 사랑을 받을 가치가 있다는 것을 무의식적으로 부정하도록 여러분
이 프로그램되었다는 뜻입니다. 여러분의 잠재의식에 이 프로그램이
있는 한, 여러분은 신의 사랑을 받을 수 없으며 두려움을 완전히 벗
어날 수 없습니다. 따라서 우리는 그 프로그램을 폐기해야 하는데, 어
떻게 해야 폐기할 수 있을까요?

모든 것은 남성적인 힘과 여성적인 힘의 상호 작용으로 창조되지만,
그리스도 마음에 의해 두 힘이 균형을 이룰 때만 지속 가능한 창조가

일어난다는 말의 중요성을 충분히 깨닫는 것이 핵심 열쇠입니다. 결과적으로 두 힘의 어떤 왜곡도 그리스도 마음의 왜곡, 즉 반-그리스도 의식을 통해 이루어진다는 것입니다. 따라서 두 힘의 왜곡을 극복하는 열쇠는 그리스도의 실재를 구하는 것입니다. 그리스도의 실재는 반-그리스도의 환영을 드러내어 의식하는 자아가 자신을 환영에서 분리하도록 힘을 실어줄 수 있습니다. 그리스도의 진리가 여러분을 자유롭게 할 것입니다. 온갖 노력을 다해 그리스도의 이해를 얻으세요.

* * *

이제 그리스도 의식의 여정을 따라가는 능력과 신의 사랑을 받을 수 있는 자격에 관한 그리스도의 실재를 살펴보겠습니다. 이것을 충분히 이해하려면, 흔히 가지고 있는 몇 가지 환영을 놓아버려야 합니다. 먼저 원죄의 개념에 관한 논의로 시작해 보겠습니다. 이것은 여러분이 죄가 있는 상태에서 태어났기 때문에 신의 사랑을 받을 가치가 없다는 아이디어입니다.

나는 원죄의 개념을 가르친 적이 없다는 사실을 밝혀 둡니다. 사실 후대의 잘못된 해석으로 인해 이런 개념이 생겨났습니다. 그렇지만 이 아이디어가 교묘한 방법으로 인류의 자아상에 영향을 미쳤기 때문에, 이로 인해 파생된 결과들을 제대로 이해하는 것이 중요합니다.

그리스도 의식의 핵심 요소 중 하나는 꿰뚫어 보는 질문을 던지는 능력과 의지입니다. 이것은 대부분의 사람이 당연하게 받아들여서 결코 의문을 제기하지 않는 개념에 들어 있는 모순과 논리의 결핍을 볼 수 있게 해줍니다. 다시 말하자면, 여러분이 자라면서 절대로 질문을 제기하지 않고 받아들이도록 프로그램된 개념에 기꺼이 질문을 던지는 것이야말로 이 여정에서 피할 수 없는 부분입니다. 그러므로 원죄에 대한 몇 가지 질문을 제기해 보겠습니다.

이 개념은 모든 사람이 불완전한 상태에서 태어났기 때문에 구원받을 자격이 없다는 것을 암시합니다. 그래서 예수나 외부의 교회 같은 외부의 구원자가 필요하다고 말합니다. 전통적인 그리스도교의 신념 체계에 의하면, 신은 여러분의 몸이 태어나기 바로 직전에 여러분의 영혼을 창조했기 때문에 여러분의 영혼은 그전에는 결코 존재한 적이 없습니다. 따라서 여러분이 원죄에 의해 영향을 받는다면, 그것은 신이 여러분을 죄인으로 창조했거나, 아니면 최소한 죄 많은 상태에서 삶을 시작하기를 원했다는 의미일 것입니다.

이 추론 방식에는 몇 가지 문제가 있습니다. 가장 먼저, 신은 전능하고 완전하며, 또한 완전한 사랑의 신이라는 것이 전통적인 그리스도교인의 견해입니다. 그러므로 완전한 신이 실수를 저질러서 여러분을 불완전한 죄인으로 창조했다는 것은 앞뒤가 맞지 않습니다. 그러나 신이 실수하지 않았다면, 신은 여러분이 죄인이 되기를 원한다는 의미이므로, 이것은 사랑의 신에게 어울리지 않습니다. 따라서 이 개념에는 분명한 모순이 있습니다.

원죄의 개념에는, 모든 인간은 인류의 시조라고 알려진 아담과 이브의 후손이므로 그들이 저질렀던 원죄의 영향을 받는다는 의미가 담겨 있습니다. 마이트레야께서 그의 책에서 아주 자세히 설명하듯이, 이것은 분명히 잘못된 개념입니다. 내가 여기에서 하고 싶은 말에도, 우리가 위에서 언급한 것과 유사한 문제가 제기됩니다. 바이블은 아담과 이브가 죄인으로 창조되었다고 말하지 않습니다. 그러나 신이 그들을 죄를 지을 성향을 가지도록 창조하지 않았다면, 그들이 실제로 죄를 지었다는 것을 어떻게 설명할 수 있을까요? 그렇다면 완전하고 사랑이 충만한 신이 왜 그렇게 죄를 지을 수 있는 성향을 가진 첫 번째 인류를 창조했을까요?

전통적이고 근본주의적인 그리스도 교회는 이에 대한 답을 찾을 수 없지만, 분명한 답은, 신은 죄를 지을 성향을 가진 어떤 사람도 창조하지 않았다는 것입니다. 그러나 자기의식을 가진 모든 존재에게는 자유의지가 주어졌으며, 따라서 그들은 신의 법칙을 거스를 수 있는 선택을 할 수 있습니다. 그러므로 이제 우리는, 아담과 이브가 자유의지를 사용하여 선택했기 때문에 죄를 지었다는 것을 알 수 있습니다. 우리는 또한 그들이 실제로 자유로운 선택을 한 것이 아니었다는 것을 알 수 있습니다. 그들은 뱀에게 속아서 자신들이 무엇을 하는지 알지 못했으며 그것이 가져올 결과도 이해하지 못했기 때문입니다. 마이트레야께서 이것을 더 자세히 설명했지만, 다시 나의 요점은, 죄가 신에 의해 창조된 조건이 아님을 이제 알게 되었다는 것입니다. 그것은 사람들이 반-그리스도 의식의 영향을 받은 상태에서 자신의 자유의지를 사용한 결과였습니다.

수천 년 전에 두 사람이 한 선택으로 인해 여러분이 태어날 때부터 죄인이라면, 이것이야말로 실제로 자유의지 원리에 어긋난다는 것을 이제 알 수 있습니다. 자유의지는 여러분이 본질적으로 다른 사람들의 선택에 의해 영향을 받지 않는 별개의 개인으로 창조될 것을 요구한다는 사실을 알 수 있습니다. 그러므로 아담과 이브의 선택 때문에 죄인으로 태어났다면, 여러분은 자유의지를 가지고 태어난 것이 아닙니다. 그들은 죄를 멀리할 수 있는 선택권이 있었지만, 여러분은 그렇지 않습니다. 이것이야말로 자유의지의 원리에 대한 명백한 위반일 것입니다.

이 모든 것이 왜 그렇게 중요할까요? 왜냐하면 환생을 포함해 생각해 보면, 여러분이 이번 삶에서 특정한 결함을 가지고 태어났을 수 있지만, 그것이 원죄 때문이 아님을 알 수 있습니다. 오히려 여러분의 특정한 카르마 상황은 과거 삶에서 여러분이 했던 선택의 결과입니다. 이것의 핵심적인 의미는, 여러분이 어떤 불공정한 신이나 다른 사람들의 선택으로 인한 무력한 희생자가 아니라는 말입니다. 여러분은 자신의 운명을 쓰는 저자이자 결정하는 사람이며, 과거에 어떤 잘못을 저질렀든 그것을 뛰어넘을 수 있는 잠재력을 가지고 있습니다.

어떻게 이렇게 말할 수 있을까요? 여러분의 과거 잘못이 신이나 다른 사람이나 설인(the abominable snowman) 등, 여러분 자신이 아닌 다른 누군가에 의해 일어났다면, 그것에 대해 여러분이 할 수 있는 일은 아무것도 없기 때문입니다. 여러분은 외부의 힘에 좌우될 것입니다. 그러나 여러분의 잘못이 여러분이 행한 선택의 결과라면, 여러분은 그 과거의 선택을 되돌릴 수 있습니다. 과거의 불완전한 선택을 어떻게 되돌릴 수 있을까요? 아주 간단합니다! 모든 불완전한 선택은 반-그리스도 의식의 영향 아래서 행해졌으며, 그리스도 의식에 기반한 선택을 함으로써 대체될 수 있음을 깨닫는 것입니다.

물론 물질세계에는, 세속적이고 종교적인 기관들을 포함해 이 기본적인 진리를 부인할 수많은 세력이 있지만, 실제로 이것은 그렇게 간단합니다. 그렇지만 내가 지금 진정으로 말하고 있는 것이 무엇인지 생각해 보세요.

신은 여러분에게 자유의지를 주었고, 창조주는 자신의 법칙을 존중

합니다. 따라서 신은 결코 여러분의 자유의지를 빼앗아 가지 않을 것입니다. 여러분이 죄악이라고 하든 카르마를 만든다고 하든, 달리 어떻게 부르든, 여러분에게 신의 법칙을 거스를 능력이 있다는 사실이 그것을 증명합니다. 여기서 실재가 보입니까? 여러분이 불완전한 상태에 있다는 바로 그 사실이, 신이 진실로 여러분에게 자유의지를 주었다는 것을 실제로 증명합니다. 또한 신은, 여러분이 자유의지로 원하는 무엇이든 하도록 허용한다는 것을 증명합니다. 분명히 신은 여러분에게 자신이 선택한 결과를 경험하게 할 것입니다. 그러나 마이트레야께서 매우 깊이 설명했듯이, 여러분의 선택에 아무런 결과가 없다거나 여러분이 그 결과를 경험하지 못한다면, 실제로 여러분은 자유의지를 가졌다고 할 수 없을 것입니다. 여러분은 사랑이 많은 교사를 따라가며 배울지, 자신이 선택한 결과를 경험함으로써 배울지, 선택할 수 있습니다.

여기서 내 요점은, 신이 결코 여러분에게서 선택의 자유를 빼앗아 가지 않으리라는 점입니다. 그리고 이것이야말로 실제로 여러분에게 그리스도 의식의 여정을 걸어서 신의 나라에 들어갈 수 있는 잠재력을 주는 그 메커니즘입니다. 알다시피, 여러분이 불완전한 상태로 "추락"한 이유는, 동산에서 뱀이 이브를 어떻게 속였는지 묘사된 것처럼, 여러분이 반-그리스도 환영의 영향을 받은 상태에서 선택을 하기 시작했기 때문입니다. 마이트레야께서 이것을 더 자세히 설명하고 있지만, 여기서 다시 내 요점은, 여러분의 자유의지를 빼앗는 것은 신이 아니라 반-그리스도 의식과 그것을 구현한 존재들이라는 사실입니다. 여러분도 알다시피 이브는 금지된 과일을 먹기로, 즉 이원성 의식에 들어가기로 선택했지만, 그것은 진정으로 자유로운 선택이 아니었습니다. 사람들이 더 잘 알았다면 더 잘할 것이라는 옛말이 있는데, 그것은 사실입니다. 자신이 무엇을 하고 있는지 참으로 이해한다면, 사람들은 일부러 자신을 해치지는 않을 것입니다.

결론은, 여러분은 단지 자신이 무엇을 하고 있는지 충분히 이해하지 못했기 때문에 불완전한 선택을 했을 뿐이라는 것입니다. 이것은, 여러분이 이해를 얻기 위해 온갖 노력을 하면서 더 높은 이해를 추구할 수 있다는 의미이며, 이것은 여러분에게 더 나은 선택을 할 수 있는 바탕을 제공할 것입니다.

이것이 왜 이렇게 중요한 생각일까요? 에고와 이 세상의 지배자가, 심지어 지구의 많은 기관이 사용하는 가장 교묘한 속임수 중의 하나가, 누구든 일단 실수를 범하면 최소한 그 자신의 힘으로는 결코 그것을 벗어날 수 없다는 것이기 때문입니다. 즉, 과거에 실수를 저질렀다는 사실은 여러분 스스로 그 실수를 넘어설 수 없다는 의미라는 것입니다. 여러분은 실수를 범했지만, 그것을 "철회할" 수 없습니다. 그러므로 자신의 죄로부터 자유로워지려면 외부의 구원자나 교회가 필요하다는 것입니다. 이런 생각이야말로 악마의 도구 상자에서 가장 교묘하고 가장 효과적인 거짓말 중의 하나이며, 대부분의 사람이 그것에 영향을 받아왔습니다.

그러므로 다시 한번 말하겠습니다. 바로 반-그리스도 의식이 여러분의 자유의지를 빼앗아 가는 것입니다. 여러분이 제한적인 정보나 잘못된 정보를 바탕으로 결정을 내리도록 속임으로써 그렇게 합니다. 일단 이 이원성 의식에 눈이 멀게 되면, 이 세상의 지배자와 여러분의 에고는, 여러분이 영영 눈먼 상태로 있으면서 자유롭지 않은 선택을 계속하기를 바랍니다. 반대로 신은 결코 여러분의 자유의지를 빼앗지 않습니다. 신은, 여러분이 이원성 의식에 참여하는 결정을 내리고 그것에 근거한 결정을 내리는 것을 허용합니다. 그러나 신은, 언제라도 이원성을 넘어 그리스도 진리를 추구하도록 선택할 수 있는 여러분의 잠재력을 열어 놓습니다. 그래서 여러분은 실재를 보고 진정으로 자유로운 선택을 할 수 있는 의식 상태로 돌아갈 수 있습니다.

여기에서 핵심 진리가 보입니까? 이원성 세력들은 여러분이 일단 이원성 의식에 참여했다면 영원히 붙잡히게 되며, 스스로는 벗어날 수 없다고 믿기를 바랍니다. 그러나 여러분은 이원성을 초월할 잠재력을 결코 잃을 수 없다는 것이 신의 실재입니다. 여러분이 자유의지를 가지고 있다는 바로 그 이유로, 여러분의 어떤 선택도 여러분을 영원히 묶어 둘 수 없습니다. 여러분이 내렸던 어떤 선택도 더 나은 선택을 통해 철회할 수 있습니다. 반-그리스도의 이원성에 근거한 어떤 선택도 그리스도의 실재에 근거한 선택을 통해 완전히 무효화되고 지워질 수 있습니다. 그것이 여러분을 자유롭게 할 진리이며, 여러분이 더 나은 선택을 할 수 있도록 함으로써 그렇게 하는 것입니다!

신은 단지 여러분이 이원성 의식을 초월하기만을 바라며, 여러분은 그렇게 할 수 있는 잠재력을 결코 상실할 수 없습니다. 반-그리스도 세력은 여러분이 상승하기를 원하지 않으므로, 그들은 어떤 이유로든 여러분을 영원히 갇혀 있다고 믿게 함으로써 더 높이 올라갈 수 있는 잠재력을 받아들이지 못하게 하려고 합니다.

* * *

이 가르침을 주었기 때문에, 이제 우리는 영적인 구도자들이 자주 오해하는 아주 미묘한 문제를 다룰 필요가 있습니다. 내가 위에서 말한 것은, 여러분이 했던 선택의 결과로 인해 여러분이 불완전한 상태에 있다는 것입니다. 따라서 여러분 자신의 선택을 통해 불완전한 상태로 자신을 몰아넣을 수 있다면, 마찬가지로 자신의 선택을 통해 그 상태를 벗어날 수도 있습니다. 달리 말하면, 여러분의 구원은 전적으로 여러분의 선택에 달려 있습니다.

  그렇지만 여기에 미묘한 점이 더 있습니다. 여러분은 오직 여러분의 선택에 의해서만 구원받을 수 있지만, 전적으로 여러분 자신의 힘과 능력만으로는 구원받을 수 없습니다. 즉, 여러분은 자신을 구원할 수 있는 것처럼 행동해야 하지만, 실제로는 여러분 자신을 구원할 수 없습니다. 내가 설명해 보겠습니다.

  앞에서 나는 문제를 만들어낸 것과 동일한 의식 상태에서는 문제를 해결할 수 없다고 말했습니다. 따라서 일단 이원성 의식에 의해 눈이 멀게 되면, 반-그리스도 마음의 논리를 사용해서는 이원성 의식을 극복할 수 없습니다. 물질주의 과학이 성취하려고 노력하고 있는 것처럼, 물질 우주에 대한 이해가 아무리 정교하더라도 그것을 이용해서 이원성을 벗어날 수는 없습니다. 고통에서 벗어나려면, 이원성 너머에 있는 어떤 것에, 즉 그리스도 마음의 실재에 도달해야 합니다.

  나는 또한 두려움과 죄책감 등의 부정적인 감정을 완전히 태워 버리는 것은 사랑이라고 말했습니다. 하지만, 이원성 의식의 결과인 조건적인 사랑은 두려움을 태워 버리기에 충분하지 않습니다. 따라서 인간적인 방법으로 여러분 자신을 사랑하는 것은 두려움을 극복하는데 도움이 되지 않습니다. 여러분에게 진정으로 필요한 것은 완전하고 비이원적이며 조건 없는 신의 사랑입니다. 여러분은 자신 안에서 이 사랑을 만들어낼 수 없지만, 더 높은 근원으로부터 그것을 받을 수 있습니다.

그러므로 내가 여기서 말하고자 하는 것은 여러분은 지금 불완전한 상태에 갇혀 있으며, 이원성 상태에서 이용할 수 있는 것을 사용해서는 자신을 그 상태에서 구원할 수 없다는 것입니다. 여러분은 신의 지혜와 사랑을 통해서만 구원받을 수 있습니다. 그러므로 어떤 의미에서는 여러분이 자신을 구원할 수 없습니다. 왜냐하면 여러분의 구원에 필요한 것을 스스로 만들어낼 수 없기 때문입니다. 하지만 또 다른 의미에서, 여러분은 구원을 가져올 신성한 에너지에 자신을 개방함으로써 여러분 자신을 구원할 수 있습니다.

여기서 우리는 반-그리스도 의식에서 나온 한층 더 교묘한 거짓말에 맞닥뜨리게 됩니다. 그것은 여러분이 많은 생애에 걸쳐 믿도록 프로그램된 거짓말이며, 이 행성의 99% 이상의 사람이 단지 잘 모르기 때문에 그것에 질문조차 하지 않는, 그런 교묘한 거짓말입니다. 사람들은 그것을 당연하게 여깁니다. 그들에게는 그것은 단지 삶의 방식인 것처럼 보이기 때문입니다. 실로, 이 거짓말이야말로 행성이 일단 이원성에 빠지면, 그것은 자기-충족적인 예언이 된다는 것을 증명합니다. 이 거짓말은 무엇일까요?

그 거짓말은, 은총이든, 지혜든, 용서든 혹은 사랑이든 신으로부터 무엇인가를 받으려면 특정한 조건, 특히 지구에서 정의된 조건을 충족시켜야 한다는 것입니다. 달리 말하면, 이 거짓말은, 신의 사랑은 무조건적이 아니라 특정한 조건을 충족하는 사람들에게만 주어진다고 주장합니다. 이것이야말로 이원성 의식이 어떻게 모든 것을 왜곡시키는지를 보여주는 진정한 사례입니다. 성서에서는 신이 자신의 형상과 모습을 닮은 사람을 창조했다고 하지만, 실제로는 인간이 이원성에 빠진 후에, 그들이 이원적인 자아의 형상과 모습을 닮은 신(god)을 창조한 것입니다. 이것은 처음 두 계명에 대한 명백한 위반입니다. 왜냐하면 그것은 신에 대한 이원적인 우상 이미지를 창조한 후 그것을 신의 지위로 승격시킴으로써 진정한 신을 가리기 때문입니다. 에고는 정신적인 이미지를 만든 후 그것을 삶의 화면에 투사하여, 실재를 보는 대신에 이미지를 숭배하는 성향이 있습니다.

이 지점에서 여러분은 아마도 지금 내가 말하는 것이 확실하지 않다고 생각할지 모릅니다. 왜냐하면, 물질세계의 삶은 분명히 신의 사랑이 조건적이라는 것을 확인시켜 주기 때문입니다. 여러분은 아마 이 순간에도 신의 사랑을 경험하지 못하고 있을 것입니다. 그렇다면 바로 이것이 신의 사랑에 조건이 있다는 것을 증명하지 않을까요? 분명히, 지금 여러분이 사랑을 경험하지 못하는 이유는 사랑을 받는 데 필요하다고 신이 정의한 조건을 충족시키지 못하고 있기 때문일 것입니다. 달리 말하면, 그 논리는 여러분이 신의 사랑을 원하지만 여러분에게 신의 사랑이 없다는 사실은, 신이 그것을 허락하지 않고 있다는 의미일 수밖에 없다는 것입니다.

그리고 이것은 논리적인 추론이지만, 여러분의 현재 의식 상태에 근거한 논리일 뿐입니다. 실제로 신은 여러분이 신의 사랑을 받기 위한 조건들을 명시한 적이 없습니다. 여러분이야말로 자신이 신의 사랑을 받을 자격이 없다고 생각하게 만드는 조건을 정했거나 적어도 다른 사람들이 정한 것을 받아들인 사람입니다. 그러므로 여러분은 자신의 자유의지, 즉 이 우주의 궁극적인 법칙을 사용하여 여러분 존재를 닫아 놓고 신의 사랑이 여러분을 통해 흐르지 못하게 막고 있는 것입니다. 신은 분명히 여러분의 자유의지를 존중하기 때문에, 여러분이 기꺼이 자신을 열려고 하지 않는다면, 하늘의 어떤 존재도 여러분에게 사랑을 받으라고 강요하지 않을 것입니다. 이제 여기에 작용하는 역학에 대한 더욱 깊은 이해를 제공하고자 합니다.

* * *

다음은, 성모 마리아와 마이트레야께서 그들의 책("지구 어머니 치유하기" "영적인 자유에 이르는 길 33")에서 설명한 것을 바탕으로, 물질 우주를 창조하게 된 과정을 요약한 것입니다. 물질 우주는 더 큰 전체의 한 부분일 뿐입니다. 이 모든 것의 창조는 창조주께서 그 안에 전혀 아무것도 없는 허공(void)을 창조했을 때 시작되었습니다. 그런 다음 창조주는 빛의 형태로 허공 안에 자신을 투사했습니다. 이 빛은 허공의 무(nothingness)와 구별되는 구체(sphere)를 형성했습니다. 그런 다음 창조주는 이 구체 내부에서 빛을 사용해 생명의 기초를 이루는 구조들을 창조했습니다. 마침내, 창조주는 자신의 존재로부터 자기의식을 가진 확장체들(self-aware extensions)을 허공 안으로 투사했습니다.

이 존재들은, 창조주의 빛을 사용해서 조직화된 구조를 형성할 수 있는 마음의 힘을 가졌다는 의미에서, 창조주와 같은 창조 능력을 가지고 있었습니다. 그들은 스스로 이 빛을 만들어낼 수는 없었지만, 빛을 위한 열린 문이 되어 그 빛에 형상을 부여할 수 있었기 때문에, 그들은 창조주와 함께하는 공동창조자로서 봉사할 수 있었습니다. 첫 번째 구체의 공동창조자들은 창조주와 같은 의식과 통달의 상태로 창조되지는 않았지만, 자신들의 능력으로 실험하면서 점차 통달에 이르게 되었습니다. 이 과정의 일부로서, 그들은 창조주가 첫 번째 구체로 더 많은 빛을 보낼 수 있는 통로 역할을 했습니다. 그리고 그들은 그 빛을 이끌어서 창조주의 토대 위에 구조물들을 형성하도록 했습니다.

첫 번째 구체가 특정한 단계의 조직과 빛의 강도에 이르렀을 때, 창조 과정은 다음 단계로 접어들었습니다. 새로운 구체가 창조되었으며, 첫 번째 구체의 마스터들이 그 안에 구조물을 만들었습니다. 그런 다음 이 마스터들은 그들 자신의 자기의식하는 확장체들을 다음 구체 안으로 투사했습니다. 이 존재들은 다시 내면에서 그들 구체의 상승을 돕는 공동창조자의 역할을 하였습니다. 이 창조 과정은 여러 구체를 통해 계속되었으며, 물질 우주는 신의 마지막 구체에서 가장 밀도가 높은 부분입니다.

이 가르침의 요점은, 여러분이 물질 우주 안에서 스스로를 의식하는 존재라는 바로 그 사실이 현재 여러분이 신과 함께하는 공동창조자의 위치를 차지하고 있음을 증명한다는 것입니다. 공동창조자의 기능은 그 이름이 말해 주듯이 자신이 사는 세계를 공동창조하도록 돕는 일입니다. 공동창조자는 다음과 같은 방법으로 이것을 행합니다.

- 진동으로 바로 위에 있는 구체와 연결되어 그 영역에서 영적인 빛의 흐름을 받음으로써
- 그리스도 마음에 연결되어, 자신과 그 구체의 모든 생명을 풍요롭게 하는 지속 가능한 구조물을 창조하도록 영적인 빛을 지휘하는 데 그 마음을 사용함으로써

이 역할을 수행하면서 공동창조자의 의식이 성장하게 되며, 마침내 더 높은 영역으로 영구적으로 상승하여 그곳에서 계속 성장할 수 있습니다. 또한 그는 자신의 원래 구체가 빛으로 가득 차서 창조 과정의 다음 단계를 위한 토대가 될 수 있도록, 그 구체를 끌어올리는 것을 돕게 됩니다.

이것이 왜 중요할까요? 자, 그것은 여러분이 왜 여기에 있는지, 즉 공동창조자로서 봉사하기 위해서 여기에 있다는 것을 보여줍니다. 성서는 실제로 이것을 베일에 가려진 언어로 묘사하고 있는데, 신이 자신의 모습을 닮은 인간을 창조하여 그들에게 땅을 다스릴 수 있도록 했다고 말하고 있습니다. 그러나 진짜 요점은 여러분은 물질이나 인간적인 존재가 아니며, 비참한 죄인도 아니라는 것입니다. 여러분은 신과 함께하는 공동창조자로서 창조되었으며, 우주의 계층구조 안에서 이 역할을 수행할 수 있도록 설계되었습니다.

지금 내가 하는 말을 이해하겠습니까? 나는 여러분이 구원받을 필요가 있는 불완전한 상태로 하강했다고 말했습니다. 구원을 받기 위해서는, 여러분에게 그리스도 마음의 지혜와 조건 없는 신의 사랑이 필요하다고 말했습니다. 나는 또한 여러분이 이 지혜와 사랑을 받으려면 특정한 조건에 따라 살아야만 한다고 믿도록 프로그램되었다고 말했습니다.

여러분이 여기서 알 수 있는 것은 지혜와 사랑을 받기 위해 어떤 조건에도 맞추어 살 필요가 없다는 것입니다. 왜 그럴까요? 맨 처음부터 여러분은 신의 존재와 사랑이 여러분의 존재를 통해 흐르도록 설계되었기 때문입니다. 여러분은 공동창조자가 되도록 설계되었으며, 그리스도 마음의 지혜에 근거한 사랑의 흐름을 지휘함으로써 공동창조를 합니다. 이렇게 하는 것이야말로 여러분이 설계된 대로 행하는 것입니다. 의식하는 자아가 지혜와 사랑을 받는 것은 여러분의 몸이 숨을 쉬고, 음식을 소화하고, 심장이 뛰게 하는 것만큼이나 자연스러운 일입니다.

지금 내가 하는 말을 이해하겠습니까? 여러분은 신의 지혜와 사랑을 받기 위해 어떤 조건도 충족할 필요가 없습니다. 단지 여러분이 이미 누구인지를 받아들이기만 하면 됩니다! 지금 신의 지혜와 사랑이 여러분을 통해 흐르지 않는 이유는, 여러분이 지구에서 특정한 조건을 충족하지 못했기 때문이 아닙니다. 그것은 여러분이 자신이 누구인지를 잊어버렸거나, 아니면 여러분이 자신이 누구인지를 부정하게 만드는 특정한 거짓말들을 받아들였기 때문입니다. 그리고 이러한 부정이 바로 여러분 존재를 통한 사랑과 빛과 진리의 자연스러운 흐름을 막아버리는 것입니다. 일단 이 부자연스러운 환영 상태를 벗어나면, 여러분은 여러분의 근원과 하나인 자연스러운 상태로 돌아가게 됩니다.

땅에서 걷고 있는 독수리를 만났다고 상상해 보세요. 이것이 가상의 예라는 것을 잊지 마세요. 여러분이 독수리에게 묻습니다. "왜 날지 않고, 걷고 있는 거야?" 독수리가 대답합니다. "난 날 수 없어." 여러분이 말합니다. "무슨 소리야. 네 날개에 아무 이상도 없어 보이는데, 넌 날 수 있어. 그것이 독수리가 할 수 있는 바로 그거야!" 독수리가 말합니다. "아니야. 난 정말로 날 수 없어. 다른 독수리들은 날 수 있을지 모르지만, 난 못해!"

물론 여기서 내 요점은, 독수리는 날도록 설계되었기 때문에, 날 수 있는 능력이 내재되어 있다는 것입니다. 하늘을 나는 것은 자연스러운 상태이며, 우리가 예로 든 독수리는 날 수 있는 능력을 타고난 것을 인정하지 않도록 속았을 뿐입니다. 마찬가지로, 이 행성에 있는 대부분의 사람은 그리스도 마음의 지혜와 조건 없는 사랑, 즉 모든 조건과 한계를 소멸하는 신의 사랑을 위한 열린 문이 될 수 있는 자신의 타고난 능력을 받아들이지 않도록 속아 왔습니다.

* * *

내가 말했듯이, 이원성 의식은 여러분이 실재를 보지 못하도록 눈이 멀게 만듭니다. 따라서 일단 눈이 멀게 되면, 이 세상의 지배자와 여러분의 에고가 여러분을 통제할 수 있습니다. 그렇지만 그들은 여러분을 눈먼 상태에 머물게 할 수 있는 동안만 여러분을 통제할 수 있습니다. 따라서 그들은 여러분이 눈먼 상태에 머물러 있게 하려고 무슨 일이든 할 것입니다. 그들은, 여러분이 물질적인 존재라거나 그 상태를 벗어날 가망이 아예 없는 필멸의 죄인이라고 믿게 만들 것입니다. 그들은 여러분이 완전히 갇혀 있기를, 즉 감옥에 대한 대안이 없으며 갇혀 있는 것이 정상이라고 생각하기를 바랍니다.

그러나 내가 설명했듯이, 결국 대부분의 사람이 이원적 세계관의 내적인 모순을 보게 됩니다. 그것은 감옥 너머에 뭔가가 있으며 벗어날 수도 있다는 개념을 수용하게 된다는 의미입니다. 그렇다고 해서 이원성 세력이 모든 것을 상실하는 것은 아닙니다. 그들의 두 번째 방어선은 신을 조건적인 존재로 묘사하는 것인데, 이는 곧 여러분이 신의 나라에 들어갈 자격을 얻으려면 이원성이 정의한 특정한 조건에 맞게 살아야 한다는 의미입니다. 이것이야말로 여러분을 결코 목적지로 데려갈 수 없는 막다른 골목이라는 것을 볼 수 있나요?

이것이 왜 믿을 수 없을 만큼 교묘하고 사악한 전략인지 알겠나요? 나는 문제를 만들어낸 의식으로는 그 문제를 해결할 수 없다고 여러 차례 설명했습니다. 문제는 여러분이 이원성에 갇혀 있다는 것입니다. 그러나 이 세상의 지배자는, 여러분이 이원성을 벗어나는 유일한 방법이 특정한 이원적인 조건을 따라 사는 것이라고 믿기를 바랍니다. 이원성에 갇힌 사람들에게는 이것이 논리적이라고 생각되지만, 그것은 사실 파멸로 이끄는 넓은 길입니다. 그것은 결코 효과가 있을 수 없습니다!

구원을 받을 수 있는 유일한 방법은 모든 이원적인 조건을 초월해서 진정한 여러분이 되는 것입니다. 여러분을 통해 신의 지혜와 사랑이 흐르지 못하게 막아온 것은 바로 여러분이 받아들였던 조건들입니다. 그러므로 이런 조건을 모두 극복해야만 여러분은 자신을 자유롭게 할 진리와 사랑을 받을 수 있습니다. 따라서 그것은 특정한 조건들을 충족하는 문제가 아니라, 모든 조건과 모든 것에 대한 조건을 규정하는 전반적인 의식 상태를 포기하는 문제입니다.

사랑하는 여러분, 내가 말한 것을 파악하고 있나요? 어쩌면 여러분은 이것이 추상적이고 이론적이며, 실행하기 어렵다고 생각할지 모릅니다. 하지만, 이 가르침은 매우 실용적이고 현실적이며, 실제로 실행하기가 쉽습니다. 사실상, 그것을 삶의 비밀, 구원을 위한 핵심 열쇠라고 부를 수도 있을 것입니다. 구원받는 것은 여러분이 아닌 존재가 되는 문제가 아닙니다. 그것은 여러분이 구원받지 못한다는 환영을 극복하고, 여러분이 누구인지 그리고 여러분이 어떤 존재로 창조되었는지를 완전히 받아들이는 의식 상태로 되돌아가는 문제입니다.

내가 이 가르침을 실행하기가 쉽다고 말할 수 있는 이유는 무엇일까요? 왜냐하면, 실제로 그것은 어떤 노력도 요구하지 않기 때문입니다!

내가 지금 말하는 것은, 여러분을 통해 신의 지혜와 사랑이 흐르도록 하는 일은 공동창조자에게는 자연스러운 상태라는 것입니다. 이 상태에 있다는 것은 여러분이 생명 자체의 앞으로 나아가는 움직임과 하나이며, 생명의 강과 함께 흐르고 있다는 의미입니다.

지금 여러분이 하고 있는 일은 실제로 생명의 흐름 자체에 저항하는 것입니다. 여러분은 생명의 강 밖으로 나갔지만, 강은 흐름을 멈추지 않았습니다. 그러므로 강 밖에 머물러 있으려면 끊임없는 노력이 필요합니다. 바로 이것이 여러분의 삶을 끊임없는 투쟁으로 몰아넣고 있습니다.

실제로 강 속에서 강줄기를 따라 부드럽게 흐르고 있다고 상상해 보세요. 기꺼이 생명과 함께 흐르려는 마음 외에는 저항도 필요 없고, 발버둥 칠 필요도 없습니다. 이제 강바닥에 발을 딛고 앞으로 흐르는 움직임에 저항하기로 결심했다고 상상해 보세요. 이렇게 해도 분명히 강물이 멈추지 않을 것이므로, 한곳에 머물러 있으려면 끊임없는 노력이 필요합니다. 여러분은 마치 한곳에 머물고 싶은 마음에 강물이 저항하는 것처럼 느낄지 모르지만, 강은 단지 강이 하도록 설계된 대로 할 뿐이며, 자연적인 흐름에 저항하는 것은 바로 여러분입니다. 여러분은 지금 자신이 가진 것에 매달려서 자신을 초월하기를 거부하고 있지만, 강은 신이 의도한 대로 끊임없이 자신을 초월하고 있습니다.

내 요점은, 일단 여러분이 이원성 의식에 발을 들여놓으면 생명력의 자연스러운 흐름에 저항하게 되며, 이렇게 하려면 끊임없는 노력이 필요하다는 것입니다. 여러분은 계속 생명의 흐름에 저항해야 하고, 이것이 여러분의 삶을 투쟁으로 바꿀 것입니다. 그러나 어찌 된 일인지 에고와 이 세상의 지배자는 여러분에게 이원성 의식에 머무는 것이 더 쉬우며 생명의 강으로 돌아가려면 초인적인 노력이 필요하다는 인상을 주는 환영을 믿게 만들었습니다. 어떤 의미에서는, 여러분이 초인적인 존재로서 창조된 신비한 존재이기 때문에, 그리스도 의식의 여정을 걸으려면 초인적인 노력이 필요하지만, 그것은 단지 여러분이 설계된 대로 하는 문제일 뿐입니다.

　일단 그 여정을 충분히 이해하고 그것에 저항하기를 멈추면, 흐름에 계속 저항하는 것보다 생명의 강과의 하나됨으로 돌아가는 것이 더 쉽다는 것을 알게 됩니다. 바울이 깨어나던 상황에서 나는 베일에 감춰진 언어로 다음과 같이 표현했습니다.

> 1 한편 사울은 여전히 살기를 띠고 주의 제자들을 위협하며 대사제에게 가서
> 2 다마스쿠스에 있는 여러 회당에 보내는 공문을 청하였다. 그렇게 해서 그리스도교를 믿는 사람은 남자 여자 할 것 없이 눈에 띄는 대로 잡아서 예루살렘으로 끌어올 수 있는 권한을 받았다.
> 3 사울이 길을 떠나 다마스쿠스 가까이에 이르렀을 때 갑자기 하늘에서 빛이 번쩍이며 그의 둘레를 환히 비추었다.
> 4 그가 땅에 엎드러지자 "사울아, 사울아, 네가 왜 나를 박해하느냐?" 하는 음성이 들려왔다.

5 사울이 "당신은 누구십니까?" 하고 물으니 "나는 네가 박해하는
 예수다. 돌부리를 걷어차면 발부리만 아플 뿐이다."(사도행전 9장)

 돌부리를 걷어찬다는 것은 생명 자체의 자연스러운 흐름에 저항한
다는 뜻입니다. 앞에서 내가 에고의 특징이 저항이라고 말한 이유를
이제 알겠나요? 에고는 생명의 강으로부터 분리되어 만들어지기 때문
에 에고의 특성 자체가 바로 저항입니다. 여러분의 에고는 생명의 강
에 저항하는 것을 절대 멈추지 않을 것입니다. 그러나 여러분의 의식
하는 자아가 에고의 환영에서 자신을 분리할 때, 여러분은 저항을 멈
출 수 있습니다. 그런 다음 생명의 강에 여러분 자신을 내맡기고 물
과 성령으로 다시 태어날 수 있습니다.

* * *

 나는 좀 더 실용적인 측면에서, 이 열쇠로 여러분에게 매우 앞선
가르침을 주었는데, 여러분이 아직 그것에 충분히 준비되어 있지 않
을 수도 있음을 잘 알고 있습니다. 그러나 내가 하고 싶었던 것은 여
러분 마음속에 씨앗을, 즉 그리스도 의식의 여정을 걷는 것은 어떤
초인적인 활동이 아니라 지극히 자연스러운 과정이라는 생각을 심는
일이었습니다. 그것은 성인(聖人)이 되는 문제가 아니라 여러분이 창
조된 목적을 받아들이고 그 원래의 정체감으로 돌아가는 문제입니다.
따라서 여러분은 바로 자신 안에 필요한 모든 것을 가지고 있으며,
그것이 곧, 신의 나라는 여러분 내면에 있다고 한 내 말의 의미였습
니다.

이제 우리는 이 열쇠의 결론에 이르렀습니다. 그것은 여러분의 두려움을 완전히 소멸하려면, 신이 개인적으로 여러분에게 주시는 조건 없는 사랑을 받아야 한다는 것을 깨닫는 것입니다. 그 사랑을 받으려면, 단지 그 사랑이 자연스러운 과정을 따라 여러분을 통해 흐르도록 허용하기만 하면 됩니다. 내가 왜 다음과 같이 말했다고 생각하나요?

> 그래야만 너희는 하늘에 계신 아버지의 아들이 될 것이다. 아버지
> 께서는 악한 사람에게나 선한 사람에게나 똑같이 햇빛을 주시고 옳
> 은 사람에게나 옳지 못한 사람에게나 똑같이 비를 내려주신다. (마
> 태 5:45)

알다시피, 신의 사랑은 누가 선하고 악한지, 누가 옳은지 그른지에 대한 이원적인 평가와 같은 조건 없이, 모든 인간에게 계속 주어지고 있습니다. 신의 사랑에 대한 여러분의 유일한 선택은 그것을 받아들일 것인지 아니면 거부할 것인지 뿐입니다. 그리고 여러분이 이 세상의 조건을 충족시킬 때까지 신의 사랑을 거부해야 한다고 믿게 만든 조건들을 받아들인 것은 바로 반-그리스도의 환영 때문이었습니다. 여기서 말하고 싶은 점은, 완전한 사랑은 두려움을 몰아내지만, 그 사랑을 받기 위해서는 여러분이 그것을 받을 자격이 있음을 받아들여야 한다는 것입니다. 이 말은, 여러분에게 사랑을 주는 것이야말로 아버지의 큰 기쁨이며, 그 완전한 사랑을 지금 여러분이 거부하게 만드는 조건들을 극복해야 한다는 뜻입니다.

그러나 내가 이 가르침을 주는 것만으로는 여러분이 신의 사랑을 거부하는 것을 멈추게 하기에 충분하지 않음을 알고 있습니다. 다음

의 내 말을 깊이 생각해 보세요.

> 너희는 남에게서 바라는 대로 남에게 해주어라. (누가 6:31)

> 1 남을 판단하지 말라. 그러면 너희도 판단받지 않을 것이다.
> 2 남을 판단하는 대로 너희도 신의 심판을 받을 것이고 남을 저울
> 질하는 대로 너희도 저울질을 당할 것이다. (마태 7장)

여기서 더욱 깊은 의미는, 여러분이 행하는 모든 것이 여러분 의식 상태의 반영이라는 것입니다. 여러분이 다른 사람들에게 행하는 것은, 여러분이 자신에게 이미 행한 것입니다. 그러므로 여러분이 특정한 조건에 따라 다른 사람들을 판단한다면, 여러분은 이미 무의식적으로 같은 기준에 따라 자신을 판단한 것입니다. 요점을 말하자면, 지금 신이 여러분을 사랑한다는 것을 여러분이 받아들일 수 없다면, 그것은 지금 여러분이 자신을 사랑하지 못하기 때문입니다. 이 열쇠를 위한 연습에서 더 살펴보겠습니다.

열쇠 3을 위한 연습

여러분은 창조주의 확장체이기에 신이 여러분을 사랑하신다는 사실을 내가 말해 줄 수 있지만, 여러분은 여전히 자신을 사랑할 수 없을지도 모릅니다. 그래서 다음 33일 동안 하루 한 번씩 아주 특별한 기원문을 낭송하라고 요청합니다. 이것은 성모 마리아의 'INV05: 자신을 사랑하기 위한 기원'으로, 자신이 사랑을 받을 가치가 없다고 느끼게 하는 많은 환영에 도전하도록 설계되었습니다. 이것은 이 과정에서

이렇게 이른 단계에서 하기에는 높은 수준의 기원문이지만, 그것을 기원함으로써 여러분은 엄청난 혜택을 입을 수 있습니다.

따라서 이 열쇠를 위한 연습은 33일 동안 매일 한 차례 이 기원문을 낭송하는 것입니다. 기원을 한 다음 몇 분 동안, 여러분이 왜 사랑을 받을 자격이 없다고 느끼는지, 왜 다른 사람들이나 신에게서 오는 사랑을 거부하는지, 그리고 신이 여러분을 사랑한다는 것을 진실로 받아들이고 사랑의 흐름 안으로 여러분 자신을 내맡기는 것에 저항을 느끼는 이유에 대해 명상하세요. 그런 다음 떠오르는 대로 여러분의 인상을 분석하지 말고 기록하세요. 기록한 후, 여러분이 적은 것에 대해 성찰하고, 사랑에 대한 여러분의 저항 뒤에 숨어 있는 믿음을 발견하도록 하세요.

어떤 날이든, 기원문을 낭송하기 전에 전날 적은 것을 읽고, 그 기록에 근거하여 기원의 서두에 개인적인 요청을 하세요. 기원을 한 후 반복하여 명상하고, 사랑에 저항하도록 하는 더 깊은 층, 더 깊은 믿음을 발견할 수 있는지 살펴보세요.

물론, 이 열쇠에 들어 있는 나의 가르침을 다시 읽고 숙고하세요. 그러면 우리는, 여러분이 자신을 보는 방법을 바꿀 수는 없는지, 그리고 이 작은 지구에서 여러분이 어떤 실수를 저질렀든, 더욱 큰 계획 안에서, 여러분이 신의 형상을 닮은 모습으로 창조된 그날처럼 신의 사랑을 받을 자격이 있다는 것을 받아들이도록 도울 수 있는지 살펴보겠습니다.

열쇠 4
먼저 신의 나라를 구하세요

우리는 이제 좋은 토대를 마련하였고, 이 열쇠에서는 그것을 기반으로 나아가겠습니다. 나는 여러분이 그리스도 의식의 여정을 더 깊이 이해하고 가르침을 받기로 결정하는 과정을 밟도록 안내하고 있습니다. 나는 여러분이 두려움을 직시하고 여러분 자신을 사랑하도록 했습니다. 따라서 이제 여러분은 삶에 대한 더 깊은 진리를 터득하는 데 열려 있는 의식 상태에 도달했을 것입니다. 이것은 기존의 여러분 믿음 너머를 보기를 두려워하지 않고, 죄책감이나 그 여정을 따라갈 자격이나 능력이 없다는 느낌으로 마비되지 않는 마음의 틀입니다. 따라서 여러분은 그 여정에 정박할 수 있는 근거를 가졌으며, 이제 우리는 여러분을 대부분의 사람이 걷는 파멸로 이끄는 넓은 길에서 이동시켜 영원한 삶으로 이끄는 곧고 좁은 길, 곧 그리스도 의식의 여정에 영원히 올려놓기 위하여 정확히 무엇이 필요한지, 더 자세히 살펴볼 필요가 있습니다.

다음 단계로, 나는 분명히 여러분이 그 여정에 대한 더 높은 이해를 얻는 데 열려 있기를 바라지만, 여러분이 그리스도 의식의 여정을 이해하기만 하는 사람이 되게 하는 것이 내 의도가 아님을 알아야 합니다. 나는 여러분을 지적으로는 여정을 따르는 방법을 완전하게 이해하지만 그 앎을 내면화하거나 적용하지 않는 율법학자로 만들고 싶은 의도가 전혀 없습니다.

내가 율법학자들과 바리새인들을 그다지 추켜세우지 않았고, 그것이 여러분에게 그들이 어리석거나 악의적인 사람들이었다는 인상을 주었을 수도 있습니다. 그러나 실제로 그들 대부분은 매우 지적인 사람들이었으며 또한 최선의 의도를 가지고 있었습니다. 그들은 사실 옳은 일을 하겠다는 진지한 열망을 가지고 있었으며, 어떤 의미에서는 자신들이 생각한 대로 옳은 일을 하고 있었다고 말할 수도 있습니다. 하지만, 어떻게 그들은 살아 있는 그리스도를 알아보지도 못하고 심지어 그의 사형을 원할 수 있었을까요? 그 이유는, 인간의 지성으로는 그리스도 진리를 인식할 수 없기 때문입니다.

인간의 지성은 분석 능력이며, 그것은 어떤 아이디어든 "진리"로 알려진 것과 비교함으로써 그것을 분석하도록 설계되어 있습니다. 영적인 분야에서, 분석적인 마음은 모든 새로운 아이디어를 참이나 거짓된 아이디어라고 규정된 데이터베이스와 비교함으로써 작동합니다. 모든 새로운 아이디어는 데이터베이스에 규정된 범주 안에 들어맞도록 꼬리표가 붙어야 합니다. 일단 꼬리표가 붙으면, 그것이 참 또는 거짓, 선 또는 악으로 쉽게 분류될 수 있습니다.

이것이 의미하는 바를 이해하고 있나요? 지성은 정확하고, 완전하고, 오류가 없으므로 의문의 여지가 없다고 믿어지는 데이터베이스를 받아들였습니다. 따라서 새로운 아이디어가 데이터베이스의 꼬리표가 붙어 있는 어떤 상자에도 들어맞지 않으면, 정의에 따라 그것은 거짓일 수밖에 없습니다. 결과적으로 지성은 그 자체로 완벽하게 논리적이고 합리적이라고 생각하는 방법으로 그 어떤 문제이든 찬반을 논할 수 있습니다. 그러나 결과는 지성이 참조틀로 사용하는 데이터베이스의 내용에 의해 미리 정해집니다.

문제는, 이원성 의식이 너무 오랫동안 인류의 집단의식을 지배해 왔기 때문에, 모든 인공적인 사고 체계, 모든 데이터베이스가 이원성 의식에 기반을 두고 있다는 점입니다. 따라서 그리스도의 살아 있는 진리(Living Truth)는 이러한 종교적이거나 비종교적인 데이터베이스의 어떤 범주에도 들어맞지 않을 것입니다. 이것은 데이터베이스의 확실성에 매달려 그것을 절대적인 참조틀로 여기고, 의문을 제기하기를 꺼리는 사람들은 그리스도의 진리를 해(害) 혹은 악이라고 꼬리표를 붙일 것이기 때문에, 어떤 형태로든 살아 있는 그리스도를 알아볼 수 없다는 의미입니다. 내가 말했던 진리가 악마의 것이라고 확신시키기 위해, 율법학자들과 바리새인들이 그들의 데이터베이스인 유대인의 신념 체계에 따른 특별한 해석을 어떻게 사용했는지 생각해 보세요. 현대에는 패러다임이라고 부를 수 있는 자신들의 데이터베이스에 그들이 기꺼이 질문을 던졌다면, 그런 결론에 도달할 수 없었을 것입니다.

유대교를 단지 한 단계 올려놓을 수 있는 몇 가지 새로운 아이디어를 내놓는 것이 내 임무의 목적이 아니었음을 알겠습니까? 내 목적은, 인간이 된다는 것이 무엇을 의미하는지에 대한 견해를 근본적으로 바꾸도록 사람들에게 도전을 제기하는 일이었습니다. 나는 사람들이 오류가 있을 수 없는 기준이라고 여겼던 데이터베이스, 즉 인간에게 무엇이 가능하고 무엇이 불가능하다고 생각하는지를 규정했던 패러다임에 대해 다시 생각해 볼 것을 촉구했습니다.

내가 이 말을 꺼내는 이유는 율법학자들과 바리새인들이 어리석지도 않았고 악하지도 않았음을 보여주려는 것입니다. 그들은 매우 지적인 사람들이었고 좋은 의도를 가지고 있었습니다. 그러나 여러분은 지옥으로 가는 길은 선의로 포장되어 있다는 말을 들어본 적이 있을 것입니다. 이 말에 숨어 있는 진실은, 지옥으로 가는 길이 이원적 환영에 기반을 둔 선한 의도로 포장되어 있다는 것입니다. 다시 말하자면, 대부분의 율법학자와 바리새인이 실제로 최선의 의도를 가지고 있었습니다. 문제는, 그들이 자신의 지성을 사용하여 자신은 이미 구원이 보장되었다고 확신할 정도로 지적이었기 때문에, 내가 가져온 살아 있는 진리(Living Truth)가 필요하지 않았다는 것입니다. 그들은 내가 말했던 진리가 진실이 아니라 거짓임을 스스로 확신하기 위해, 무오류의 지위에 올려놓은 데이터베이스를 참조할 수밖에 없었던 자신의 지성을 사용했습니다. 그들은 내가 그들의 균형감에 도전을 제기하도록 허락할 마음이 없었습니다. 그들은 확실히 구원받을 수 있다고 지적으로 확신했기 때문에, 그 안에서 안전하고 편안하다고 느꼈습니다. 따라서 내가 그러한 들보를 지적했을 때, 그들은 자신의 눈 안에 있는 들보를 찾아보려고 하지 않았습니다.

인간의 지성은 이렇게 위험합니다. 그것은 사람들에게 자신은 절대적으로 옳으므로 변할 필요가 없다고 확신하게 만듭니다. 바로 이 때문에 사람들이 영적인 여정에 대해 매우 정교하고 지적인 이해를 할 수 있음에도 불구하고, 그 이해를 적용하지 않고 실제로 자신의 의식 상태를 바꾸지 않는 것을 가능하게 합니다. 그들은 어떤 외적인 방법은 취했지만, 자기 눈 안의 들보를 제거하려면 적극적인 조치를 취할 필요가 있다는 것을 인지하는 매우 중요한 단계를 아직 밟지 않았습니다. 따라서 그들은 영적 원리에 대한 정교하고 지적인 이해를 사용해서 거울을 들여다보지 않고, 들보를 제거하지 않고도 구원받을 수 있다고 스스로를 이해시켜 왔습니다. 그들은 다른 사람들이 어떻게 변해야 하는지, 일반적으로 "사람이" 어떻게 변해야 하는지는 완벽하게 이해하지만, 거울을 들여다보고 자신 또한 변해야 한다는 것을 인정하지 않습니다.

역사를 제대로 살펴본다면, 모든 종교에 율법학자들과 바리새인들이 있다는 것을 알게 됩니다. 오늘날의 영성계를 정직하게 바라보면, 모든 영성 운동에는 가르침을 이해하고 외적인 행동을 취했기 때문에 실제로 그 가르침을 온전히 적용했다고 생각하는 사람들이 있습니다. 그들은 공작새처럼 우월한 지식과 성취를 뽐내며 걸어 다니지만, 실제로 진정한 여정에는 첫걸음조차 내딛지 못했습니다.

지적인 사람들이 말로 표현된 영적인 가르침을 사용하여 데이터베이스를 만든 다음, 그것을 사용하여 자신의 눈 안에 있는 들보를 보지 않기 위해 정당화하는 일이 완벽하게 가능하다는 사실을 숙고해 보기 바랍니다. 하지만, 여러분이 이 미묘한 유혹에 속아 넘어가지 않도록 나는 가능한 모든 것을 할 준비가 되어 있습니다. 따라서 어쩌면 반복처럼 보일 수 있지만, 그럼에도 불구하고 환영의 층들을 벗겨낼 몇 가지 가르침을 주겠습니다. 인간의 정체성은 많은 껍질을 가진 양파와 같다고 생각할 수 있습니다. 내가 그것들을 한꺼번에 모두 벗겨낸다면, 여러분은 연속성을 모두 잃어버리고 정체성 위기를 경험하게 될 것입니다. 따라서, 여러분이 혼란스러울 정도로 아주 높지는 않지만 이전의 정체성보다는 좀 더 높은 새로운 정체성에 의식하는 자아가 적응할 시간을 줄 수 있도록, 나는 한 번에 한 층씩 벗겨내겠습니다.

그렇다면 진정한 그리스도 의식의 여정에 발을 들여놓으려면 실제로 무엇이 필요할까요? 자, 여러분은 결정을 해야 하며, 아주 특별한 종류의 결정을 내려야 합니다.

* * *

다음 구절을 다시 한번 살펴보겠습니다.

16 한번은 어떤 사람이 예수께 와서 "선생님, 제가 무슨 선한 일을 해야 영원한 생명을 얻겠습니까?" 하고 물었다.

17 예수께서는 "왜 너는 나에게 와서 선한 일에 관하여 묻느냐? 참으로 선하신 분은 오직 한 분뿐이시다. 네가 생명의 나라로 들어가려거든 계명을 지켜라." 하고 대답하셨다.

18 그 젊은이가 "어느 계명입니까?" 하고 묻자 예수께서는 "'살인하지 마라. 간음하지 마라. 도둑질하지 마라. 거짓으로 증언하지 마라.

19 부모를 공경하여라.' 그리고 '네 이웃을 네 몸같이 사랑하여라.' 하는 계명이다." 하고 대답하셨다.

20 그 젊은이가 "저는 그 모든 것을 지켰습니다. 그런데 아직도 무엇을 더 해야 하겠습니까?" 하고 다시 묻자

21 예수께서는 "네가 완전한 사람이 되려거든 가서 너의 재산을 다 팔아 가난한 사람들에게 나눠주어라. 그러면 하늘에서 보화를 얻게 될 것이다. 그러니 내가 시키는 대로 하고 나서 나를 따라오너라." 하셨다.

22 그러나 그 젊은이는 재산이 많았기 때문에 이 말씀을 듣고 풀이 죽어 떠나갔다.

23 예수께서는 제자들에게 이렇게 말씀하셨다. "나는 분명히 말한다. 부자는 하늘나라에 들어가기가 어렵다.

24 거듭 말하지만, 부자가 신의 나라에 들어가는 것보다는 낙타가 바늘귀로 빠져나가는 것이 더 쉬울 것이다."

25 제자들이 이 말씀을 듣고 깜짝 놀라서 "그러면 구원받을 사람이 어디 있겠습니까?" 하고 물었다.

26 예수께서는 그들을 똑바로 보시며 "그것은 사람의 힘으로 할 수 없는 일이다. 그러나 신은 무슨 일이든 하실 수 있다." 하고 말씀하셨다. (마태 19장)

여기서 중요한 점은, 그 젊은이가 자신의 삶 내내 외적인 길을 따랐지만, 이제는 그 이상(more)을 원한다고 말한 것입니다. 그래서 나는 그에게 바로 그 이상을, 즉 내 제자가 되어 그리스도 의식의 여정을 따를 수 있다고 제안했습니다. 나는 또한 그가 나를 따르기 위해서 충족시켜야 하는 첫째 조건을, 즉 땅 위의 어떤 것에든 집착을 모두 내려놓아야 한다고 분명히 말하고 있습니다.

여기서 몇 가지 유념해야 할 점이 있습니다. 하나는, 내가 몸을 가지고 지상에서 걸어 다녔을 때, 나는 시간이 별로 없었기 때문에 직계 제자들에게 상당히 과격한 요구를 해야 했습니다. 다른 하나는, 모든 소유물을 놓아버리는 것은 사실 그렇게 중요하지 않다는 점입니다. 중요한 것은 땅에서의 소유보다 그리스도 의식의 여정에 더 높은 우선순위를 두어야 한다는 점입니다. 따라서 나는 그의 우선순위가 어디에 있는지 보기 위해 이 젊은이를 시험했던 것입니다.

요점은, 오늘날의 세상에서 나는 제자들에게 그들이 가진 모든 소유물을 팔고 사회에서 물러나라고 요구하지 않는다는 것입니다. 오히려 나는 대체로 내 제자들이 사회 속으로 들어가서, 전형적인 물질주의 삶의 양식에, 나아가 전형적인 종교적 삶의 양식에 대안이 있음을 타인들에게 보여주기를 더 바랍니다.

그러나 여전히 우선순위를 바로잡는 것이 중요합니다. 왜 그럴까요? 여러분이 에고에게 한 걸음 양보하면, 에고는 천 리 길을 가자고 할 것이기 때문입니다. 여러분이 이 세상의 어떤 것이든 그리스도 의식의 여정보다 더 중요한 것으로 우선순위를 둔다면, 여러분의 에고는 무슨 수를 써서라도 어느 특정한 지점에서 여러분이 전진하기를 멈추도록 유혹할 것입니다. 무엇이 여러분을 붙잡고 있든 그것을 기꺼이 포기하겠다고 결정하기 전에는, 여러분이 그 이상 나아가지 못할 것입니다.

나는 우리가 이 과정의 초기 단계에 있다는 것을 알고 있으며, 여러분은 아직 이 땅의 모든 것을 포기할 준비가 되지 않았을지도 모릅니다. 그러나 나는, 여러분의 에고와 이 세상의 지배자가 여러분의 진전을 멈출 수 있는 어떤 기회도 다 사용한다는 점에서 얼마나 극도로 무자비한지 여러분이 이해할 수 있도록 여러분 마음속에 씨앗을 심을 필요가 있습니다. 여러분의 우선순위와 충성심이 갈라져 있는 한, 여러분이 그 여정에서 최대의 진전을 이룰 수 없다는 것은 그야말로 삶의 기본적인 진실입니다. 왜 그런지 여기 이유가 있습니다.

> 아무도 두 주인을 섬길 수는 없다. 한 편을 미워하고 다른 편을 사랑하거나 한 편을 존중하고 다른 편을 업신여기게 된다. 너희는 신과 재물(맘몬)을 아울러 섬길 수 없다. (마태 6:24)

이 세상의 주인과 살아 있는 그리스도를 동시에 섬기려고 하는 것은 여러분 자신을 더 어렵게 만들 뿐입니다. 그 이유는 뭔가가 깨질 때까지, 즉 여러분이 부서질 때까지 여러분은 반대되는 두 방향으로 끌려갈 것이기 때문입니다. 그런데 이것을 이해한 그리스도교인은 거의 없는데, 그 이유는 그리스도교가 베드로의 환영에 기반한 외적인 길로 바뀜에 따라 자기 눈 안에 있는 들보를 제거하지 않고도 그리스도의 제자가 될 수 있다고 믿게 되었기 때문입니다. 그리스도교는 왜 내 가르침을 완전히 거꾸로 뒤집을 정도로 왜곡시켰을까요? 왜냐하면, 에고와 이 세상 지배자의 영향력은 너무 교묘해서 그 어떤 영적인 가르침도 외적인 길을 정당화하는 데 사용할 수 있기 때문입니다. 그러나 그리스도 의식의 여정에서 본질적이고 타협하지 않는 특성을 설명하기 위해 내가 얼마나 많은 시도를 했는지 살펴보겠습니다.

> 19 재물을 땅에 쌓아 두지 마라. 땅에서는 좀먹거나 녹이 슬어 못 쓰게 되며 도둑이 뚫고 들어와 훔쳐 간다.
> 20 그러므로 재물을 하늘에 쌓아 두어라. 거기서는 좀먹거나 녹슬어 못쓰게 되는 일도 없고 도둑이 뚫고 들어와 훔쳐 가지도 못한다.

21 너희의 재물이 있는 곳에 너희의 마음도 있다. (마태 6장)

44 "하늘나라는 밭에 묻혀 있는 보물에 비길 수 있다. 그 보물을 찾아낸 사람은 그것을 다시 묻어두고 기뻐하며 돌아가서 있는 것을 다 팔아 그 밭을 산다."

45 "또 하늘나라는 어떤 장사꾼이 좋은 진주를 찾아다니는 것에 비길 수 있다.

46 그는 값진 진주를 하나 발견하면 돌아가서 있는 것을 다 팔아 그것을 산다."

47 "또 하늘나라는 바다에 그물을 쳐서 온갖 것을 끌어올리는 것에 비길 수 있다.

48 어부들은 그물이 가득 차면 해변에 끌어올려 놓고 앉아서 좋은 것은 추려 그릇에 담고 나쁜 것은 내버린다. (마태 13장)

16 비유를 들어 이렇게 말씀하셨습니다. "어떤 부자가 밭에서 많은 소출을 얻게 되어

17 '이 곡식을 쌓아 둘 곳이 없으니 어떻게 할까?' 하며 혼자 궁리하다가

18 '옳지, 좋은 수가 있다. 내 창고를 헐고 더 큰 것을 지어 거기에다 내 모든 곡식과 재산을 넣어두어야지.

19 그리고 내 영혼에게 말하리라. 영혼아, 많은 재산을 쌓아 두었으니 너는 이제 몇 년 동안 걱정할 것 없다. 그러니 실컷 쉬고 먹고 마시며 즐겨라.' 하고 말했다.

20 그러나 신은 '이 어리석은 자야. 바로 오늘 밤 네 영혼이 너에

게서 떠나가리라. 그러니 네가 쌓아 둔 것은 누구의 차지가 되겠느
냐?' 하셨다.

21 이렇게 자기를 위해서는 재산을 모으면서도 신께 인색한 사람은
바로 이처럼 될 것이다."(누가 12장)

24 그리고 제자들에게 이렇게 말씀하셨다. 나를 따르려는 사람은
누구든지 자기를 버리고 제 십자가를 지고 따라야 한다.

25 누구든지 제 목숨을 살리려고 하는 사람은 잃을 것이며 나를 위
하여 제 목숨을 잃는 사람은 얻을 것이다.

26 사람이 온 세상을 얻는다고 해도 제 목숨을 잃으면 무슨 소용
이 있겠느냐? 사람의 목숨을 무엇과 바꾸겠느냐?

27 사람의 아들이 아버지의 영광에 싸여 자기 천사들을 거느리고
올 터인데 그때 그는 각자에게 그 행한 대로 갚아줄 것이다. (마태
16장)

그 여정에서는 왜 그렇게 단호해야만 할까요? 왜냐하면 여러분이
그리스도 의식의 여정을 걷지 못하게 만드는 일이 에고에게는 그야말
로 생과 사의 문제이기 때문입니다! 생존이 걸린 상황에 당면했을 때,
사람들은 살기 위해 무엇이든 한다는 사실을 여러분은 아주 잘 알고
있습니다. 따라서 여러분의 에고가 그냥 포기하고 죽을 것이라고 결
코 기대해서는 안 됩니다. 에고는 모든 단계마다 여러분과 싸울 것이
고, 여러분이 틈을 보이기만 하면 그것을 노릴 것입니다. 여러분이 지
구상의 무언가에 집착이 있는 한, 여러분의 에고는 그것을 여러분을
방해하는 데 사용할 것이라는 의미입니다.

여러분의 에고는 오로지 자신만 염려할 뿐, 실제로 여러분에 대해서는 전혀 신경 쓰지 않는다는 것은 명확한 사실입니다. 다음 인용구절을 주목해 보시기 바랍니다.

> 35 그들 중 한 율법 교사가 예수의 속을 떠보려고
> 36 "선생님, 율법서에서 어느 계명이 가장 큰 계명입니까?" 하고 물었다.
> 37 예수께서 이렇게 대답하셨다. "네 마음을 다하고 목숨을 다하고 뜻을 다하여 주님이신 너희 신을 사랑하여라."(마태 22장)

사실은 여러분의 에고야말로 마음과 목숨과 뜻을 다해 에고 자신을 사랑합니다. 사랑은 끌어당기는 힘이기 때문에, 그 자신에 대한 에고의 사랑과, 에고 너머의 그 무언가에 대한 의식하는 자아의 사랑 사이의 비율이야말로 그 여정에서 여러분의 진전을 결정하는 진정한 요인입니다. 여러분은 에고가 그 자신을 사랑하는 것보다 그 무언가를 더 사랑하기로 결정해야 합니다. 내가 했던 말을 더 살펴보겠습니다.

> 너희가 나를 사랑하면 나의 계명을 지키리라. (요한 14:15)

그리고 나의 가장 중요한 계명은 신을 사랑하라는 것이었습니다. 자, 나는 현대 사회의 많은 사람이 신에 대한 매우 왜곡된 견해를 가지고 자라났기 때문에, 그들에게 이것이 어렵다는 것을 잘 알고 있습니다. 하지만, 신을 사랑할 수 없더라도 여러분은 다른 무언가를 사랑해야 합니다. 그것은 내가 될 수도 있고, 다른 사람이나 여러분의 상

위자아가 될 수도 있습니다.

'네 이웃을 네 자신같이 사랑하라.'라는 둘째 계명도 이에 못지않게
중요하다. (마태 22:39)

여러분이 자신을 사랑하지 않는다면 어떻게 이웃을 여러분 자신같
이 사랑할 수 있을까요? 나는 많은 영적인 구도자가 자신을 사랑하는
것이 어렵다는 것을 분명히 잘 알고 있지만, 여러분은 이 조건을 극
복하기 시작했으며 나는 이에 대한 더 많은 가르침과 도구를 줄 것입
니다. 지금으로서는, 여러분이 이 길을 걷고 싶은 동기가 무엇인지 생
각해 보기를 바랍니다.

특히 사랑에 근거한 동기를 찾아보기 바랍니다. 충분히 깊이 들여
다본다면 분명히 그것을 찾게 될 것입니다. 알다시피, 전통적인 종교
는 종종 두려움을 통해 사람들을 통제하려 하였으며, 이것은 사람들
에게 부정적인 동기를 부여했습니다. 예를 들어, 많은 그리스도교인은
지옥에서 영원히 불태워지는 것이 두려워서 구원을 받으려고 합니다.
낮은 의식 상태에 있는 사람들에게는 그러한 부정적인 동기가 건설적
일 수 있습니다. 그것은 그들이 행위를 바꾸고 삶을 돌려놓는 데 도
움을 줄 수 있기 때문입니다. 하지만 부정적인 동기는 여러분을 그리
스도 의식의 여정에서 크게 전진하도록 이끌어 주지 못합니다.

지난 열쇠에서 설명했듯이, 여러분은 신의 사랑이 여러분을 통해
흐르도록 설계되어 있습니다. 그러므로 나는 여러분이 자신의 상위
존재와 다시 연결될 때, 지구에 육화하겠다는 결정을 내리도록 한 긍
정적인 동기를 다시 발견하리라는 것을 알고 있습니다. 그 동기는 무

언가에 대한 사랑에 기반한 것이었으며, 그것은 에고 자신에 대한 에고의 사랑보다 더 강한 사랑입니다.

* * *

여러분이 사랑의 흐름 속에 있는 것은 자연스러운 일입니다. 그런데 여러분이 사랑의 흐름으로 되돌아가려면, 어떤 결정을 내려야 합니다. 어떤 결정일까요? 구약에 있는 다음 인용 구절을 생각해 보겠습니다.

> 나는 오늘 하늘과 지구를 증인으로 세우고 너희 앞에 생명과 죽음,
> 복과 저주를 내놓는다. 너희나 너희 후손이 잘살게 하고 싶으면 생
> 명을 택하여라 (신명기 30:19)

나 또한 이제 여러분 앞에 생명과 죽음, 즉 그리스도의 생명과 반-그리스도 의식의 죽음을 놓아두었습니다. 따라서 여러분이 생명의 결정(LIFE decision)을 내림으로써 생명을 선택하라고 권고합니다. 이런 결정에 관해 설명해 놓은, 나의 웹사이트에서 가져온 다음 내용을 읽어 보기 바랍니다.

생명의 결정과 죽음의 결정

나중에 에고가 사용하는 개별적인 게임들에 관해 설명하겠지만, 먼저 기본적인 게임을 설명하면서 시작하겠습니다. 여러분이 이 시점에서 이 게임을 명확하게 볼 수 없을지도 모르지만, 나중에 싹을 틔워

서 언젠가는 여러분의 깨어 있는 의식 안으로 뚫고 들어갈 수 있도록 여러분 마음속에 씨앗을 심고 싶습니다.

처음에 설명했듯이, 의식하는 자아는 더 이상 결정을 내리지 않겠다고 결정함으로써 에고를 창조했습니다. 잠자는 숲속의 미녀라는 오래된 동화가 이것을 보여줍니다. 공주는 의식하는 자아이며, 어느 날 사악한 대모, 곧 이 세상의 지배자가 꾸민 음모의 희생자가 됩니다. 그래서 공주는 잠에 빠져들고 그녀의 성 주위에는 뚫고 들어갈 수 없는 숲이 자라납니다. 이 숲은 물론 에고이며, 개개의 나무는 에고의 환영, 에고의 게임입니다. 어느 날 왕자가 와서, 숲을 뚫고 들어가 공주에게 입을 맞추자, 공주가 깨어납니다. 왕자는 외부 스승으로서 그리고 여러분의 그리스도 자아라는 내면의 스승으로서, 다양한 모습으로 나타날 수 있는 살아 있는 그리스도를 상징합니다. 어떤 모습이든, 살아 있는 그리스도는 언제나 의식하는 자아가 더 높이 올라가도록 일깨우는 역할을 합니다.

동화에서는 왕자와 공주가 그 후로 영원히 행복하게 살지만, 동화가 현실과 달라지는 지점이 바로 여기입니다. 현실 세계에서는, 의식하는 자아가 깨어난다고 해서 자유로워지는 것은 아닙니다. 의식하는 자아, 즉 여러분은 성 주위를 둘러싸고 있는 나무들을 개인적으로 모두 잘라내야 하며, 그렇게 해야만 여러분은 영원히 행복하게 살 수 있습니다.

에고의 기본 전략에는 두 가지가 있습니다. 첫 번째 전략은, 에고는 의식하는 자아가 여러분의 정체성에 그 이상이 있어야 한다는 깨달음에 깨어나지 못하도록 막기 위해서 할 수 있는 모든 일을 할 것입니다. 대부분의 인간에게 여전히 이 전략은 효과적이며, 그들은 여전히 에고가 물질세계에 구축한 정체성과 자신을 완전히 동일시합니다. 여러분이 이것을 읽고 있다는 사실이 여러분은 영적인 구도자이며, 여러분 에고의 첫 번째 전략이 실패했다는 의미입니다. 여러분은 자신의 정체성에 그 이상이 있음을 알고 있으며 그것을 적극적으로 찾고 있습니다.

따라서 여러분은 이제 에고의 두 번째 전략의 표적이 되었습니다. 즉 에고는 성 주위의 가시나무들을 잘라내지 못하게 막습니다. 각각의 나무는 결정(decision), 즉 반-그리스도 마음, 이원성과 분리의 마음에 근거한 결정을 나타냅니다. 여기서 동화의 비유를 끝내고 그 대신 나선형 계단의 이미지를 언급하겠습니다. 반-그리스도 마음에 근거한 결정을 내릴 때마다 여러분은 나선형 계단을 내려가게 됩니다. 그것은 여러분을 상위 존재로부터 분리의 어둠으로 끌어내리는 계단입니다. 이것이 성서에서 말하는 "음산한 죽음의 골짜기"(시편 23:4)입니다.

여러분의 아이앰 현존과 참된 정체감에서 분리되는 것이야말로 영적인 죽음의 의식입니다. 따라서 반-그리스도 마음의 환영에 근거한 결정들은 여러분을 죽음의 의식으로 더 깊이 끌어들였습니다. 이러한 각각의 결정은 죽음의 결정(Death decision)이었다고도 말할 수 있습니다. 왕자의 입맞춤 한 번으로 죽음의 골짜기에서 여러분을 끌어올릴 수 있는 것은 아닙니다. 여러분은 의식적으로 계단을 올라가면서 여러분을 아래로 끌고 내려왔던 결정들을 하나하나 되돌려야 합니다. 그리고 바로 이것을 여러분이 완수하는 것을 막기 위해, 에고는 자신이 가진 모든 힘을 사용할 것입니다.

나선형 계단을 한 단계 오르기 위해서는 지금 단계로 여러분을 끌고 내려왔던 이원성 환영을 꿰뚫어 봐야 합니다. 여러분은 그 환영을 상쇄하는 그리스도 진리, 여러분을 자유롭게 하는 진리를 보아야만 이렇게 할 수 있습니다. 그런 다음 반-그리스도의 "진리"가 아니라 그리스도 진리를 선택해야 합니다. 죽음이 아니라 생명을 선택해야 합니다. 나는 이 결정 하나하나를 "생명의 결정(LIFE decision)"이라고 부르고 싶습니다.

에고는 여러분이 생명의 결정을 하지 못하도록 무엇이든 다 하리라는 것을 여러분이 볼 수 있기를 바랍니다. 이 전반적인 목표를 달성하기 위하여, 에고와 반-그리스도 세력은 몇 가지 교묘한 게임을 만들어냈습니다. 그 목표는 여러분을 특정한 환영에 얽매이게 하고 그것을 놓아버리지 못하게 만들어서 여정의 다음 단계로 올라설 수 없게 하는 것입니다.

생명의 결정에 대해 말할 때, 나는 우산을 가져갈지 혹은 점심으로 무엇을 먹을지와 같은 사소한 결정에 대해 말하는 것이 아닙니다. 또한, 어떤 직업을 구할지, 어떤 사람과 결혼할지와 같은 물질적인 삶에서의 큰 결정에 대해 말하는 것도 아닙니다. 나는 여러분 자신, 신, 세상과 여러분의 삶에서 이 세 가지 요인 사이의 관계에 영향을 주는 결정들에 관해 이야기하고 있습니다. 나는 여러분의 정체감에 영향을 주는 결정에 대해 말하고 있는 것입니다.

앞에서 설명했듯이, 나선형 계단을 한 단계 내려갔을 때, 여러분의 낡은 정체성은 죽고 새로운 정체성이 탄생합니다. 따라서 한 계단을 오르려면, 이전의 인간적인 정체성이 죽고 새로운 영적인 정체성이 탄생해야 합니다. 그래서 내가 이렇게 말했습니다.

5 예수께서 대답하셨다. "정말 잘 들어두어라. 물과 성령으로 새로

태어나지 않으면 아무도 신의 나라에 들어갈 수 없다.

6 육에서 나온 것은 육이며 영에서 나온 것은 영이다. (요한 3장)

이렇게 영적으로 재탄생하려면 여러분이 자발적으로 그리고 의식적으로 이전 인간의 정체성을 죽게 하고 더 높은, 더 영적인 정체감으로 다시 태어난다는 것을 받아들여야 합니다. 그런데 이 과정은 의식하지 않으면 자발적으로 일어날 수 없습니다. 이것을 더 구체적으로 살펴보기 위해 예를 하나 들어보겠습니다.

* * *

많은 사람이 알코올 중독으로 힘들어하고 있으며, 그 상황을 극복하기 위해 다양한 프로그램을 사용하고 있습니다. 어떤 사람들은 의식적인 의지력으로 음주 충동을 억제하여 가까스로 술을 끊으려고 합니다. 이것은 칭찬할 만하지만, 대가를 치러야 합니다. 다시 말해 그 결정을 유지하기 위해 거의 평생 힘겹게 싸워야 합니다. 어떤 단체에서는 알코올 중독은 평생 지속되기 때문에 음주 충동을 계속 억제해야 한다고 주장합니다. 특정한 수준에 있는 사람들에 대해서는 이 방법을 크게 비난할 생각이 없지만, 더 높은 접근 방식이 있습니다.

알다시피, 먼저 여러분이 알코올 중독에 취약하게 된 데는 단 하나의 이유밖에 없습니다. 그것은 자신이 진정한 삶의 목적이 없고 특정한 문제를 극복할 힘이 없는 인간이라는 정체감을 받아들였기 때문입니다. 따라서 여러분이 문제를 극복할 수 없고 고통을 멈출 수 없다

면, 그리고 여러분이 정말로 아무런 가치도 없다면, 알코올을 통해 고통을 둔화시키더라도 괜찮다고 여겼습니다.

그런 다음 여러분은 점차 육체적 중독과 정서적 중독으로 빠져들게 되지만, 어느 날 의식하는 자아가 깨어나서, 이것은 지속될 수 없으며 여러분이 죽을 수도 있다는 것을 깨닫게 됩니다. 그래서 치료 프로그램에 들어가 문제의 원인으로 보이는 것, 즉 술을 마시고 싶은 충동을 억제하기 위해 의지력을 사용하게 됩니다. 그러나 진정한 원인은, 자신의 삶에 더 높은 목적이 없고 근본적으로 자신이 가치가 없는 인간이라는 여러분의 정체감입니다.

진정한 해결 방안은 그 의식 상태를 초월하는 것입니다. 여러분은 신의 무한한 사랑을 받고 있으며 특정한 영적인 목적을 위해 지구에 온 고유한 영적인 존재라는 그리스도 진리를 내면화함으로써 그 의식 상태를 초월할 수 있습니다. 일단 여러분이 이전의 정체성을 죽게 하고 영적으로 다시 태어나 새로운 정체감을 받아들이게 되면, 자신이 가치 있는 존재이며, 자신의 삶에는 알코올로 그 성취가 가로막히기에는 너무나 중요한 임무가 있음을 알게 될 것입니다.

따라서 여러분은 단순히 음주 충동을 억제하게 된 것이 아니라, 더 높은 정체감을 받아들인 것입니다. 즉 그 충동은 결과일 뿐 원인이 아니라는 것입니다. 이제 새 사람인 여러분에게 음주는 아예 상상도 할 수도 없는 일입니다. 그것은 선택 사항조차 되지 않으며, 에고와 이 세상의 지배자는 여러분이 술을 마시도록 유혹할 수 있는 방법이 없습니다. 여러분은 자신의 임무에 너무나 집중한 나머지, 그들의 유혹을 알아차리지도 못합니다. (그들은 그것을 멈추고 여러분의 새로운 의식 수준에서 작용하는 다른 유혹을 생각해 내려고 시도하게 됩니다.

그럼에도 불구하고, 여러분은 커다란 진전을 이루었으며, 그들이 여러분을 유혹하기가 더욱 어려워졌습니다.)

이제 에고의 전반적인 전략이 보입니까? 여러분은 고유한 영적인 존재라는 자신의 참된 정체성보다 낮은 정체감을 받아들임으로써 계단을 내려갔습니다. 여러분은 자신이 특정한 한계를 가진 인간이라고 받아들였습니다. 에고는 여러분이 그 제한된 정체감을 버리고 더 높은 정체감을 받아들이는 것을 막으려고 합니다. 에고는 여러분이 영적인 실명 상태에 빠져 자신을 제한하고 있다는 것과 대안이 있다는 것을 보지 못하게 하거나, 현재 정체감에 많이 집착해서 그것을 놓지 않으려 하게 만듦으로써 그렇게 합니다.

여러분의 현재 정체감은 이 세상의 것에 근거를 두고 있으며, 세속적이고 물질적인 정체감입니다. 따라서 에고는, 여러분이 자신의 참된 영적 정체성을 볼 수 없거나 받아들이지 못하도록, 여러분을 "이 세상의 것"에 그토록 얽매이거나 집착하게 만들려고 하는 것입니다. 에고는 개별적인 에고 게임을 통해 이것을 이루려고 합니다. 각 게임은, 여러분이 물질세계의 것에 집중하도록 함으로써 여러분이 그 너머를 볼 수 없거나 보지 못하도록 설계되어 있습니다. 여러분은 더 넓은 정체감으로 올라서기 위해 자신의 제한된 정체감을 포기하려 하지 않습니다. 여러분은 자신이 낮은 존재이며, 그 정체성이 명시하는 것 이상의 것이 아니라는 믿음을 놓아버릴 수 없거나 놓아버릴 마음이 없습니다.

* * *

이제 여러분을 현재 의식 수준으로 이끌었던 계단을 어떻게 내려왔는지 생각해 보겠습니다. 동화나 성서에서도 그 과정에 대해 잘못된 설명을 하고 있습니다. 구약 성서에서는 인간의 타락(Fall)을 하나의 결정적인 사건으로 묘사합니다. 어떤 의미에서 여러분이 영적인 스승들과 연결을 잃은 것은 중대한 사건이었지만, 그것은 점진적인 과정의 결과로서 일어났습니다.

많은 종교와 많은 뉴에이지 가르침은 인간의 타락을 하나의 사건으로 나타내며 구원, 또는 그것을 뭐라고 부르든 해결 방식 또한 동일하게 제시합니다. 그것은 이 세상의 지배자가 만들어낸 환영 중의 하나입니다. 그는, 여러분이 올바른 그리스도 교회에 속해 있고 그 모든 교리를 믿기만 한다면, 내가, 아니 교회가 우상화한 그리스도의 이미지가 어느 날 하늘에 나타나서 여러분을 구원할 것이라고 믿기를 바랍니다. 또는 여러분이 단지 모든 사람을 사랑하고 친절하게 대한다면, 어느 날 저절로 깨어나 깨달음을 얻을 것이라고 믿기를 바랍니다.

이 두 가지 철학과, 그리고 이와 같은 의식에서 비롯된 다른 많은 철학은 모두 같은 목표를 가지고 있습니다. 즉 여러분이 구원, 영적인 성장, 깨달음 또는 무엇이라고 부르든, 그것의 참된 열쇠를 인식하지 못하도록 여러분을 진정시키는 것입니다. 그 열쇠는 여러분이 영적 계단을 어떻게 내려가고 올라가는지, 그 방법과 생명의 결정이라는 역할을 이해하는 것입니다. 내가 설명해 보겠습니다.

반-그리스도 의식은 교묘합니다. 즉 타락(Fall)은 여러분이 했던 한 번의 결정의 결과로 일어나지 않았다는 뜻입니다. 여러분은 점차 이원적인 마음으로 실험을 시작했고, 점차 나선형 계단을 내려갔습니다. 어떤 지점에서 의식하는 자아는 더 이상 여러분의 삶을 통솔하지 않겠다는 중대한 결정을 내렸지만, 대부분의 사람은 위기에 처했다는 것을 충분히 깨닫지 못한 채 그렇게 했습니다. 그들은 이미 반-그리스도 마음의 이원성에 편파적으로 눈이 멀었기 때문에 무슨 일이 일어났는지 충분히 이해하지 못했습니다. 그들은 바로 자신이 본질적으로 죽음의 결정을 내렸다는 것을 이해하지 못했습니다.

이것을 계단을 내려가는 상황과 비교해 보겠습니다. 계단을 내려갈 때면, 한 계단을 내려갈 때마다 다리가 흔들리며 충격을 받아서 한 계단 내려왔다는 것을 알게 됩니다. 여러분은 각 단계를 개별적이고 뚜렷한 사건으로 경험하고, 한 계단 내려갔다는 것을 알 수 있습니다. 하지만, 이제 여러분이 계단에 누워서 중력이 여러분의 몸을 끌어내리게 한다고 상상해 보세요. 여러분은 단지 미끄러지듯 내려가고 몸이 여러 계단에 걸쳐 있으므로, 한 계단을 내려가는 것을 별개의 사건으로 깨닫기가 더욱 어려워집니다. 글쎄요, 머리 아래의 계단과 발 아래 있는 계단, 어떤 계단을 내려간 것일까요? 그렇게 한 계단을 내려갔다는 것을 명확하게 보지 못할 경우, 무엇이 일어났는지 미처 깨닫기 전에 나선형 계단에서 상당히 멀리까지 내려갈 수도 있습니다.

내 요점은, 여러분이 의식의 계단을 내려갔을 때, 여러분은 무엇이 일어나고 있는지 명확하게 보지 못했다는 것입니다. 여러분은 각 단계가 이전의 정체감을 죽게 하고 더 제한된 새로운 정체감이 태어나게 한 별개의 사건이었다는 것을 알지 못했습니다. 여러분이 이것을 보지 못한 이유는 마치 에덴 정원에서 뱀이 "절대로 죽지 않는다."라고 말했을 때 이브가 눈이 멀었던 것과 같이, 반-그리스도 마음의 이원적 논리에 여러분의 눈이 멀었기 때문입니다.

바로 이것이 여러분이 한 계단 내려갈 때마다 그 배후에 숨어 있었던 것과 동일한 바로 그 거짓말이라는 것이 보입니까? 여러분은 죽음의 결정을 내린다고 해서 반드시 죽지는 않으리라 생각합니다. 어쨌든 여러분은 이미 에고가 제안한 길의 일부를 걸어왔지만 여전히 살아 있으므로, 조금 더 에고를 따라가면 뭐 어때? 바로 이런 논리 때문에, 더 이상 꼭대기에 있는 출구를 볼 수 없게 되고 심지어 계단 꼭대기에 뭔가 있다는 것조차 잊어버릴 때까지 나선형 계단을 미끄러져 내려가게 됩니다. 의식하는 자아가 영적인 존재로서의 자아감이 아니라 인간적인 정체감을 받아들인 경우, 이런 상태가 됩니다.

이제, 우리는 동화를 다시 한번 바로잡아야 할 때입니다. 의식하는 자아가 잠든 것은 사실이지만, 이것은 비유로 말한 것뿐입니다. 여러분이 삶의 실재를, 즉 자신은 물질적, 인간적 존재 이상이며 이 세계는 물질 우주 이상임을 보지 못한다는 의미에서 여러분은 잠들어 있습니다. 하지만 여러분이 의식이 없다는 의미에서 잠든 것은 아닙니다. 따라서 여러분은 에고를 기반으로 한 결정의 결과를 고통스럽게 인식하고 있으며, 그러한 결과를 경험하지 않거나 피할 수는 없습니다. 여기서 의식하는 자아가 결정 내리기를 중단했다는 것이 정확하게 무슨 의미인지 더 자세히 살펴볼 필요가 있습니다.

* * *

이전의 담화에서, 나는 어느 지점에서 의식하는 자아가 더 이상 결정을 내리지 않겠다고 결정했으며, 에고에게 여러분을 위한 결정을 내리게 했다고 말했습니다. 이것은 사실이지만 이제 우리는 숨어 있는 더 깊은 뜻을 이해해야 합니다.

사실 어떤 결정은 에고가 내릴 수 있지만, 어떤 결정은 의식하는 자아만 내릴 수 있습니다. 의식하는 자아는 여러분의 아이엠 현존의 확장체이며 신의 존재의 불꽃입니다. 그것은 증식하고 다스리라고 물질세계로 보내집니다. 이것은 여러분이 공동창조자로서의 정체감을 확장해야 한다는 의미이며, 오직 의식하는 자아만이 여러분의 정체감에 관한 결정을 내릴 수 있습니다. 오직 의식하는 자아만이 여러분을 더 낮은 정체감으로 이끄는 죽음의 결정이나 또는 더 높은 정체감으로 이끄는 생명의 결정을 내릴 수 있습니다. 에고는 이러한 결정을 내릴 수 없지만, 의식하는 자아가 이러한 결정을 어떻게 내릴지에 영향을 줄 수는 있습니다.

이것을 설명하기 위해, 한 사람이 소유하고 있는 회사를 생각해 보겠습니다. 소유주는 일상적인 모든 결정을 내리기를 바라지 않아서 자신이 개인 사무실이나 컨트리클럽에서 시간을 보내는 동안 사업을 운영할 CEO를 고용했습니다. CEO는 사업 운영에 관련된 대부분의 결정을 내릴 수 있지만, 어떤 결정은 여전히 소유주만 내릴 수 있습니다. 어느 해에 CEO가 잘못된 결정을 내림으로써 회사가 손실을 봅니다. 그런데 그는 소유주에게 이것을 시인하지 않습니다. 그 대신 시장 여건 때문에 손실이 초래된 것처럼 보이게 만들고, 은행에서 돈을 빌리는 것을 소유주가 승인하기만 하면, 회사를 다시 가다듬고 다음 해에는 훨씬 더 강력해질 것이라는 방안을 제시합니다.

소유주는 정말로 회사를 직접 운영하고 싶지 않으므로, CEO를 믿고 대출을 승인합니다. 이것은 분명히 회사를 부채라는 사다리로 한 단계 내려가게 하지만, 소유주는 이것을 단지 일시적인 차질일 뿐이라고 생각하고, 다시 자신의 사적인 세상으로 들어갑니다. 다음 해에도 회사는 여전히 이익을 내지 못하지만, CEO는 또다시 그럴듯한 계획을 제시하고, 정말로 자신의 사적인 세상을 떠나고 싶지 않은 소유주는 또 다른 차입을 승인합니다.

소유주가 CEO를 믿는 한, 이 과정은 지속될 수 있습니다. CEO가 소유주의 신뢰를 무너뜨리는 것을 피할 수 있는 한, 그는 상당히 많은 위기를 모면할 수 있습니다. 그리고 계단을 미끄러져 내려가는 비유에서 설명했듯이, 회사가 절망적인 부채 속에 빠진 다음에야 소유주는 무슨 일이 일어나고 있는지를 알게 됩니다. 일단 상황이 더 이상 무시할 수 없을 정도로 악화되면, 소유주는 정신을 차리고 회사를 직접 운영해야 합니다. 그는 눈을 멀게 하는 주문을 깨는 개별적인 사건을 경험하게 됩니다. 그렇지만 그 지점에 이르는 데에 무엇이 필요할까요? 그것은 소유주의 사적인 세계에 머물기를 원하는 마음과 회사가 더 무너지는 것을 피하려는 마음 사이의 균형에 달려 있습니다. 소유주의 환영, 현상 유지에 대한 감각을 산산조각 내는 뚜렷한 사건이 일어나지 않는다면, 끝없이 미끄러져 내려갈 수 있습니다.

하지만 여기서 진짜 문제는 무엇일까요? 소유주는 회사 경영에서 물러났지만, 완전히 고립된 것은 아닙니다. 그래도 여전히 회사가 이윤을 내지 못하는 결과를 감지하고, 그는 계속해서 가장 중요한 결정을 내려야 합니다. 따라서 그가 비록 자신이 더 이상 결정을 내리지 않고 있다고 생각하더라도, 이것은 단지 환영일 뿐입니다. 그는 여전히 회사를 현저하게 낮은 수준으로 이끄는 죽음의 결정을 내리고 있지만, 이 결정의 근거가 되는 정보를 수집하는 일을 담당하지 않고 있을 뿐입니다. 그는 CEO가 상황에 대한 선별적인 그림을 제시하도록 허락한 다음, CEO가 제시하는 이미지를 자신이 생명의 결정과 죽음의 결정을 내리는 근거로 삼고 있습니다.

이것이 바로 의식하는 자아와 에고 사이의 정확한 역학 관계입니다. 의식하는 자아는 더 이상 여러분의 삶을 통솔하고 싶지 않다고 결정을 하고, 에고가 일상적인 결정을 하도록 허용합니다. 하지만, 에고는 여러분의 정체감에 따라 결정할 수 없으며, 따라서 단지 의식하는 자아가 그 자신을 보는 틀 안에서만 결정을 내릴 수 있습니다. 에고는 이원성 의식에 바탕을 두고 있으며, 그것은 바람직하지 않은 결과를 초래할 수밖에 없다는 의미입니다.

의식하는 자아는 이 결과를 경험할 수 있지만, 에고는 여러분에게 이것을 단지 일시적으로 차질이 생긴 것처럼 보이게 하는 "회사 운영 보고서"를 제출할 것입니다. 여러분은 통제할 수 없는 상황의 희생자이지만, 에고가 추천하는 결정을 내리기만 하면, 상황이 나아질 것처럼 보일 것입니다. 에고는 여러분에게 이원적 사고에 근거해서 상황을 보도록 제시할 것입니다. 에고는 정말로 자신의 해결책이 효과가 있을 것이라고 믿지만, 실제로는 이원성 의식에 근거한 해결책은 이원성 의식에 의해 만들어진 문제를 해결할 수 없습니다.

하지만 여러분이 여전히 회사 경영에 대한 책임을 되찾아 오고 싶지 않다면, 에고를 믿을 수도 있습니다. 그러면 여러분은 명백하게 더 낮은 정체감으로 여러분을 끌어내릴 죽음의 결정을 내릴 것입니다. 여러분은 무슨 일이 일어나고 있는지 깨닫지 못할 수도 있지만, 이제 에고는 더 낮아진 이 정체감을 따라 결정을 내리기 시작할 것입니다. 더 낮은 정체감을 받아들임으로써 여러분은 에고에게 행동할 수 있는 더 많은 자유를 준 것이며, 이는 훨씬 더 많은 불쾌한 결과를 초래할 것입니다. 이렇게 하여 여러분은 이미 다음 위기를 불러올 무대를 마련한 것입니다.

이 메커니즘이 보입니까? 여러분은 자신을 더 낮은 정체감으로 이끄는 죽음의 결정을 내립니다. 이제 에고가 권한을 넘겨받아 이 새로운 정체감을 바탕으로 사소한 결정을 내립니다. 이러한 결정들은 각각 불쾌한 결과로 이어지고, 여러분이 자신의 삶에 대한 책임을 지지 않고 계속 거부한다면, 이 결과를 벗어나기 위해서 에고는 여러분을 계단 아래로 더 내려가게 할 또 다른 죽음의 결정을 내릴 것입니다.

회사의 다음 보고서를 작성할 때가 되면, 에고는 그것이 에고의 잘못이 아니며, 확실히 여러분의 잘못도 아닌 것처럼 보이는 장밋빛 그림을 제시할 것입니다. 물론 지금은 상황이 힘들지만, 틀림없이 개선될 것처럼 말입니다. 그동안 새로운 사람인(또 다른 정체감을 가진) 여러분은 그저 물질세계가 제공하는 즐거움을 편안하게 누리기만 하면 됩니다. 삶의 목적에 대해 걱정하지 말고 단지 인생을 좀 즐기세요. 죽어야 할 때까지 좀 더 즐기며 사세요.

* * *

여러분이 일단 더 높은 정체성을 망각하면, 자신의 딜레마를 빠져나오는 길을 볼 수 없습니다. 여러분은 불쾌한 결과가 이원성 의식에 근거한 결정의 불가피한 결과라는 것을 이해하지 못합니다. 여러분은 이 의식 상태에 대안이 있다는 것을 잊었기 때문에 불쾌한 결과를 피할 수 있는 유일한 방법은 더 나은 이원적 결정을 내리는 것뿐이라고 생각합니다. 여러분은 문제의 근원인 여러분의 정체감을 초월하지 않고도 문제를 해결할 수 있다고 생각합니다. 그리고 이것이 바로 여러분의 에고와 이 세상의 지배자가 여러분이 계속 믿기를 바라는 것입니다. 그들은 여러분이, 문제를 만들어낸 것과 똑같은 의식 상태로 문제를 해결할 수 있다는 환영을 믿기를 바랍니다. 그들은 이 환영을 믿고 있습니다.

어느 순간, 의식하는 자아는 깨어나 "나는 더 이상 이것을 계속할수 없어, 나는 뭔가를 바꿔야만 해"라고 말하게 될 정도로 심각한 결과를 경험하게 될 것입니다. 하지만 이렇게 깨어난 다음에도, 에고는 내가 방금 묘사한 실재를 여러분이 깨닫지 못하도록 무슨 일이든 할 것입니다. 그 실재에는 다음과 같은 요소들이 있습니다.

- 오직 의식하는 자아만이 생명의 결정이나 죽음의 결정, 곧 정체성 계단을 올라가거나 내려가게 하는 결정을 내릴 수 있습니다.
- 여러분이 죽음의 결정을 내렸기 때문에 그 계단을 내려가게 된 것입니다.
- 그런 결정을 했던 이유는 여러분이 결정하는 데 근거가 될 정보를 에고에게 수집하도록 허락했기 때문입니다.
- 에고는 오직 반-그리스도 마음만 볼 수 있으므로, 그 정보는 모두 이원적인 특징을 지니고 있으며 단지 더 많은 문제를 만들어낼 수 있을 뿐입니다.
- 그것을 벗어나는 유일한 방법은 생명의 결정을 내리기 시작하는 것입니다.
- 이러한 결정은 반-그리스도 마음의 환영이 아니라 그리스도 마음의 실재에 근거해야 합니다.
- 의식하는 자아만이 그리스도 마음에 접할 수 있습니다. 에고는 결

코 그렇게 할 수 없습니다.

- 의식하는 자아는 언제라도 그리스도 마음에 접할 수 있는 선택권이 있습니다. 계단을 아무리 멀리 내려갔더라도, 여러분은 여전히 안내를 요청할 수 있으며, 안내를 받게 될 것입니다. 학생이 준비되면 언제나 스승이 나타날 것입니다. 그리고 스승은 나선형 계단에서 바로 다음 한 칸을 오르는 데 필요한 것을 정확하게 학생에게 줄 것입니다. 여러분에게 주어진 도전은 스승을 알아보고 스승의 안내를 기꺼이 따르는 것입니다.

문제는 이 "아무도 닫을 수 없는 열린 문"을 이용할 수 있으려면 의식하는 자아인 여러분이 먼저 자신의 삶에 대한 책임을 지기로 결정을 해야만 합니다. 여러분은 생명의 결정을 내리는 책임을 되찾아야 하며 그 결정의 근거가 되는 정보를 수집하는 책임도 되찾아야 합니다. 에고가 다시 여러분을 궁지로 몰고 가는 것을 거부해야 합니다. 여러분이 궁지에 몰리면 반-그리스도 마음에 의해 정해진 두 가지 극단에 근거해서 결정을 내려야 할 것처럼 보입니다. 여러분은 덜 악한 것을 선택하는 것이 유일한 선택처럼 보이는 교묘한 상황에 속지 않아야 합니다. 그리스도의 진리와 반-그리스도의 환영을 분별하는 책임을 되찾아야 합니다.

전반적인 요점은 다음과 같습니다. 여러분이 지휘를 하지 않기로 결정한다면, 큰 결정을 내릴 수 있는 정보를 에고가 제공하도록 허용하는 것이 되고, 여러분은 무슨 일이 일어나는지 알지 못한 채 계단을 미끄러져 내려갑니다. 각각의 사건을 예전의 여러분이 죽고 새로운 여러분이 탄생하도록 하는 일련의 개별적인 사건들로 경험하는 것이 아니라 모호하게 경험하게 됩니다. 그렇지만 같은 방법으로 계단을 올라갈 수는 없습니다. 여러분은 계단을 미끄러져 올라갈 수 없고, 스스로 노력해서 계단을 걸어 올라가야만 합니다. 에고가 여러분을 끌어내린 것처럼 영적인 스승이 여러분을 계단 위로 끌어올려 주리라고 기대할 수는 없습니다. 여러분은 일어서서 스스로 노력해서 걷기로 결정해야 합니다.

계단을 걸어 올라가려면 개별적이고 뚜렷한 여러 단계를 밟아야 한다는 것을 깨닫는 것이 핵심적인 열쇠입니다. 다음 계단으로 올라가려면, 이전의 계단에서 두 발을 모두 떼어야 합니다. 즉 그 계단을 영원히 뒤에 남겨두고 떠나겠다고 결정해야 합니다. 기꺼이 낡은 정체감을 죽게 하고 새로운 정체감으로 여러분 자신을 다시 태어나도록 해야 합니다. 이것을 바울은 다음과 같이 설명했습니다.

> 22 옛 생활을 청산하고, 정욕에 말려들어 썩어가는 낡은 인간성을 벗어버리고,
> 23 마음과 생각이 새롭게 되어
> 24 신의 형상대로 창조된 새 사람으로 갈아입어야 합니다. 새 사람은 올바르고 거룩한 진리의 생활을 하는 사람입니다. (에베소서 4장)

여러분은 나선형 계단을 한 단계 오를 때마다 결정을 내려야 합니다. 이 결정은 다음 사항을 기반으로 해야 합니다.

• 여러분이 계단에서 현 단계에 있게 된 것은 여러분이 내린 결정 때문이었다는 것을 알 수 있습니다.

- 그 결정은 에고가 제시한 반-그리스도 마음의 환영을 기반으로 한다는 것을 알 수 있습니다.
- 이런 환영이 왜 잘못된 것인지 그리고 그것이 왜 불쾌한 결과를 초래할 수밖에 없었는지 알 수 있습니다.
- 여러분은 환영에서 벗어나게 하는 그리스도 진리를 인식했기 때문에 이것을 볼 수 있습니다.
- 이제 여러분은 의식적으로 그리고 후회나 집착 없이 환영을 놓아버리고 그리스도 진리를 받아들여 내면화하기로 선택합니다.

이 생명의 결정을 통해, 여러분은 이전의 "여러분"이 죽는 것을 허락하고 영적으로 새로운 정체감으로 다시 태어났습니다. 그렇다고 해서 이제 여러분이 구원을 받고 이후로 영원히 행복하게 살 수 있다는 의미는 아닙니다. 그것은 여러분이 나선형 계단을 한 단계 올라섰고 이제 다음 도전을 맞이할 준비가 되었다는 뜻입니다. 여러분이 계단을 내려오게 했던 모든 결정을 직면해야만, 꼭대기에 도달하여 영원히 행복하게 살 것입니다.

* * *

내가 말한 것을 요약해 보겠습니다. 여러분은 몽유병 환자처럼 삶의 나선형 계단을 내려갈 수는 있지만, 그렇게 내려갔던 방식으로 다시 올라갈 수는 없습니다! 여러분은 무의식적인 결정을 내림으로써 내려갈 수 있지만, 의식적인 결정을 통해서만 다시 올라갈 수 있습니다.

회사 소유주의 비유로 돌아가 보겠습니다. 몇 년간 재무 결과가 악화된 후, 소유주가 마침내 깨어나서, 자신의 CEO가 회사 상황에 대한 왜곡된 정보를 제공했다는 것을 알게 됩니다. 이제 그는 회사에 대한 책임을 되찾을지 아니면 단지 불량한 CEO를 해고하고 다른 CEO를 고용하여 자신의 사적인 세계로 계속 물러나 있을지 중대한 결정에 직면해 있습니다. 그는 후자를 선택하기로 결정하고 새로운 CEO를 고용합니다. 하지만 그는 실제로 옛날의 CEO가 변장을 하고 자신을 다른 사람으로 소개하고 있다는 것을 모르고 있습니다.

영적인 구도자로서 여러분은 이미 몇 가지 생명의 결정을 내렸으며, 각각의 결정을 내릴 때마다 에고를 해고하고 더 높은 정체감을 느끼게 되었습니다. 문제는, 그 에고가 즉시 변장을 하고 여러분을 위해 새로운 회사를 경영할 수 있는 유능한 CEO로 등장한다는 것입니다. 내 요점은, 많은 영적인 구도자가 상당한 진전을 이루었지만, 그들은 아직 궁극적인 생명의 결정을 내리지 못했다는 것입니다.

이 결정은 여러분이 자신의 삶에 책임을 지고 계속해서 책임지겠다는 확고한 약속입니다. 여러분은 중요한 결정을 내릴 것이고, 이러한 결정을 내리기 전에 그리스도 비전을 성취하는 책임을 질 것입니다. 여러분은 계속해서 하나의 생명의 결정을 내릴 것이고, 나선형 계단의 꼭대기에 이를 때까지 계속 그렇게 할 것입니다. 여러분은 결코 다시는 여러분의 에고가 그리스도의 실재와 반-그리스도의 비실재를 분별하는 책임을 포기하라고 여러분에게 속삭이도록 용인하지 않을 것입니다.

이제 여러분이 낙담하면서 에고의 모든 환영을 극복하는 일을 극복할 수 없는 과제처럼 느끼기 전에, 여러분이 당면하고 있는 것이 무엇인지 분명히 말하겠습니다. 이제 여러분은 솔직하게 자신을 바라보면서 에고를 벗어나기까지는 가야 할 길이 아직도 멀다는 것을 알게 될지도 모릅니다. 그리고 현재의 혼란스러운 상태에서는 에고 환영을 꿰뚫어 보는 것이 몹시 어려워 보일 수 있습니다. 하지만, 단 한 번에 에고 환영을 꿰뚫어 봐야 한다거나 혹은 여러분의 현재 의식 수준에서 그렇게 해야 한다고 누가 말한 적이 있나요?

내가 왜 계속해서 나선형 계단에 대해 말한다고 생각하나요? 계단을 오르는 열쇠는 한 번에 한 계단씩 오르는 것이며, 여러분이 해야 할 일은 한 번에 두 계단, 즉 지금 밟고 있는 계단과 바로 그 위에 있는 계단에 집중하는 것입니다. 꼭대기에 있는 계단을 올려다볼 필요가 없으며 한 번의 큰 도약으로 전체 계단을 올라갈 필요도 없습니다. 계속 한 걸음씩 내딛기만 하면 되고 계속해서 한 번에 갈 수 있는 한 걸음을 옮기기만 하면 결국은 꼭대기에 이를 것입니다. 에고는 여러분이 특정한 한 계단 위로 올라서는 것을 막아야만 여러분을 중단시킬 수 있습니다.

나선형의 33개 계단이 있다고 가정해 보겠습니다. 여러분이 자신의 삶을 돌아보고 나서 10단계에 있다는 것을 알게 됩니다. 이 단계에서 여러분은 32단계에서 33단계로 올라가지 못하게 하는 에고 환영을 꿰뚫어 볼 그리스도 분별력과 통찰력을 가지고 있지 않습니다. 하지만 지금 당장은 그 환영을 꿰뚫어 볼 필요가 없습니다. 여러분은 단지 10단계에서 11단계로 올라가는 것을 막는 환영을 꿰뚫어 보기만 하면 됩니다. 그리고 내가 장담하건대, 여러분은 그 환영을 물리치는 데 필요한 것을 가지고 있습니다. 여러분은 단지 자신에게 필요한 그리스도 비전을 요청하기만 하면 됩니다. 열린 마음으로 요청하면 응답을 받게 될 것입니다.

학생이 준비되면 스승이 나타나는 것이 영적인 법칙입니다. 그 스승은 그리스도 자아라는 내면의 스승으로 나타날 수 있고 다양한 변장을 하고 외적인 스승으로 나타날 수도 있습니다. 그러나 스승은 언제나 다음 단계로 올라가는 데 필요한 통찰을 여러분에게 제시할 방법을 찾을 것입니다. 여러분의 마음이 열려 있다면, 여러분은 신성한 안내(Divine direction)를 인식하고 그것을 사용하여 더 높은 수준의 정체성으로 올라갈 것입니다. 일단 더 높은 정체감을 느끼게 되면, 여러분은 그다음 에고-환영을 물리치고 다음 단계로 나아가는 데 필요한 것을 가지게 될 것입니다.

이제 여러분이 에고의 주된 전략이 무엇인지 볼 수 있기를 바랍니다. 그것은 여러분이 궁극적인 생명의 결정을 내리지 못하게 하는 것이지만, 또한 그것은 다음 생명의 결정을 내리지 못하게 막는 것이기도 합니다. 바로 이 목적을 달성하기 위해 에고와 이 세상의 지배자는 여러분이 특정한 단계에 갇혀 있도록 설계된 많은 게임을 만들어냈습니다. 이런 게임들을 살펴보기 시작하면, 그것 중 일부는 여러분이 이미 극복했음을 알게 될 것입니다. 이것은 여러분에게 단지 한 번에 한 걸음씩 내딛기만 하면 모든 게임을 극복할 수 있다는 내면의 지식을 제공할 것입니다.

계단을 오르는 일이 여전히 압도적인 과제처럼 생각될 수 있음을 알고 있습니다. 그러나 여러분이 이 가르침을 읽고 있다는 사실이 여러분이 가장 낮은 단계에 있지 않음을 보여줍니다. 그렇다면 여러분은 어떻게 지금 단계로 올라왔을까요? 그렇게 했던 것은, 어떤 형태로든 살아 있는 그리스도가 여러분에게 손을 내밀었고 여러분이 그

부름에 주의를 기울였기 때문입니다. 여러분은 스승의 안내를 받아들여 여러분을 한 단계 더 높이 올라가도록 하는 생명의 결정을 내리는데 사용했습니다. 그리고 지금 단계에 이르기까지 이 작업을 계속했습니다.

내 요점은 그 길의 단계마다 스승이 있었으며 여러분은 스승의 가르침을 따랐다는 것입니다. 이 사실을 생각해 볼 때, 다음 단계들에도 스승이 있을지 의심하는 것이 합리적일까요? 여러분이 이미 해왔던 것처럼 스승을 따를 수 있고 따르리라는 것을 의심하는 것이 합리적일까요? 여러분은 그야말로 이미 참된 길에 올라섰다는 것을 알아차리기만 하면 됩니다. 더 높은 그리스도 비전을 향해 계속 그 길을 가기만 하면, 집으로 돌아가게 될 것입니다. 따라서, 앞에서 일부만 소개했지만, 전체 인용 구절 안에 담긴 메시지를 여러분은 받아들여야 합니다.

> 나 비록 음산한 죽음의 골짜기를 지날지라도 내 곁에 주님 계시니 무서울 것 없어라. 막대기와 지팡이로 인도하시니 걱정할 것 없어라. (시편 23:4)

여정의 단계마다 스승이 여러분과 함께하리라는 것을 신뢰하세요. 여러분이 계속 나아간다면, 목표에 도달할 것입니다. 옛말에도 있듯이, "천리 길도 한 걸음부터" 시작합니다. 그러나 계속 다음 단계를 밟는 사람만이 그 여정을 끝낼 수 있습니다.

* * *

이것으로 내 웹사이트에서의 인용을 마무리하고, 이 열쇠를 요약해 보겠습니다. 우리는 삶이 줄다리기와 비교될 수 있다고 말할 수도 있습니다. 밧줄을 잡아당기는 두 팀이 있습니다. 한 팀은 여러분의 에고와 이 세상의 지배자로 구성되어 있고, 다른 팀은 살아 있는 그리스도와 상승 호스트로 구성되어 있으며, 밧줄은 여러분입니다.

삶에서 도전은 두 세력이 여러분을 잡아당기고 있다는 것입니다. 이 세상의 지배자는 여러분을 계단의 아래로 끌어내리려 하고 살아 있는 그리스도는 위로 끌어올리려 합니다. 그런데 어느 팀도 실제로 여러분의 자유의지를 거슬러 여러분을 끌어올리거나 끌어내릴 수 없습니다. 본질적인 차이는 이 세상 팀은 여러분이 죽음의 결정을 내리도록, 심지어 에고와 이 세상의 지배자에게 여러분의 자유의지를 넘겨주게 하는 궁극적인 죽음의 결정을 내리도록 여러분을 속이려 할 것입니다. 이와는 대조적으로 영적인 팀은 여러분을 속이지 않을 것이며, 여러분이 의식적인 결정, 생명의 결정을 내리려 할 때만 여러분을 끌어올릴 수 있습니다.

세상 팀은 중력의 힘으로 잡아당기고 영적인 팀은 중력의 힘을 거슬러 잡아당기는 것이라고도 말할 수 있습니다. 따라서 여러분이 결정을 내리기를 거절하여 여러분 자신을 무거운 몸뚱이로 만들면, 세상 팀이 여러분을 끌어내리기가 쉬워집니다. 영적인 팀은 여러분이 한 발을 다른 발 앞으로 기꺼이 내디딜 때만 여러분을 끌어올릴 수 있습니다. 신은 자신을 돕는 사람들을 돕는다는 옛말을 떠올릴 수 있을 것입니다. 여러분이 스스로를 돕지 않으려 한다면 세상 팀이 유리하게 되고, 그 팀은 틀림없이 여러분을 아래로 끌어내릴 것입니다. 왜냐하면 여러분이 자신의 삶에 책임을 지지 않을 때 여러분의 영적 정체성은 반드시 죽게 되기 때문입니다.

* * *

삶의 나선형 계단을 한 단계 올라가기 어렵게 만드는 것은 무엇일까요? 그것은 물질세계의 어떤 것에 대한 집착 때문입니다. 세상을 보면, 사람들은 다양한 의식 수준에 있으며, 이것은 실제로 그들이 집착하는 것에 의해 결정됨을 알 수 있습니다. 어떤 사람들은 감각적인 쾌락에 전적으로 초점을 맞추고, 삶의 가장 높은 목적이 더 많은 섹스, 더 많은 물질의 소유 또는 더 많은 음식에 있는 것처럼 살아갑니다. 이것은 이 세상의 물질적인 것과 그것이 주는 감각적인 쾌락에 대한 집착입니다. 권력에 굶주려 끊임없이 세상을 통제하려고 하는 사람들도 있습니다.

이 과정에 열려 있다는 사실은 여러분이 그러한 낮은 집착들을 초월했다는 의미입니다. 그럼에도 여러분이 아직 지구에서 육화 중이라는 사실은, 단지 더 미묘할 뿐이지만 무언가에 여전히 집착을 가지고 있다는 의미입니다. 이러한 집착이 어떤 것들인지 잠시 후에 말하겠지만, 지금 당장은, 여러분이 지구상의 어떤 것에 집착하고 있는 한 자신의 삶을 더 어렵게 만들 뿐임을 지적하고자 합니다. 다시 한번 내가 한 말을 살펴보겠습니다.

> 이 세상의 지배자가 가까이 오고 있다. 그가 나를 어떻게 할 수는
> 없지만. (요한 14:30)

이것은 여러분이 완전히 그리스도 의식을 성취할 때 일어나는 일입니다. 여러분은 모든 집착과 환영을 극복하게 됩니다. 그래서 이 세상의 지배자와 여러분의 에고는 여러분을 계단 아래로 끌어내리는 데 사용할 수 있는 것을 아무것도 찾을 수 없을 것입니다. 말하자면 여러분은 그들이 붙잡고 있는 밧줄에 기름칠을 해두어서 그들이 더 이상 여러분을 단단히 붙잡을 수 없게 되었다는 것입니다. 여러분이 이 궁극적인 자유의 상태에 도달하려면 아직 시간이 더 걸릴 수 있지만, 앞에서 내가 말했던 궁극적인 생명의 결정을 함으로써, 즉 여러분의 삶과 심리의 모든 측면을 기꺼이 살펴보고 정직하게 다음과 같은 평가를 함으로써, 그 상태를 향해 매우 중요한 발걸음을 내디딜 수 있습니다. 이것이 계단을 한 단계 올라가도록 돕는가 아니면 끌어내리는가?

다시 한번 말하지만, 나는 항상 점진적인 과정에 대해 말하고 있습니다. 나는 결코 여러분이 한 번의 큰 도약으로 완전해지기를 요구하지 않습니다. 여기서 내가 말하는 것은, 여러분이 줄다리기를 인식함으로써 계단을 훨씬 쉽게 올라갈 수 있고, 이리저리 움직이다가 계단에서 다시 미끄러져 내려와 같은 단계를 여러 번 반복하면서 아무런 진전이 없는 것 같은 느낌이 들게 하는 동작을 방지할 수 있다는 것입니다.

이렇게 할 수 있는 열쇠는, 여러분 삶의 어느 부분이든 기꺼이 살펴보고 여러분을 계단 아래로 끌어내리는 삶의 모든 측면에 대해 더 큰 이해를 구하겠다고 결정하는 것입니다. 에고와 이 세상 지배자의 첫 번째 전략은 여러분이 들보를 찾는 일만이라도 막는 것이기 때문에, 일단 여러분이 그렇게 하기로 결정하면 여러분은 그들로부터 상당한 힘을 빼앗는 것입니다.

그들의 목적은 여러분을 분열된 상태로 두는 것, 즉 아래로 끌어내리는 힘에 맞서 싸울 수 없도록 내분이 일어난 집의 상태를 무기한으로 유지하는 것입니다. 이렇게 분열된 상태는 온전하지 못합니다. 여러분이 자신이 진정으로 누구인지 완전히 알고 있다면, 이 세상의 지배자에게 여러분을 지배할 힘이 없다는 사실을 알고 있을 것입니다. 왜냐하면... [빈칸을 채워보세요.] 힌트를 주자면, 여러분이 언제나 기억해야 할 삶의 근본적인 진리에 대해 내가 말했던 것을 떠올려 보세요. 이 질문에 즉각 답할 수 없다면, 돌아가서 이에 관한 나의 가르침을 찾아 다시 한번 생각해 보세요.

여기서 내 요점은, 그리스도 의식의 여정을 따르고자 하는 여러분의 동기에 대해 다시 생각해 보라는 것입니다.

* * *

여러분은 왜 여기에 있으며, 왜 이 과정을 따르고 있나요? 여러분에게 동기를 부여하는 것은 무엇인가요? 그리고 이 과정에서 얻고자 하는 것은 무엇인가요?

영적인 사람들과 종교적인 사람들을 정직하게 바라보면, 종교적이거나 영적인 탐구에 참여하게 만드는 다양한 동기를 발견할 수 있습니다. 또한, 그러한 동기 중 일부는 분명히 세속적인 욕망과 이원적 환영에 근거하고 있다는 것을 알게 됩니다. 어떤 사람들은 건강상의 위기를 극복하기 위해서나 금전적인 풍요를 얻기 위해 영성에 의지합니다. 어떤 높은 지위를 구하고 영광을 꿈꾸면서 영적인 가르침을 접하는 사람들도 있습니다. 앞에서도 말했듯이, 내 제자 중에도 이런 경우가 있었습니다.

> 27 그때 베드로가 나서서 "보시다시피 저희는 모든 것을 버리고 주님을 따랐습니다. 그러니 저희는 무엇을 받게 되겠습니까?" 하고 물었다.
>
> 28 예수께서는 이렇게 대답하셨다. "나는 분명히 말한다. 너희는 나를 따랐으니 새 세상이 와서 사람의 아들이 영광스러운 옥좌에 앉을 때 너희도 열두 옥좌에 앉아 이스라엘 열두 지파를 심판하게 될 것이다.
>
> 29 나를 따르려고 제 집이나 형제나 자매나 부모나 자식이나 토지를 버린 사람은 백 배의 상을 받을 것이며, 또 영원한 생명을 얻을 것이다.
>
> 30 그러나 첫째였다가 꼴찌가 되고 꼴찌였다가 첫째가 되는 사람들이 많을 것이다."(마태 19장)

분명히 베드로는 나를 따르기 위하여 이 세상의 뭔가를 포기했다고 생각하고, 이제 그 보상으로 무엇을 얻을 수 있을지 알고 싶어합니다. 앞에서 말했듯이, 여기서 내 대답은 이것에 대해 모든 것을 말하려는 것은 아니었습니다. 왜냐하면, 나는 베드로의 상대적으로 낮은 의식 상태를 다루면서 물질세계보다는 영적인 세계에서 받을 보상으로 그의 관심을 돌리려 했기 때문입니다.

이제 이 상황의 배후에 있는 역학이 보입니까? 위에서 내가 한 말을 종합해 보면, 그리스도 의식의 여정을 따르는 동기가 이 세상의 어떤 것을 얻으려는 꿈에 기반을 둔 것이라면, 이 세상의 지배자는 여러분을 참된 길에서 끌어내어 거짓된 길로 끌어들이는 데 사용할 수 있는 집착을 여러분 안에서 발견할 것입니다.

그리스도 의식을 향한 여정은 이 세상의 것을 얻는 것과는 관련이 없습니다. 나는 당시 많은 사람이 나에게 예정된 운명이라고 생각했던 대로 이스라엘의 왕이 된 것이 아니라, 대신 일반 범죄자처럼 나 자신을 십자가에 못 박히도록 내어 줌으로써 이것을 보여주었습니다. 나는 이 세상의 어떤 것보다도 더 높은 목표, 이 세상을 초월하는 목표가 있다는 것을 보여주었습니다. 그 목표는 물질세계에 대한 모든 집착을 극복하고 영적인 영역으로 상승함으로써 얻을 수 있는 그리스도 의식의 영원한 생명입니다.

아마도 지금으로서는 이것이 추상적이고 멀리 떨어진 목표처럼 보일 것입니다. 그러나 나는 여전히 여러분에게 자신의 동기를 잘 살펴보기를 권합니다. 영광스러운 꿈이나 다른 물질적인 결과에서 벗어나, 더 무형의 것으로 여러분의 동기를 옮기도록 힘써 보세요. 먼저 제안하고 싶은 것은 온전함(wholeness)을 추구하는 것을 주요한 동기로 삼으라는 것입니다. 그것은 더 이상 여러분의 마음속에 반대 방향으로 끌어당기는 분열이 없는 데서 오는 평화, 마음의 평화를 줄 것입니다. 그것은 성취할 가치가 있고 따라서 해볼 만한 중간 단계의 목표가 아닌가요? 그러지 않다면, 차라리 잠깐 이 과정을 잠시 제쳐두고, 여러분의 현재 의식 수준에 더 매력적으로 보이는 것을 약속하는 구루를 찾아가는 것이 낫습니다. 여러분이 그러한 목표를 실컷 추구하고 오더라도 나는 여전히 여기에 있을 것이며, 두 팔을 벌리고 여러분을 다시 받아들일 것입니다.

* * *

　여러분은 내가 여러 가지 다른 방법으로 같은 것을 말하고 있음을 알아차렸겠지만, 이것이야말로 이 과정에서 정말 중요한 사항이기 때문에 가능한 한 많은 학생에게 다가가기 위해 그렇게 하고 있습니다. 이 열쇠에서 내가 가르치는 것을 충분히 이해하지 못한다면, 여러분은 그리스도 의식의 참된 여정에 안착할 수 없을 것입니다. 그런 의미에서 다음 진술을 다시 살펴보기 바라며, 그것을 다른 방법으로 설명해 보겠습니다.

> 13 좁은 문으로 들어가라. 파멸에 이르는 문은 크고 또 그 길이 넓어서 그리로 가는 사람이 많지만
> 14 생명에 이르는 문은 좁고 또 그 여정이 험해서 그리로 찾아드는 사람이 적다. (마태 7장)

　여기서 말하고 있는 행간의 의미는 삶에 대해 두 가지로 뚜렷이 구분되는 접근 방식이 있다는 것입니다. 하나는 대부분의 사람이 취하고 있는 접근 방식으로, 이 접근 방식이 심지어 많은 종교인과 영성인에게도 받아들여지고 있다는 점을 눈여겨봐야 합니다. 이것은 어떤 가르침에 속하거나 어떤 구루를 따르거나 어떤 수행을 하면, 자신의 눈 안에 있는 들보를 보지 않아도 구원을 받을 수 있다고 생각하는 외적인 접근 방식입니다. 찾는 사람이 거의 없는 좁은 길은 그리스도 의식의 참된 여정이며, 여러분은 마음속에서, 자신의 눈에서 들보를

보고 여러분이 온전해질 때까지 의식적으로 자신의 존재 안에 있는 분열을 치유해야 합니다.

이것이 무엇을 의미하는지 알겠습니까? 이 행성에 있는 대부분의 사람이 그리스도 의식으로 이어질 수 없는 여정을 따르고 있지만, 그 중 많은 사람이 자신은 확실히 구원을 받도록 선택받은 사람이라고 굳게 믿고 있습니다. 그러나 그 거짓된 길 너머에는 생명에 다가가는 완전히 다른 길이 있습니다. 그 길은 여러분의 내면에서 평화를 빼앗아 가는 분열을 제거함으로써 여러분에게 참된 진전을 이루게 해줍니다. 그러나 이러한 내면의 평화를 이루기 위해서는, 여러분 자신의 마음에 있는 분열을 기꺼이 보고 극복해야 합니다.

이러한 분열은 반-그리스도 마음에서 비롯되는 환영을 받아들임으로써 만들어지며, 많은 사람이 이 환영에 집착하게 되어, 그것을 인식하거나 놓아버리려 하지 않습니다. 따라서 여러분은 자신의 우선순위를 살펴볼 필요가 있습니다. 여러분은 계속해서 세상의 길을 따르면서 자신의 마음을 청소할 필요가 있다는 것을 무시하고 싶은가요? 아니면 오직 의식적으로 완수할 수 있는 과정인, 여러분 마음에 있는 분열의 요소들을 다루어야만 하는, 그리스도의 참된 길을 기꺼이 따를 것인가요?

그리스도의 길을 따르려면, 자신의 마음을 다스려야 합니다. 그러면 에고와 이 세상의 지배자는 여러분이 자신의 목표에서 주의를 돌려, 더 작은 목표들(세상적인 의미에서는 가치가 있는 목표일지 모르지만, 그리스도 의식에 이르게 할 수 없는)에 집중하도록 여러분을 속일 수 없습니다.

이것은 내가 곧 설명하겠지만, 여러분 정신의 모든 수준, 모든 층에서 반-그리스도 요소들을 의식적으로 정화해야 한다는 의미입니다. 이렇게 하는 것은 실제로 알파와 오메가의 순환(circle of Alpha and Omega)을 완성하는 일입니다.

* * *

이전에 내가 모든 것에 알파와 오메가 측면이 있다고 말한 것을 기억할 것입니다. 많은 사람이 신에게 더 가까이 가고 신의 진리를 이해하려는 타당한 열망에서 영적인 가르침에 접근합니다. 그래서 그들은 영적인 가르침을 연구함으로써 더 높은 이해를 구하고, 다양한 기법을 실천함으로써 때로는 신비 체험이라 불리는 직접적인 경험을 추구합니다. 여기에는 아무런 문제가 없지만, 많은 영적인 구도자가 그것은 동전의 한 측면일 뿐, 동전의 다른 측면을 통합하지 않고는 최대의 진전을 이룰 수 없다는 것을, 사실상 그들의 목표에 결코 도달할 수 없다는 것을 알지 못합니다.

더 높은 실재에 대한 이해와 직접적인 경험을 추구하는 것은 그 길의 알파 측면입니다. 그것은 유효하지만, 많은 구루가 그럴 수 있다고 주장하고 많은 학생이 이 주장을 믿는다는 사실과는 상관없이, 그 자체만으로는 더 높은 의식 상태로 이끌 수 없습니다.

나는 알파와 오메가, 곧 처음과 끝(요한계시록 22:13)이라고 주님이 말씀하십니다. 여러분은 알파 측면만으로는 결코 그리스도 의식을 성취할 수 없습니다. 여러분은 자신의 마음을 청소하는 궂은일을 함으로써 오메가 측면도 기꺼이 완수해야 합니다. 내가 말했듯이, 에고는 여러분이 자기 눈 안에 있는 들보를 제거하지 않아도 구원받을 수 있다고 여기는 거짓된 길을 만드는 꿈을 꿉니다. 이 꿈의 가장 명백한 형태는, 나를 여러분의 주님이자 구원자로 선언함으로써 자동으로 구원을 받게 된다는 주장이지만, 이 과정에 참여하고 있는 사람 대부분은 이 환영을 극복했습니다. 하지만 여러분은 이 환영의 더 미묘한 버전, 즉 이 구루나 저 구루를 따르며 명상이나 어떤 기법을 실천함으로써 직접 자신의 심리적인 분열을 다룰 필요가 없다는 신념의 희생양이 되지는 않았는지, 진지하게 생각해 보아야 합니다.

이것은 영적으로 더 성숙한 사람들이 그들에게 준비된 것을 하는 대신, 즉 그리스도 의식의 참된 여정을 걷는 대신, 거짓된 길을 따르도록 속이기 위해 의도적으로 설계된 거짓말입니다. 여러분이 이 거짓된 길을 따르고 싶다면, 나는 여러분의 자유의지를 존중합니다. 그렇지 않다면, 여러분은 나의 길을 따르는 데 정말로 무엇이 필요한지 알아야 합니다.

* * *

여러분은 케이크를 가지고 있으면서 동시에 먹을 수는 없다는 말을 들어보았을 것입니다. 이것은 사소한 속담처럼 들리겠지만, 실제로 핵심적인 진실을 담고 있습니다. 나는 신이 여러분에게 자유의지를 부여했으며, 인간에게 지구를 다스리도록 해주었다고 말했습니다. 더 깊은 의미는, 여러분이 물질 우주에서 원하는 무엇이든 할 권리가 있지만, 물질 우주를 창조한 목적은 여러분에게 의식 성장을 위한 발판을 마련해 주는 것이었습니다. 여러분은 선택을 하고 그 선택의 결과를 경험함으로써 성장하게 됩니다. 이것은 여러분이 하는 모든 일이, 또는 하지 않는 모든 일이 결과를 낳는다는 의미입니다. 그것이 바로 케이크를 먹고 나면 케이크를 간직할 수 없는 이유입니다. 즉 원하는 것은 무엇이든 다 하면서, 아무런 불편한 결과 없이 평화로운 삶을 계속 살 수는 없습니다.

그러므로 여러분은 삶을, 지출과 수입이 있는 대차대조표를 가진 사업으로 접근할 수도 있습니다. 지출이 수입보다 많으면, 그 길에서 앞으로 나아가고 있는 것이 아닙니다. 다시 말하지만, 여러분은 자유 의지를 가지고 있으므로, 돈을 벌고 쓰는/잃는 이원적 게임을 좋아한 다면, 원하는 만큼 오랫동안 그 게임을 즐길 수 있습니다. 하지만 내가 여기서 여러분에게 제공하는 것은 그것과는 전혀 다른 길로서, 여러분의 정신에 있는 분열을 극복함으로써 지출 비용을 통째로 없앨 수 있습니다. 그렇게 함으로써 실제로 여러분은 물질 우주에서 현명한 선택을 하게 되고, 모든 생명을 끌어올리는 동시에 그런 선택을 통해 성장하면서 마음의 평화라는 케이크를 간직하는 의식 상태에 도달할 수 있습니다. 나는 다음과 같이 말했습니다.

너희는 먼저 신의 나라와 신께서 의롭게 여기시는 것을 구하여라.
그러면 이 모든 것도 곁들여 받게 될 것이다. (마태 6:33)

신의 나라는 그리스도 의식이며 "신의 의로움(righteousness)"은 여러분이 자유의지를 바르게 사용하는 것이기 때문에, 여러분의 모든 선택은 그리스도의 지혜에 기반해서 신의 사랑이 여러분을 통해 흐를 수 있게 합니다. 그러므로 어떤 의미에서, 그리스도 의식의 여정은 물질 우주에서 여러분이 원하는 모든 것을 줄 수 있지만, 여러분이 이 세상의 뭔가를 얻으려는 목적으로 그 길에 접근한다면 그렇게 되지 않을 것입니다. 그러므로 여러분에게 먼저 신의 나라를 구하는 동기를 받아들이라고 권하는 것입니다. 신의 나라는 온전한 상태, 곧 여러분의 정신에 있는 분열을 극복한 상태를 말합니다. 왜냐하면 여러분이 이 온전함에 이르러야만, 신의 지혜와 사랑이 여러분을 통해 흐를 수 있게 되고 이 세상에서 여러분이 필요로 하는 모든 것, 즉 에고의 자기중심적인 욕구가 아니라 여러분의 신성한 계획에 근거해서 필요한 것은 무엇이든지 구현할 수 있기 때문입니다.

그래서 내 요점은, 그 여정에서 여러분의 진전을 막는 어떤 행동들이 있음을 인식해야 한다는 것입니다. 하지만 더 중요한 것은, 여러분의 눈 안에 있는 들보, 즉 어떤 심리적 조건들이 여러분의 진전을 방해할 것이라는 점입니다. 그 길의 알파 측면은, 내가 이 열쇠와 앞의 열쇠들에서 준 것처럼, 더 높은 이해를 얻는 것입니다. 그러나 이제는 오메가 측면으로 내려갈 때가 왔습니다. 앞으로의 열쇠들에서는, 여러분이 진전하는 데 가장 분명한 장애 요소를 만들어 내는 여러분 마음속의 조건들을 극복하는 가르침과 도구를 줄 것입니다. 그러나 그것을 시작하기에 앞서서, 여러분이 반드시 통찰해야 할 점이 있습니다.

* * *

전통적인 그리스도교를 보면, 많은 그리스도교인은 어떤 유형의 행위들이 구원과 그리스도 의식을 향한 진전을 방해하는지를 정확하게 인식하고 있었음을 알게 됩니다. 심지어 분노, 시기, 탐욕 또는 비용서와 같은 심리적 조건이 여러분의 진보에 방해가 된다고 인식하는 그리스도교인도 많습니다. 그러나 대부분의 그리스도교인이 취하는 접근법은 그러한 조건들을 무시하거나 부정하거나, 의식적인 의지로 억누르는 일입니다. 많은 사람이 특정한 심리적인 요소들을 억압하고 결코 분노를 표출하지 않으며, 실제로 스스로를 "선한 그리스도교인"이라고 여깁니다. 어떤 사람들은 자신이 모든 인간적인 필멸의 요소들이나 악한 요소들을 억압하고 있으므로, 틀림없이 구원받을 것이라고 느낍니다. 그러나 이 사람들은 내가 다음 인용문에서 언급한 의식 상태에 놓여 있다는 것이 엄연한 현실입니다.

> 잘 들어라. 너희가 율법학자들이나 바리새인들보다 더 옳게 살지 못한다면 결코 하늘나라에 들어가지 못할 것이다. (마태 5:20)

이 진실은 그 사람들에게 커다란 충격을 줄 것이며, 그들 중 많은 사람이 이것을 믿지 않을 것입니다. 그러나 사실은, 그들이 분노를 억제함으로써 마음에서 분열을 제거하지 못했다는 것입니다. 그들은 그 분노를 단지 더 깊은 곳으로 밀어 넣었을 뿐이며, 그것은 마치 땅속에 숨겨진 채 타고 있는 산불처럼, 언제라도 표면으로 솟아오를 수 있습니다. 그 분노가 언제 외적인 통제를 잃고 폭발해버리는 상황에 놓이게 될지 누가 알겠습니까?

내가 이 과정에서 여러분에게 받아들이라고 하는 것은 더 높은 접근 방식입니다. 그것은 세상의 기준에서 용납될 수 없다고 생각되는 것을 단순히 억압하는 것이 아닙니다. 그 대신, 먼저 신의 나라를 구하고, 먼저 내면의 온전함을 추구함으로써 여러분의 분열을 해결하고 상처를 치유하여, 영적으로 다시 태어나는 것입니다. 여러분은 그리스도 안에서 새사람이 되며, 이 새사람에게 이전의 행위는 더 이상 선택 사항이 아닙니다. 여러분은 분노나 다른 어떤 형태로든 반응을 일으켰던 마음의 분열을 치유했으므로, 더 이상 이런 방식으로 반응할 필요가 없고 그리스도 마음에 기반한 반응을 선택할 수 있습니다.

물론 어떤 노력을 해야 하기는 하지만, 그것은 고난의 길(via Dolorosa)은 아닙니다. 고난의 길은 지속적인 고통의 길입니다. 하지만 나의 길은 실제로 그것을 해결하기 위해 불완전한 상태를 일시적으로 다루는 길이며, 여러분이 일단 해결에 이르면 그 상태에서 영원히 벗어나게 됩니다. 달리 말하자면, 그것은 빠른 해결책은 아니지만, 계속되는 고통의 상태도 아닙니다.

가장 파괴적인 분열을 치유할 때, 여러분은 고통을 극복하고 지구의 어떤 조건에도 흔들리지 않는 새로운 자유로움, 평화, 솟아오르는 기쁨을 느끼기 시작할 것입니다. 따라서 이 세상의 지배자는 여러분 안에서 여러분의 평화와 기쁨을 앗아갈 수 있는 어떤 것도 찾을 수 없을 것입니다. 내 친구여, 이것이 바로 누구나 생명을 얻고 생명을 더 풍요롭게 얻을 수 있도록 내가 온 것이라고 말했던 이유입니다. 풍요로운 생명은 여러분에게서 평화와 기쁨을 앗아가는 내적인 분열로부터 진정으로 자유로운 상태입니다.

앞에서 그리스도를 위해 여러분의 생명을 포기하는 것에 대해 말했지만, 그리스도는 누구일까요? 또는 무엇일까요? 나는 "나는 길이요 진리요 생명이다."(요한 14:6)라고 말했는데, 더 깊은 의미는 "그리스도"가 여러분을 근원과 분리된 상태에서 근원과의 하나됨으로 이끄는 과정에 대한 상징이라는 것입니다. 그리스도는 여러분을 자신의 상위자아, 아이앰 현존과의 하나됨으로 다시 이끌어 줍니다.

진정한 문제는, 여러분이 이 세상의 길을 실컷 따랐고, 이제는 그리스도의 길을 따르는 데 필요한 것을 기꺼이 행할 수 있는 지점에 도달했는지 여부입니다. 내가 앞의 열쇠들에서 설명하려 했듯이, 여러분은 내 길을 따르는 데 필요한 것들을 가지고 있습니다. 이제 한 가지 질문이 남았습니다. 여러분은 이 길을 따르는 데 필요한 것을 기꺼이 행할 의지가 있습니까? 이제 나는 온전함에 이르는 길을 따르기 위해 기본적으로 필요한 것 중의 하나를 설명했습니다.

열쇠 4를 위한 연습

여러분은 이제 의식을 전환하는 데 필요한 모든 요소를 갖춘 지점에 있으며, 이 전환은 여러분의 초점을 세상의 길에서 벗어나 그리스도의 내적인 여정으로 인도할 것입니다. 그 전환을 이루도록 돕기 위해, 33일 집중 기도 동안 매일 이 열쇠를 공부하면서 'INV04: 가슴을 정화하기 위한 기원(Invocation for Clearing the Heart)'을 낭송하기를 요청합니다.

기원문을 낭송한 후 생각을 적고 다음날 기원문을 낭송하기 전에 그것을 읽는 방법을 계속 실천하기 바랍니다. 특히 영적인 여정에 대해 어떤 동기와 꿈을 가졌는지 그리고 이 세상의 것을 포기하는 대가로 무엇을 받아야 한다고 생각했는지에 초점을 두기 바랍니다. 삶과 여정에 대한 여러분의 기대에 초점을 맞추고 그것이 하나됨으로 이끄는 자기 초월의 길, 참된 생명의 길을 따르지 못하게 하는 것은 아닌지 생각해 보세요.

여러분을 분리 상태에 가두는 모든 것을 기꺼이 보고 극복하려 해보세요. 그것을 보고, 그것을 놓아버려서 죽도록 내버려두세요.

누구든지 제 목숨을 살리려고 하는 사람은 잃을 것이며 나를 위하

여 제 목숨을 잃는 사람은 얻을 것이다. (마태 16:25)

이 사실을 생각해 보세요. 에고는 이 세상의 것에 매달리도록 프로그램되어 있습니다. 그러나 여러분은 이 세상의 것을 가지고 하늘에 갈 수 없습니다. 그래서 이 세상의 것들에 대한 집착은 단지 여러분을 다시 끌어내릴 것입니다. 즉, 여러분은 집착을 포기하는 생명의 결정을 내리기까지 계속 환생해야 합니다. 그러므로 진정으로 여러분을 하늘나라로 데려가는 것은, 여러분이 붙잡고 있는 것이 아니라 여러분이 놓아버리는 것입니다. 사람이 온 세상을 얻는다고 해도 제 목숨을 잃는다면 무슨 소용이 있겠습니까?

▶ 아이엠 출판사 연락처
· 이 책의 오류 및 아래 내용과 관련된 문의 사항은 메일로 해주세요.
· biosoft@naver.com (리얼셀프)

▶그리스도 의식 카페 안내
　용어집: cafe.naver.com/christhood/2411 (그리스도 의식을 추구하며 카페)
　이 책에 나오지 않는 용어는 카페의 용어집을 참조하거나 카페에서 검색을
하면 다양한 정보를 얻을 수 있습니다. 카페 회원 가입시 상승 마스터 가르침
과 관련된 개인적인 질문.답변도 가능합니다.

▶온라인, 오프라인 모임 및 행사 안내
· **공부 모임**: 서울, 분당, 대전, 대구, 부산 등에서 매달 온/오프라인 모임
　(공부를 하기 위한 진지한 목적으로는 누구나 참여 가능함)

· **온라인 기원문 낭송**: 카페에서 매주 1~2회 저녁에 공동 기원문 낭송

· **성모 마리아 500 세계 기원**: 매월 마지막 일요일 개최
　(오후 3시~7시 또는 8시~12시. 전 세계적으로 같은 시간에 진행)

· **상승 마스터 국제 컨퍼런스 및 웨비나**: 한국에서 매년 또는 정기적 개최
　(한국, 유럽, 러시아, 미국 등에서 매년 개최함)

· 더 상세한 내용은 네이버 카페 공지사항을 참조하시기 바랍니다.
　(cafe.naver.com/christhood)

▶ 자아통달 과정

상승 마스터들은 2012년부터 매년 한 광선에 해당하는 자아통달 시리즈의 책을 킴 마이클즈를 통해서 전해주었습니다. 이 과정은 책만 구입하면 별도의 비용이 들지 않고 개인적으로 누구나 수행할 수 있습니다. 처음 수행하는 분은 비영리 단체인 '그리스도 의식을 추구하며' 카페에서 진행과 관련하여 도움을 받을 수 있습니다.

· 단계별로 아래의 책을 구입 후 개인적으로 수행을 해도 됩니다.
  (카페에서 번역서 구입 가능. 일부 책은 yes24 등의 전국 온라인 서점에서 구입 가능)
· 초기에는 온/오프라인 모임과 카페의 '자아통달' 메뉴에서 도움을 받을 수 있습니다.
· 각 과정은 책을 읽고 기원문을 낭송하는 방식으로 진행됩니다.
· 수행 시간은 매일 약 20분~40분 내외입니다.

자아통달 시리즈 책 (킴 마이클즈 저)
(카페에서 한글판 서적 및 전자책 구입 가능)

한글 서적 명	시리즈
'영원한 나'를 찾아가는 여정	1
내면의 창조적인 힘 (1광선)	3
'신성한 지혜'를 찾아가는 여정 (2광선)	4
'조건 없는 사랑'을 찾아가는 여정 (3광선)	5
'영적인 순수함'을 찾아가는 여정 (4광선)	6
'초월적인 비전'을 찾아가는 여정 (5광선)	7
'내면의 평화'를 찾아가는 여정 (6광선)	8
'영원한 자유'를 찾아가는 여정 (7광선)	9
생명의 강과 함께 흐르기 (8광선) (내면의 영체들을 초월하기)	2

주의 사항: 상승 마스터 가르침을 처음 접하면, 몇 권의 책을 읽고, 기원문을 일정 기간 낭송하면서 자신에게 적합한지 살펴본 후에 이 과정을 시작하세요. 이 과정 전체를 마치려면 약 2년의 기간이 소요됩니다.

▶그리스도 의식 과정

이 과정은 '그리스도 의식에 이르는 열쇠(Master Keys to Personal Christhood)'책으로 진행하며, 2008년 킴 마이클즈가 예수님께서 준 메시지를 책으로 출판했습니다. (카페에서 번역서 구입 가능)

이 과정은 예수님과 스승-제자 관계가 되어 그리스도 의식으로 올라가는 과정입니다. 2,000년 전에 예수님께서 제자들에게 모든 것을 말해주셨다는 얘기들 읽었으리라 봅니다. 이 시대에 다시 예수님이 직접 그리스도가 되는 길을 갈 제자를 모집하고 있습니다.

예수님도 육화 중에 이 과정을 동일하게 밟았다고 합니다. 특히 다른 메시지에 언급되듯이, 예수님이 이 과정을 시작할 당시에 이미 높은 의식 수준을 달성해 있었지만, 처음부터 단계를 밟아서 올라갔다고 합니다. 마찬가지로, 여기 온 모든 분들도 자신의 의식 수준을 내세우지 말고 바닥부터 차근차근 올라가시기 바랍니다.

모두 17개의 열쇠가 있으며 열쇠마다 기원문을 낭송하고 메시지의 일부를 읽는 과정을 33일간 실천하라고 제안하고 있습니다. 각 열쇠에 메시지가 있습니다. 메시지를 전체 읽고 나서 기원문을 하시면 됩니다. 그리고 33일간 기원문을 하기 전에 메시지 중 일부를 읽고 생활하면서 숙고하는 과정으로 진행됩니다. 예수님께서 마음속으로 어떤 아이디어와 가르침을 주십니다.

• 책을 보면서 카페의 '그리스도 의식 과정' 메뉴 또는 오프라인 모임에서 도움을 받을 수 있습니다.
• 단계별로 책의 내용을 일부 읽고, 로자리 또는 기원문을 매일 약 40분 내외 낭송합니다. 단계별 33일간 매일 계속합니다.
• 총 17단계이며, 책에 나오는 예수님의 가르침에 따라서 진행합니다.

주의 사항: 상승 마스터 가르침을 처음 접하면, 몇 권의 책을 읽고, 기원문을 일정 기간 낭송하면서 자신에게 적합한지 살펴본 후에 이 과정을 시작하세요. 이 과정 전체를 마치려면 약 2년의 기간이 소요됩니다.

▶ 힐링 과정

'예수와 함께했던 나의 생애들' 책은 지구에 육화한 어느 존재의 수많은 전생 이야기를 통해 지구 문명과 예수 그리스도의 사명과 악의 기원에 대해 깊은 통찰을 제시하는 자서전적 소설입니다.

'힐링 트라우마' 책은 소설 '예수와 함께했던 나의 생애들'과 짝을 이루는 수행서(workbook)입니다. 그 소설은 많은 영적인 사람이 자원자나 아바타로 지구에 오게 되었다는 개념을 소개합니다. 우리는 그때 지구에서 겪은 경험의 결과로 깊은 영적인 트라우마를 받았습니다.

아래의 책들은 이러한 개념에 대한 더 많은 가르침을 포함하고 있습니다. 또한, 여러분이 그 트라우마들을 치유하고, 이 행성에서의 삶의 태도에서 모든 부정성을 극복할 수 있도록 도울 수 있는, 실제적인 도구들을 포함하고 있습니다. 이 책을 활용하기 전에 우선 '예수와 함께했던 나의 생애들' 소설을 읽어볼 것을 권합니다. 그 소설이 여러분이 치유 과정을 시작하도록 도울 수 있는 중요한 가르침을 많이 포함하고 있기 때문입니다.

· 단계별로 아래의 책을 구입 후 개인적으로 수행을 해도 됩니다.
  (카페에서 번역서 구입 가능. 일부 책은 yes24 등의 전국 온라인 서점에서 구입 가능)
· 초기에는 오프라인 모임, '힐링 과정' 메뉴에서 도움을 받을 수 있습니다.
· 책을 읽고 기원문을 낭송하는 방식으로 진행됩니다.

아바타 시리즈 책 (킴 마이클즈 저)
(카페에서 한글판 서적 구입 가능)

한글 서적 명	시리즈
예수와 함께했던 나의 생애들	1
힐링 트라우마	2
신성한 계획 완성하기	3
최상의 영적인 잠재력 구현하기	4
지구에서 평화롭게 존재하기	5

영국 명예혁명 ● **1688**

1697
라이프니츠, 유럽에서 기독교 선교사를 중국에 파견할 게 아니라
중국에서 공자 선교사를 유럽에 파견할 것을 요청하다.
_《중국의 최신 소식》 서문에서 언급

1721
독일 최고의 철학자 볼프, 공자를 예수의 반열에 올리고
조국에서 추방당하다.
_프로이센제국 할레 대학, 〈중국인의 실천철학에 관한 연설〉 직후

1748
동양 비방의 대가 몽테스키외와 공자 예찬론자
볼테르의 치열한 논쟁, 프랑스를 달구다.
_《법의 정신》 vs. 《철학사전》 등을 통해

1758
유럽의 공자孔子 케네, 중국을 모델로
근대경제학을 창시하다.
_ '경제학'이라는 용어가 만들어진 기념비적 저작 《경제표》

1771
스위스, '무위이치無爲而治'를 바탕으로
유럽 최빈국에서 지상낙원으로.
_알브레히트 폰 할러
《우송 황제: 어느 아침의 나라 이야기》를 토대로

1776
애덤 스미스, '보이지 않는 손'을 사마천의
'자연지험自然之驗'에서 표절하다.
_대표작 《국부론》에 대한
영국 사상가 레슬리 영의 1996년 논문 중에서

프랑스 대혁명 ● **1789**

만일 중국제국의 법률이 모든 국가의 법률이 될 수 있다면,
중국은 온 누리에 황홀한 미래상을 제공해줄 것이다.
북경으로 가라! 숙명적 필멸자들 중 가장 위대한 분, 공자를 응시하라.
그분은 참되고 완전한 하늘의 표상이시다.

프랑스 철학자 피에르 푸아브르, 《어느 철학자의 여행》(1769)